Didaktik des außerschulischen Lernens

Von

Petra Sauerborn & Thomas Brühne

4. unveränderte Auflage

Schneider Verlag Hohengehren GmbH

Titelgrafik: Roswitha Brühne

Gedruckt auf umweltfreundlichem Papier (chlor- und säurefrei hergestellt).

Bibliografische Information der Deutschen Nationalbibliothek

Die Deutsche Nationalbibliothek verzeichnet diese Publikation in der Deutschen Nationalbibliografie; detaillierte bibliografische Daten sind im Internet über ›http://dnb.d-nb.de‹ abrufbar.

ISBN 978-3-8340-0807-7
Schneider Verlag Hohengehren GmbH, 73666 Baltmannsweiler
Homepage: www.paedagogik.de

Alle Rechte, insbesondere das Recht der Vervielfältigung sowie der Übersetzung, vorbehalten. Kein Teil des Werkes darf in irgendeiner Form (durch Fotokopie, Mikrofilm oder ein anderes Verfahren) ohne schriftliche Genehmigung des Verlages reproduziert werden.
© Schneider Verlag Hohengehren, 73666 Baltmannsweiler 2012.
  Printed in Germany – Druck: Djurcic, Schorndorf

Inhaltsverzeichnis

Inhaltsverzeichnis 5
Verzeichnis der Abbildungen 8
Vorwort zur dritten Auflage 9
Einführung in die Thematik 10

1 Die Idee des außerschulischen Lernens 13
    1.1   Der Einsatz im Unterricht der Primarstufe 13
    1.2   Der Einsatz im Unterricht der Sekundarstufe 14
    1.3   Der Einsatz im Unterricht der Förderschule 14
    1.4   Lernvoraussetzungen und entwicklungspsychologische Aspekte 15
    1.5   Lehrformen und Lehrerrolle 16
    1.6   Vor- und Nachteile des außerschulischen Lernens 17
    1.7   Die Vielfalt der außerschulischen Lernorte 17
    1.8   Zum Umgang mit der Lernziel-Kompetenzmatrix 17

2 Außerschulisches Lernen in der Geographie 22
    2.1   Historische Entwicklung des außerschulischen Lernens 22
    2.2   Konzeptionelle Überlegungen 25
    2.3   Zur Terminologie des außerschulischen Lernens 25
    2.4   Definition für das außerschulische Lernen 26
    2.5   Exkursionen und außerschulisches Lernen 27
    2.7   Methodische Möglichkeiten des außerschulischen Lernens 31
    2.8   Didaktische Hintergründe des außerschulischen Lernens 33
    2.9   Perspektiven des außerschulischen Lernens in der Geographie 34

3 Einsatz im Unterricht der Primarstufe 36
    3.1   Möglichkeiten 36
    3.2   Ziele 37
    3.3   Vorgehensweise 41
    3.4   Lernzielkontrolle und Ergebnissicherung 41
    3.5   Ausblick 42

4 Einsatz im Unterricht der Sekundarstufe 43
    4.1   Möglichkeiten 43
    4.2   Ziele 44
    4.3   Vorgehensweise 48
    4.4   Lernzielkontrolle und Ergebnissicherung 50
    4.5   Ausblick 50

5	**Einsatz im Unterricht der Förderschule**	**51**
5.1	Möglichkeiten	52
5.2	Ziele	52
5.3	Vorgehensweise	53
5.4	Lernzielkontrolle und Ergebnissicherung	54
5.5	Ausblick	54
6	**Lernbedürfnisse und Lernvoraussetzungen der Schüler im Kontext des außerschulischen Lernens**	**56**
6.1	Veränderte Umweltbedingungen und Sozialisationseffekte	56
6.2	Theoretische Grundlegung der Lernbedürfnisse	57
6.2.1	Schülerinteressen, Schülerbedürfnisse und Motivation	57
6.2.2	Lernvoraussetzungen	58
7	**Methodische Formen des Lernens & Lehrerrolle**	**63**
7.1	Die Sozialform der Einzelarbeit	64
7.1.1	Didaktische Voraussetzung und Zielsetzung	64
7.1.2	Möglichkeiten der Leistungsbewertung	64
7.1.3	Beispiele für den Einsatz beim außerschulischen Lernen	64
7.2	Die Sozialformen der Partner- und Gruppenarbeit	66
7.2.1	Didaktische Zielsetzung und Voraussetzungen	66
7.2.2	Gruppenbildung	67
7.2.3	Möglichkeiten der Leistungsbewertung	67
7.3	Außerschulische Unterrichtsgestaltung	68
7.3.1	Umsetzung im außerschulischen Bereich	68
7.3.2	Die Erkundung als methodische Anregung	68
7.3.3	Das Plan- oder Rollenspiel als Element der Vor- und Nachbereitung	69
7.4	Anmerkungen zur Lehrerrolle	70
8.1	Lernzielkontrolle und Ergebnissicherung	72
8.2	Leistungsbewertung und Leistungsfeststellung	74
8.3	Organisation und Logistik	77
8.4	Fächerübergreifende Aspekte	78
8.5	Umweltbildung und außerschulisches Lernen	79
8.6	Missbrauch von Freiräumen	82
8.7	Erschwernisse beim Aufsuchen des außerschulischen Lernorts	82
8.8	Fazit	83
9	**Klassifikation von außerschulischen Lernorten**	**84**
9.1	Die Natur	85
9.2	Die Kulturwelt	86
9.3	Orte und Stätten der menschlichen Begegnung	87

9.4		Die Arbeits- und Produktionswelt	88
10	**Der methodische Dreischritt des außerschulischen Lernens**		**91**
10.1		Die Phase der Vorbereitung	92
10.2		Die Phase der Durchführung	94
10.3		Die Phase der Nachbereitung	96
11	**Beispiele von außerschulischen Lernorten**		**97**
11.1		Der Wald als Lernort der Natur	97
	11.1.1	Vorbereitung	97
	11.1.2	Durchführung	99
	11.1.3	Nachbereitung	103
11.2		Der Marktplatz als Lerngegenstand der Kulturwelt	103
	11.2.1	Vorbereitung	104
	11.2.2	Durchführung	105
	11.2.3	Nachbereitung	109
11.3		Messen als menschliche Begegnungsstätten	109
	11.3.1	Vorbereitung	110
	11.3.2	Durchführung	111
	11.3.3	Nachbereitung	115
11.4		Die Lokalzeitung als Lernort der Produktions- und Arbeitswelt	116
	11.4.1	Vorbereitung	117
	11.4.2	Durchführung	118
	13.4.3	Nachbereitung	122
12	**Virtuelle Exkursionen**		**124**
12.1		Virtuelle Exkursionen und Online-Exkursion	124
12.2		Auswirkungen des Interneteinsatzes im Unterricht und Ausblick	125
12.3		Kommentierte Internetadressen für virtuelle Exkursionen	126
13	**Fazit zur Didaktik des außerschulischen Lernens**		**129**
14	**Ausblick zur Didaktik des außerschulischen Lernens**		**132**
Literatur			**136**

Verzeichnis der Abbildungen

Abbildung 1: Von den kognitiven Lernzielen zu den kompetenzorientierten Standards....................18
Abbildung 2: Lernziel- Kompetenzmatrix. 20
Abbildung 3: Aus geographischen Bildungsstandards formulierte Lernziele. 21
Abbildung 4: Geographiedidaktische Leitbilder und außerschulisches Lernen. 24
Abbildung 5: Arten der Informationsbeschaffung im Rahmen von Exkursionen. 28
Abbildung 6: Raumkonzeptionen in der Geographiedidaktik. 30
Abbildung 7: Ziele der Geländeuntersuchung....................33
Abbildung 8: Beispielhafte Rahmenbedingungen außerschulischen Lernens. 35
Abbildung 9: Typische außerschulische Lernorte in der Primarstufe....................37
Abbildung 10: Raumerfahrung und Raumstrukturierung im Kindesalter 38
Abbildung 11: Bedeutende Kompetenzen für das außerschulische Lernen in der Primarstufe 40
Abbildung 12: Mögliche Sekundärquellen zur Informationsbeschaffung in der Primarstufe 41
Abbildung 13: Beispielhafte außerschulische Lernorte der Sekundarstufe. 44
Abbildung 14: Beobachten und Beschreiben in der Sekundarstufe....................48
Abbildung 15: Field Teaching und Field Research im außerschulischen Lernen....................49
Abbildung 16: Außerschulisches Lernen in der Förderschule....................51
Abbildung 17: Arten von Motivation....................58
Abbildung 18: Unterschiedliche Gedächtnisleistungen und Speicherung von neuem Wissen....................59
Abbildung 19: Lernbedürfnisse und Lernvoraussetzungen der Schüler. 60
Abbildung 20: Beispielhafte Schülervoraussetzungen für außerschulisches Lernen....................62
Abbildung 21: Soziale, situative und kulturelle Voraussetzungen außerschulischen Lernens. 62
Abbildung 22: Beispielhafte methodische Möglichkeiten des außerschulischen Lernens. 63
Abbildung 23: Einzelne Schritte für die Durchführung eines Interviews....................65
Abbildung 24: Lehrerlenkung und Grad an Selbstständigkeit im außerschulischen Lernen. 71
Abbildung 25: Kreislauf der Bildung- und Prüfungsebenen im Unterricht. 74
Abbildung 26: Möglichkeiten der Leistungsbewertung und -feststellung....................76
Abbildung 27: Handlungsorientierung und Umweltbildung durch außerschulisches Lernen. 81
Abbildung 28: Erschwernisse für das außerschulische Lernen....................82
Abbildung 29: Beispielhafte Pro- und Kontra-Argumente des außerschulischen Lernens...........83
Abbildung 30: Klassifikation der außerschulischen Lernorte....................84
Abbildung 31: Der methodische Dreischritt zur Didaktik des außerschulischen Lernens............91
Abbildung 32: Standort- und Routenplanung für das außerschulische Lernen....................94
Abbildung 33: Checkliste für das außerschulische Lernen im Wald....................98
Abbildung 34: Themenkarte für den Wald als außerschulischen Lernort....................100
Abbildung 35: Methodische Anregung für den Wald als außerschulischen Lernort....................102
Abbildung 36: Checkliste für den Marktplatz als außerschulischen Lernort....................105
Abbildung 37: Themenkarte für den Marktplatz als außerschulischen Lernort....................106
Abbildung 38: Methodische Anregung für den Marktplatz als außerschulischen Lernort. 108
Abbildung 39: Checkliste für die Messe als außerschulischen Lernort....................111
Abbildung 40: Themenkarte für die Messe als außerschulischen Lernort....................112
Abbildung 41: Methodische Anregung für die Messe als außerschulischen Lernort....................114
Abbildung 42: Fragenkatalog für die Ermittlung möglicher Berufsinteressen der Schüler....................115
Abbildung 43: Checkliste für die Lokalzeitung als außerschulischen Lernort....................118
Abbildung 44: Themenkarte für die Lokalzeitung als außerschulischen Lernort....................120
Abbildung 45: Methodische Anregung für die Lokalzeitung als außerschulischen Lernort.......122
Abbildung 46: Anregung für die Gestaltung einer Schülerzeitung....................123

Vorwort zur dritten Auflage

Mit dieser Publikation liegt die dritte kontinuierlich überarbeitete Auflage zur Didaktik des außerschulischen Lernens vor. Diese Tatsache ist besonders erfreulich, da sich daraus schlussfolgern lässt, dass die Konzeption des außerschulischen Lernens in der Lehramtsausbildung sowie der praktischen Anwendung auf rege Nachfrage stößt. Auf der Grundlage zahlreicher Rückmeldungen aus der universitären Ausbildung sowie Anregungen aus der Unterrichtspraxis wurden erneut einige Veränderungen an dem Lehrbuch vorgenommen: Die dritte Auflage enthält eine Reihe von Aktualisierungen aus der pädagogischen und didaktischen Forschung. Um die Anschaulichkeit des Lehrwerks weiter zu steigern, wurden zudem zahlreiche Abbildungen grafisch neu gestaltet und einige hinzugefügt.

Mit der Standort- und Routenplanung für die Vorbereitung des außerschulischen Lernens ist ein neues Planungselement hinzugekommen, welches den praktischen Anwendungsnutzen erhöhen soll. Das Kapitel Raumkonzepte vervollständigt hingegen aktuelle Entwicklungen rund um das Fach Geographie und beschreibt die gewandelte Sichtweise zum Aspekt Raum.

Die Autoren danken weiterhin für die interessante Zusammenarbeit mit den Studierenden und den ungenannten vielen Beteiligten aus dem öffentlichen Leben bei der Erprobung der außerschulischen Lernorte, die allesamt zum Gelingen der Didaktik des außerschulischen Lernens beigetragen haben. Die erfolgsbezogene Erprobung und Evaluation von außerschulischen Lernorten mit Schwerpunkten in Köln, Bonn und Koblenz samt den jeweiligen Umgebungen ist mit Sicherheit keine Selbstverständlichkeit, denn es handelt sich hierbei um eine der offensten Möglichkeiten des Lernens.

Petra Sauerborn & Thomas Brühne im August 2010

Einführung in die Thematik

In den vergangenen Jahrzehnten war die bildungspolitische Diskussion durch eine Fixierung auf den Bereich kognitiver Wissenselemente gekennzeichnet. Lehrpläne, Richtlinien und curriculare Vorgaben waren stets darauf ausgerichtet, die kaum zu bändigende Fülle an neuen Lerninhalten mit traditionellen psychologischen Erkenntnissen und Rahmenvorgaben zu vereinen (LENZEN 2004). Seit den zahlreichen nationalen und internationalen Vergleichsstudien (zum Beispiel DESI, PIRLS/IGLU, PISA und TIMMS) hat sich das Lernen als Ausdruck von Lehr- und Lernzielen aus Sicht der Lehrperson gewandelt (KMK 2009). Der Bildungsbegriff ist heute vielmehr durch die Berücksichtigung vielfältiger Kompetenzbereiche geprägt und versucht deshalb, Bildungsprozesse auf der Grundlage längerfristig kompetenzorientierter Lerninteraktionen zu begründen. Die einseitige Betonung kognitiver Wissensbereiche wurde damit zugunsten methodischer Kernkompetenzen zurückgewiesen. Ein modernes pädagogisches Verständnis sieht den Unterricht heute nicht mehr als ausschließliche Tätigkeit des Lehrers an, sondern als aktiven Lernprozess des Schülers, welchen es mittels moderner Unterrichtsmethoden wie dem außerschulischen Lernen zu initiieren gilt. Die Erwartungen der Schüler bzw. an die Schüler ist somit ebenso einem Wandel unterlegen, wie die Rolle des Lehrers.

Handlungskompetenz - als die Summe der vielschichtigen Kompetenzdimensionen deutscher Bildungs- und Rahmenlehrpläne bzw. Richtlinien - kann mittlerweile als ein Schlüsselbegriff in der Pädagogik betrachtet werden (KMK 2009 und 2010). Durch den Erwerb von Handlungskompetenz wird der Lernende dazu befähigt, sich durchdacht, selbstständig, sozial, sach- und fachgerecht im Geflecht gesellschaftlicher Interessen zu verhalten. Darüber hinaus geht diese Schlüsselkompetenz maßgeblich mit dem stufenartigen Aufbau von Verantwortungsbewusstsein einher. Ein wesentlicher Bildungsaspekt wird deshalb künftig die stärkere Vermittlung sowie Anleitung zu zielgerichteten Handlungen im Geflecht gesellschaftlicher Interessen sein. Viele moderne Unterrichtsthemen besitzen zwar wichtige lebenspraktische Vermittlungsbezüge, deren konzeptionelle Integration in den praktischen Schulunterricht führt aber häufig zu grundlegenden Methodenfragen sowie zu einer konzeptionellen Neuausrichtung von Lehr- und Lernprozessen. Aus diesem Grund zeichnet sich die spannende Aufgabe ab, für die hohen Anforderungen von Kompetenzerwerben ein geeignetes Methodenspektrum innerhalb der schulischen Umsetzung zu entwickeln, zu erforschen und umzusetzen. Dabei sind traditionelle pädagogische und entwicklungspsychologische Erkenntnisse nach wie vor genauso zu berücksichtigen wie klassische Unterrichtsmethoden, Aktions- und Sozialformen. Dennoch fordert die neue Lernkultur in den Schulen (WINTER 2010) ein geeignetes modernes und vielfältiges Methodenspektrum, welches mit gewandelten Interessen, Bedürfnissen und Lebenssituationen von Kindern und Jugendlichen in Einklang gebracht werden kann, ohne dabei den Bildungsbegriff etwa nach KLAFKI (1985) völlig aus den Augen zu verlieren. Besonders die Didaktik des außerschulischen Lernens gerät deshalb seit einigen Jahren stärker in den Vordergrund pädagogischer und fachdidaktischer Diskussionen, da das außerschulische Lernen im Hinblick auf die praktische Umsetzung von Handlungskompetenz förderlich sein kann. Durch die Interaktionen des Schülers am außerschulischen Lernort können wesentliche Bereiche der Dimensionen Fachkompetenz, Methodenkompetenz, Sozialkompetenz und Persönlichkeitskompetenz angesprochen werden, welche in der Summe dann zur systematischen Entwicklung von Handlungskompetenz beitragen.

„Das erste Beginnen jeder Methodik muss deshalb sein, das originale Kind, wie es von sich aus in die Welt hinein lebt, mit dem originalen Gegenstand, wie er seinem eigentlichen Wesen nach ist, so in Verbindung zu bringen, dass das Kind fragt, weil ihm der Gegenstand Fragen stellt, und der Gegenstand Fragen aufgibt, weil er eine Antwort für das Kind hat" (ROTH 1973, S. 111). Kernprobleme im Kontext der Bildung in den Schulen sind die zunehmenden Verluste an Realitäts- und Praxisbezug sowie die einseitige Betonung der fachwissenschaftlichen Kenntnisse. In jüngster Zeit werden insbesondere moderne didaktische oder auch didaktisch-methodische Unterrichtskonzepte näher diskutiert, welche versprechen, dieser Problematik entgegenwirken zu können. So lässt sich in der allgemeindidaktischen Literatur ein inflationärer Gebrauch der Stichwörter „Handlungsorientierter Unterricht" und „Offener Unterricht" feststellen (vgl. BASTIAN 1994). Oftmals fungieren diese Begriffe als pädagogische Zauberwörter und die Frage nach dem unterrichtspraktischen Nutzen wird unzureichend erörtert, geschweige denn praktisch erprobt. Eine hochaktuelle Großmethode in der Diskussion stellt das außerschulische Lernen dar, auch wenn sich die dazugehörigen konzeptionellen Ideen und Theorien bis in die Vergangenheit der Reformpädagogik zurückverfolgen lassen. Fortlaufend unter verschiedenen Bezeichnungen sollte jedem Menschen das außerschulische Lernen deshalb auch mindestens einmal in seiner eigenen schulischen Laufbahn begegnet sein. Dennoch bildet die Didaktik des außerschulischen Lernens derzeit einen brisanten Forschungsgegenstand in den unterschiedlichen Fachdidaktiken des deutschen Bildungssystems.

Die Vielfalt an verwirrenden Begrifflichkeiten für das mögliche Spektrum an Unterrichtsgroßmethoden erschweren die Entfaltung und Anwendung von modernen und kreativen Unterrichtsformen, sodass sich neuere Entwicklungstendenzen aus der praktischen und empirischen Forschung oftmals nur zögerlich in der Institution Schule ausbreiten können. Es ist demnach nicht verwunderlich, dass sich auch der Begriff des außerschulischen Lernens kaum einheitlich definieren lässt; er ist vielmehr durch eine regelrechte Begriffs- und Definitionsvielfalt gekennzeichnet. KESTLER (2002, S. 179) macht in diesem Zusammenhang darauf aufmerksam, dass unter dem Begriff des außerschulischen Lernens zahlreiche Schlagworte und Gegenstandsbestimmungen in Erscheinung treten, welche definitorisch allesamt das gleiche für sich zu beanspruchen versuchen: Mit Organisationsform der unmittelbaren Begegnung, Unterricht an Außenlernorten, Realbegegnung, Originalbegegnung, Lernen außerhalb des Klassenzimmers sowie neuerdings das Regionale Lernen (SALZMANN et al. 1995, FLATH & SCHOCKEMÖHLE 2009, SCHOCKEMÖHLE 2009) kann an dieser Stelle nur eine beispielhafte Auswahl an Definitionsversuchen rekonstruiert werden. Generell subsumiert das Grundverständnis der Didaktik des außerschulischen Lernens alle bildenden Aktivitäten außerhalb der Schule. Im engeren Sinne somit alle Unterrichtsstunden, die außerhalb des Klassenzimmers stattfinden, wobei ein solches Lernen deutlich von dem Begriff des häuslichen Lernens (wie zum Beispiel Hausaufgaben, Klausurvorbereitung) abzugrenzen ist.

Außerschulisches Lernen findet immer dann statt, wenn sich Schüler außerhalb des Schulgebäudes oder außerhalb des schulischen Rahmens mit einem originalen Lerngegenstand unter gezielter pädagogischer Anleitung auseinandersetzen. Diese originale Begegnung mit dem Objekt oder der Situation vor Ort fördert die Neugierde und das Fragenwollen der Schüler. Als Voraussetzung erhebt das außerschulische Lernen jedoch stets den Anspruch einer didaktischen Analyse samt Aufbereitung des Lerngegenstands, wobei das freie oder offene Lernen vor Ort ebenfalls mitberücksichtigt werden darf. Insgesamt muss auch nicht zwangsläufig ein unmittelbarer Kontakt zwischen dem Lernenden und dem Lerngegenstand zu Stande kommen; dieser kann mit

Hilfe von Medien wie originalen Gegenständen, Bildern, didaktischen Modellen oder Karten vermittelt werden. Der lehrreiche Kontakt mit einem Lerngegenstand vor Ort kann aber nicht überall und zu jeder Zeit stattfinden. Ein empfehlenswerter außerschulischer Lernort ist unter anderem durch „Authentizität, [einen] hohen Anmutungs- und Erlebungsgrad, Überschaubarkeit, Prägnanz (Eindeutigkeit des Sachverhalts), erkennbare Strukturen am Lernort [...] [und] exemplarischen Charakter" (BIRKENHAUER in BÖHN 1999, S. 14 f.) gekennzeichnet. Die Schüler sollen sich mit dem Lerngegenstand vor Ort identifizieren können und die Gelegenheit erhalten, ihren Lernprozess selbstständig zu gestalten.

1 Die Idee des außerschulischen Lernens

„Leitziele des Geographieunterrichts sind [...] die Einsicht in die Zusammenhänge zwischen natürlichen Gegebenheiten und gesellschaftlichen Aktivitäten in verschiedenen Räumen der Erde und eine darauf aufbauende raumbezogene Handlungskompetenz" (DGFG 2007, S. 5). Dem Geographieunterricht sowie seinem dazugehörigen Pendant des Sachunterrichts in der Primarstufe können unter keinen Umständen außerschulische Lernorte vorenthalten bleiben, denn der Gang ins Gelände, die Feldarbeit vor Ort sowie die klassische Arbeitsexkursion sind für Geographen seit jeher unumgängliche fachmethodische Arbeitsweisen. Deshalb finden sich diese Verfahrensweisen auch in den Lehrplänen sämtlicher Bundesländer als institutionelle Vorgaben für das methodische Arbeiten im Geographie- oder Sachunterricht wieder. Den Regelunterricht unterstützend bieten außerschulische Lernorte damit eine „(Real)begegnung mit geographischen Sachverhalten bzw. eine anschauliche Darbietung [...] geographischer Phänomene" (HAUBRICH 2006, S. 132). Der Regelunterricht ergänzt hierbei die vor- und nachbereitenden Unterrichtselemente dieser besonderen Lehr- und Lernkonzeption, womit das außerschulische Lernen zwangsläufig keine generelle Absage an herkömmliche Aktions- und Sozialformen wie den darbietenden Frontal- bzw. Klassenunterricht bedeuten muss (vgl. hierzu auch GUDJONS 2003).

Sogenannte klassische außerschulische Lernorte wie beispielsweise Museen, Steinbrüche, naturnahe Wanderungen in der näheren Schulumgebung sowie Einkaufszentren vor Ort ermöglichen die Lernform der Begegnung ebenso wie konkrete Tätigkeiten im Gelände oder kartographische Übungen zur räumlichen Orientierung, Gesteinsbestimmungen, Gewässeranalysen, Händler- und Passantenbefragungen und Kartierungen. Innerhalb der außerschulischen Unterrichtsbegegnung werden grundsätzlich solche fachmethodischen, sozial-kommunikativen Fähigkeiten sowie längerfristige Kompetenzbereiche angestrebt, welche im Klassenzimmer sonst umständlich über Medien und Arbeitsmaterialien initiiert werden müssen. Dabei verfolgt das außerschulische Lernen eine gezielte Anregung mehrerer Wahrnehmungs- und Lernkanäle, um somit dem erweiterten Lernbegriff sowie den kompetenzbasierten Ansprüchen eines modernen Unterrichts gerecht werden zu können. Das Besondere an der Begegnung mit dem außerschulischen Lernort liegt darin, dass das Interesse der Lernenden kontinuierlich geweckt werden kann; besonders auch bei leistungsschwächeren oder aufmerksamkeitsgestörten Schülern ist häufig eine höhere Motivation zum Lernen erkennbar. Durch die handelnde Auseinandersetzung mit dem Lerngegenstand an außerschulischen Lernorten ergibt sich die Chance für die Errichtung eines Erfolg versprechenden Unterrichts mit lebensbedeutsamen und -praktischen Bezügen für den Lernenden; unterschiedliche Kompetenzbereiche wie Kommunikation, Beurteilung, räumliche Orientierung sowie praktisches Handlungswissen können damit gleichzeitig angesprochen und längerfristig vermittelt werden.

1.1 Der Einsatz im Unterricht der Primarstufe

In zahlreichen kultusministeriellen Vorgaben zum Sachunterricht in der Primarstufe in Deutschland finden sich Hinweise zum außerschulischen Lernen; die Forderung der originalen Begegnung ist bundesweit nachzuweisen. Im Lehrplan Sachunterricht des Landes Nordrhein-Westfalen wird bereits in Kapitel 2.2 zur Unterrichtsgestaltung ein Gros an Möglichkeiten des außerschulischen Arbeitens angeboten (zum Beispiel „Lebenswirklichkeit der Schülerinnen und Schüler, handelnde Auseinandersetzung, außerschulische Bezüge, fächerübergreifendes und problemorientiertes Lernen", vgl. MSJK 2003, S. 58 ff.). Der Unterricht orientiert sich vornehmlich an der Lebens- und Alltagswelt des Lernenden, was die Planung und Durchführung außerschulischer Lernorte aber generell nicht erleichtert, denn im Verhältnis zum Alter der Schüler sollte die räumliche Distanz der in Frage kommenden Lernorte zur Schule relativ gering gehalten werden. Der Zusammenhang zur eigenen Lebenswirklichkeit ist hierbei unabdingbar. Mit Blick auf den Sachunterricht in der Primarstufe definierte HOPF das außerschulische Lernen wie folgt: „Außerschulische Lernorte sind didaktisch-pädagogisch ergiebige Informations-, Erfahrungs- und Tätigkeitsorte, die außerhalb der Klassenräume ein aktives Erkunden und Lernen ermöglichen" (HOPF 1993, S. 186).

1.2 Der Einsatz im Unterricht der Sekundarstufe

Im Unterricht der Sekundarstufe bieten sich vielfältige Möglichkeiten für den Einsatz von außerschulischen Lernorten an, zumal die zu überwindende Distanz zwischen den Lernorten und dem Klassenzimmer mit dem steigenden Alter durchaus zunehmen kann und nicht länger eine räumliche Barriere darstellen muss. Hemmend wirkt jedoch, dass der starre wechselnde Fachunterricht einen engen Zeitrahmen vorgibt und eine größere Organisation erforderlich macht. Der vor knapp hundert Jahren eingeführte und heute noch vorherrschende 45-Minuten-Rhythmus der Unterrichtsstunden erweist sich besonders für die Realisierung von schulnahen außerschulischen Lernorten als eine der größten institutionellen Probleme. Aus diesem Grund bieten sich besonders Projektphasen für das außerschulische Lernen an. Ein der Didaktik des außerschulischen Lernens entsprechender Unterricht kann in der Sekundarstufe I und II besonders die selbstständige Informationsbeschaffung und -aufarbeitung beinhalten, woraus wiederum eine Kooperation mit außerschulischen Institutionen wie Museen, Büchereien oder Betrieben resultieren kann. In diesem Zusammenhang grenzt sich die Kooperation mit einer außerschulischen Einrichtung bzw. deren Besuch durch den Alltags- bzw. Lebensweltbezug von einer reinen Simulation der Realität unter Idealbedingungen (zum Beispiel Plan- oder Rollenspiel) ab. Außerschulisches Lernen offenbart zugleich einen höheren Grad der Binnendifferenzierung im Vergleich zum Regelunterricht. Daraus resultieren wiederum auch zahlreiche Gelegenheiten des jahrgangsübergreifenden Interagierens: Der außerschulische Lernort wird so zum Beispiel von zwei verschiedenen Klassenstufen besucht, indem eine ältere Jahrgangsstufe das Lernen vor Ort für eine jüngere Jahrgangsstufe vorbereitet und durchführt. Diese Maßnahme reduziert die angedeuteten Organisationsbarrieren und vereinfacht zugleich die vergleichsweise aufwendigere Vorbereitung durch die Lehrperson.

1.3 Der Einsatz im Unterricht der Förderschule

In den kultusministeriellen Vorgaben der Förderschule wird ein steter und enger Lebensweltbezug gefordert. „Der Unterricht öffnet sich für außerschulische Lernumgebungen, geht von lebensnahen Sachverhalten aus, greift praktische und berufsorientierte Bildungsinhalte auf und knüpft an Schülerinteressen an. In Projekten übernehmen Schülerinnen und Schüler die Verantwortung für gemeinsam vereinbarte Aufgaben, machen die Erfahrung, dass sie gebraucht werden, sich persönlich bewähren können und entwickeln gleichermaßen Lernmotivation, fachliche und soziale Kompetenzen. Es empfiehlt sich, dass die Schulen in diesem Zusammenhang auch Unterrichtsformen mit Partnern im Sozialraum entwickeln" (KMK 2010, S. 2). Diesen hohen pädagogischen Anforderungen kann das außerschulische Lernen an außerschulischen Lernorten gerecht werden. Größere Freiräume in der Auslegung von Richtlinien und Lehrplänen sowie weniger starre Stundentafeln in Bezug auf den Fachunterricht bieten sinnvolle Möglichkeiten für die Umsetzung und Gestaltung des außerschulischen Lernens. Ein besserer Betreuungsschlüssel sowie Möglichkeiten der Beförderung durch die Landschaftsverbände und andere Einrichtungen geben zudem Hilfen bei der Planung. Auf der anderen Seite können logistische Hindernisse (zum Beispiel bedingt durch besondere Erfordernisse oder Beeinträchtigungen seitens der Mobilität) die Planung massiv erschweren und lassen einige Lernorte bereits im Vorfeld als nicht realisierbar erscheinen. Dennoch besteht ein Zwang zu einer grundsätzlichen Chancengleichheit der Bildung für alle Menschen in unserem differenzierten Schulsystem. Der allgemeine Rahmen der Ziele und Aufgabenstellungen der Förderschule „Lernen" ist mit dem der allgemeinen Schulen beispielsweise grundlegend ähnlich gestaltet. „So gelten in der Lernzielhierarchie hoch angesiedelte Ziele, allgemeine Lernziele wie Mündigkeit, Emanzipation, Autonomie, Selbstständigkeit der Lebensführung für den Unterricht mit Lernbehinderten selbstverständlich ebenso wie für den Unterricht der Grund- und Hauptschule" (SCHRÖDER 2005, S. 220). Diese Aussagen können auch auf weitere pädagogische Förderbedarfe der Förderschule übertragen werden. Eine Reduzierung der Lerninhalte kann so auch in Form eines kleineren Grads der Systematisierung und Elementarisierung oder größeren Anschaulichkeit erfolgen (ebd., S. 221). Die Förderschule könnte sich mit Hilfe der unmittelbaren Begegnung des außerschulischen Lernens kontinuierlich von der teilweise vorgeworfenen Institutionalisierung lösen. Das außerschulische Lernen erzeugt vielfältige Angebote für das angestrebte pädagogische Primärziel einer gesellschaftlichen Integration ohne Einschränkungen.

1.4 Lernvoraussetzungen und entwicklungspsychologische Aspekte

Lernbedürfnisse und -voraussetzungen stellen grundsätzlich die Forderungen und Möglichkeiten der Schüler dar. Eine Möglichkeit der Differenzierung der Lernvoraussetzungen lässt sich mit den anthropologisch-psychologischen und soziokulturellen Voraussetzungen unterscheiden. Anthropologisch-psychologische Voraussetzungen beschreiben den altersabhängigen Entwicklungsstand des Schülers und das dazugehörige Leistungs- und Urteilsvermögen. Soziokulturelle Bedingungen erfassen wiederum Kriterien wie Alter, Geschlecht, Familienstand, Wohnumgebung und Zugehörigkeit zu einer sozialen Schicht bzw. Peer-Group. Diese können für das außerschulische Lernen gleichermaßen unterstützend wie hemmend wirken. Die Lernbedürfnisse hingegen sind subjektiv beschreibbar: Diese zu erkennen und zu befriedigen ist eine traditionelle pädagogische Aufgabe der Lehrperson, welcher heute aufgrund der wachsenden Heterogenität der Schüler zum Teil nur unzureichend nachgekommen werden kann. Das Aufgreifen von Lebens- und Alltagsweltbezügen sowie eine hohe Motivation, hervorgerufen durch außerschulisches Lernen, können dieser Problematik entgegenwirken und das Interesse der Schüler am Lernen fördern.

Spätestens seit Jean PIAGETs Studien ist belegt, dass kognitive Operationen die Grundlage für die Entwicklung des Denkens und der Intelligenz sind. Diese Operationen erwachsen aus den konkreten Handlungen und Erfahrungen eines Individuums. Die kognitive Handlungstheorie nach Hans AEBLI, welcher als Schüler Jean PIAGETs dessen Denkrichtung auf lerntheoretische und pädagogische Fragestellungen angewandt hatte und weiterentwickelte, bettet sich grundsätzlich in das Theorie- und Lernkonzept der Didaktik des außerschulischen Lernens ein. AEBLI lieferte in seinen Studien einen Zusammenhang zwischen Handlungsabläufen und Denkprozessen (AEBLI 1980, 1981, 2006). „Die Problemlösung führt zur genauen Planung der Handlung, die vorher noch ein ungeklärter globaler Handlungsentwurf oder eine Zielvorstellung war. Es wird also ein Handlungsplan im Denken aufgebaut und sodann in die Praxis umgesetzt" (AEBLI 1980, S. 23). Die Überlegungen sowie die kognitiven Operationen während des Lernens vor Ort verklammern sich mit den Gefühlen und Handlungen der Lernenden. Handlungs- und aktive Gestaltungsprozesse durch originale Begegnungsformen dirigieren den Schüler in neue affektive Erfahrungswelten und akzentuieren dabei bereits bekannte methodische Kernkompetenzen. Aus einfachen und unstrukturierten Denkvorgängen bilden sich dann im weiteren Verlauf kognitive Strukturen heraus, welche die Basis für die zu erlernenden Kompetenzbereiche bilden. Durch das bewusste zielorientierte Handeln innerhalb der außerschulischen Lernumgebung mündet dies in Denkvorgänge (AEBLI 1980). Damit die Erlebnisse in den Erkenntnisbereich des Lernenden vordringen können, ist eine gezielte Auswertung im Anschluss an den außerschulischen Lernprozess unabdingbar. Bei Vernachlässigung oder Umgehung der wichtigen nachbereitenden Endphase besteht die Gefahr, dass der gerade gewonnene Lernstoff geistig nicht verankert wird. Die Lernenden wissen dann nicht richtig mit ihren Erlebnissen und Erfahrungen umzugehen, was zu lernpsychologischen Blockaden oder affektiven Hemmungen führen kann. Das Nachdenken über Erfahrungen ist neben der Einordnung des konkreten Wissens in übergeordnete Zusammenhänge unumgänglich. Der hohe Grad an Anschaulichkeit vor Ort bereitet den oftmals hohen Abstraktionsprozess schülergerecht auf, denn erst das Anschauungsmaterial erhebt Anspruch auf das geforderte Maß an Visualität, was wiederum die zuvor beschriebenen Lern- und Denkprozesse anstoßen soll.

1.5　Lehrformen und Lehrerrolle

Außerschulisches Lernen eignet sich besonders für den fächerübergreifenden bzw. -verbindenden sowie fächerkooperierenden Unterricht. Neben der grundsätzlich nicht auf ein Fach beschränkten Struktur außerschulischer Lernorte ist auch die gemeinsame fächerverbindende Planung mit Blick auf die Organisierbarkeit zu nennen. Fächerübergreifendes Denken und Arbeiten ist grundsätzlich wünschenswert; stellt jedoch an die vorbereitende Lehrperson besondere Ansprüche, zum Beispiel in Bezug auf die didaktische Analyse samt der unterrichtsnahen Schwierigkeitsanalyse sowie die didaktisch-methodischen Überlegungen. Die Organisation außerschulischen Lernens im fächerübergreifenden Sinne ist im Hinblick auf die Unterrichtsplanung und -gestaltung kann relativ aufwendig sein, da schulinterne und inhaltliche Absprachen aus verschiedenen Fachperspektiven getroffen werden müssen sowie die Benennung der daran beteiligten Fächer und des jeweiligen spezifischen Beitrags erfolgen muss. Dennoch wird außerschulisches Lernen durch mögliche Anknüpfungspunkte wie schulinterne Curricula, besondere Schulprogramme und Projekte begünstigt.

Aus organisatorischen Gründen bietet sich vornehmlich der Projektunterricht für das außerschulische Lernen an. Die Lehrerrolle kann beim außerschulischen Lernen von der kompletten Übernahme der Planung, Durchführung und Nachbereitung bis hin zur reinen Ergebnissammlung und -sicherung bei gleichzeitiger Schülerselbstständigkeit und Motivation reichen. Gemäß einer klassischen Sichtweise von Real- und Originalbegegnungen wird beim außerschulischen Lernen die Aufgabe des Lehrers vor allem in der Organisation und Planung des Besuchs des außerschulischen Lernorts beschrieben (HAUBRICH 2006). Der Lehrer fungiert als Lernberater und/oder leitet den Lernprozess ein – die Lernenden sind wiederum ihre eigenen Berater in Bezug auf den handelnden Umgang mit diesen bereitgestellten Lernarrangements vor Ort.

1.6 Vor- und Nachteile des außerschulischen Lernens

Außerschulisches Lernen birgt sowohl Vor- als auch Nachteile. Diese sind auf der Seite der Lehrenden und der Lernenden ebenso unterschiedlich wie in Bezug auf die kultusministeriellen Vorgaben oder die weiteren Bedingungs- und Entscheidungsfelder der Unterrichtsplanung. Lebenspraktischer Bezug und hoher Grad an Handlungsorientierung, Selbstständigkeit der Schüler, projektorientiertes Arbeiten in Gruppen oder auch Produktorientierung sind ebenso zentrale Vorteile wie das vernetzte Denken im Sinne eines fächerübergreifenden Arbeitens mit dem jeweiligen Lerngegenstand. Durch das Lernen mit mehreren Wahrnehmungssinnen und Lernkanälen wird das Erlernte für den Schüler besser erfassbar und gegebenenfalls als langfristiges und alltagsnahes Wissen abgespeichert.

Ein häufig genannter Nachteil ist der teilweise höhere Mehraufwand bei der Unterrichtsplanung und -vorbereitung inklusive der notwendigen innerschulischen Abstimmung und Genehmigung durch den Rektor, den Schulelternbeirat oder die Eltern. Auch bei der Leistungsbewertung - im Sinne einer Lernzielüberprüfung - zeigen sich Probleme im Hinblick auf die Einhaltung klassischer kognitiv orientierter Kriterien zur Leistungsbewertung und -feststellung (vgl. hierzu BOHL 2009, WINTER 2010).

1.7 Die Vielfalt der außerschulischen Lernorte

Es gibt verschiedene Kategorisierungen von Lernorten. So lassen sich diese zum Beispiel grundsätzlich nach ihrer Lernstruktur unterscheiden (BIRKENHAUER 1995, S. 10 f.): Freie Lernorte (zum Beispiel der Wald, ein Fließgewässer oder eine Schlucht) koexistieren neben den gebundenen Lernorten (zum Beispiel ein Museum, eine Kirche oder ein Bauernhof). Des Weiteren kann nach der Begegnung mit dem Lerngegenstand in mittelbare (zum Beispiel das Museum, die Messen) und unmittelbare Lernorte (z.B. der Wald, die Talsperre) unterschieden werden (FRANK in BÖHN 1999, S. 15). Bei der unmittelbaren (direkten) Begegnung „tritt der Schüler mit der Realität in Kontakt" (ebd.), wohingegen bei der mittelbaren (indirekten) Begegnung „der Lerngegenstand […] dem Schüler über die Einbindung von Medien vermittelt" wird (ebd.). Lernorte mit unmittelbarem Kontakt zu einem Lerngegenstand können zudem auch Lehrpfade (die generell durch den Lernenden gestaltbar sind) und Schülerlabore sein (HAUBRICH 2006, S. 132). Unabhängig von der Kategorisierung kann theoretisch jeder Ort außerhalb des Klassenzimmers zum außerschulischen Lernen gestaltet werden, dennoch ergeben sich für die praktische Durchführung unumgängliche didaktische Vorüberlegungen, besonders in Relation zur tatsächlichen Realisierbarkeit.

1.8 Zum Umgang mit der Lernziel-Kompetenzmatrix

Am 18. Februar 2003 wurde auf einer Fachtagung, welche das Deutsche Institut für Pädagogische Forschung (DIPF, Frankfurt) ausrichtete, die vom Bundesministerium für Bildung und Forschung (BMBF) angeregte Expertise zur Entwicklung nationaler Bildungsstandards vorgestellt. Die Formulierung von Kompetenzen in den sogenannten Bildungsstandards vereint grundlegende Zieldimensionen des jeweiligen Schulfaches über systematisch längere Zeiträume, stets unter Berücksichtigung einer schwer überschaubaren Fülle an zu erwartenden fachspezifischen Fähigkeiten und Fertigkeiten. In Anlehnung an WEINERT (2001) definiert die Expertise unter Federführung des Frankfurter Erziehungswissenschaftlers Eckart KLIEME zu den Bildungsstandards Kompetenzen als „die bei Individuen verfügbaren oder durch sie erlernbaren kognitiven Fähigkeiten und Fertigkeiten, um bestimmte Probleme zu lösen, sowie die damit verbundenen motivationalen, volitionalen und sozialen Bereitschaften und Fähigkeiten, um die Problemlösungen in variablen Situationen erfolgreich und verantwortungsvoll nutzen zu können" (2001, S. 27 f.). „Bildungsstandards greifen allgemeine Bildungsziele auf. Sie legen fest, welche Kompetenzen die Kinder oder Jugendlichen bis zu einer bestimmten Jahrgangsstufe mindestens erworben haben sollen [...] Kompetenzmodelle konkretisieren Inhalte und Stufen der allgemeinen Bildung. Sie formulieren damit eine pragmatische Antwort auf die Konstruktions- und Legitimationsprobleme traditioneller Bildungs- und Lehrplandebatten" (KLIEME et al. 2007, S. 9).

Dieser Entschluss führt seit einiger Zeit dazu, dass sich der Bildungssektor in einem Paradigmenwechsel befindet (vgl. Abbildung 1). Während die bisherigen Lehrpläne vorgeschrieben harren, was zu unterrichten sei, deuten die neuen Bildungspläne in Form von Kerncurricula auf unterschiedliche Kompetenzbereiche hin, welche von den Kindern und Jugendlichen bis zum Ende eines bestimmten Schulabschnitts (Sekundarstufe I) erwartet werden können. In der Literatur ist oftmals von einem Wechsel der Input-Orientierung (durch eine Lehrperson vorher festgelegtes Lernziel) zu einer Output-Orientierung (Bildungsangebot mit an den Schüler gerichteten Kompetenzen) die Rede. Die Diskussionen um die Notwendigkeit von fachlicher Kompetenzformulierung durch die Kultusministerkonferenz führten somit zu Bildungsstandards, welche seither die föderale Bildungslandschaft mit Hilfe von Kompetenzentwicklungsmodellen systematisch zu vereinheitlichen versuchen.

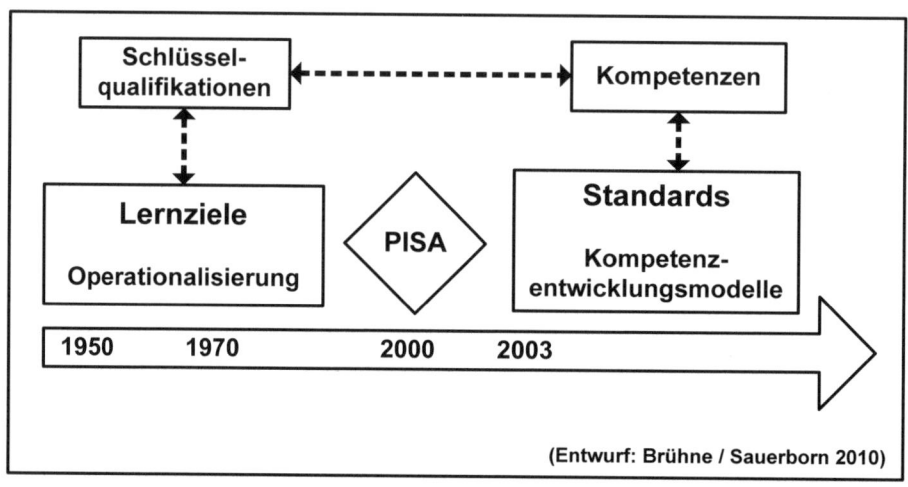

Abbildung 1: Von den kognitiven Lernzielen zu den kompetenzorientierten Standards.

Ein Forschungsdesiderat im Zusammenhang mit der Diskussion um die Bildungsstandards stellt die Integration bzw. die direkte Verzahnung der nach wie vor koexistierenden Lernziele mit den einzelnen Kompetenzbereichen dar. Um diesem Forschungsdesiderat zumindest ansatzweise entsprechen zu können, wird hier eine Lernziel-Kompetenz-Matrix vorgestellt. Diese dient der Diskussion von Kompetenzen auf der Basis bestehender (Richt-)Lernziele in den Lehrplänen der einzelnen Bundesländer. Die Lernziel-Kompetenzmatrix setzt sich zum Ziel eine bessere Verständigung sowie Anerkennung zwischen den pädagogisch-psychologischen Bereichen der Lernziele und Kompetenzen bzw. des Wissens und Handelns, denn „Wissen ohne Handeln ist nutzlos – Handeln ohne Wissen erfolglos" (KLINGER 2005, S. 137).

Der Idee der Lernziel-Kompetenzmatrix liegt die Annahme zu Grunde, dass sich Kompetenzen als langfristiges Können und Handeln, konkretes Tun und Aktivitäten in einer operationalen Ebene nur unter Berücksichtigung von Wissen verwirklichen lassen (ebd.). In Anlehnung an KLINGER dient eine Kompetenzmatrix „für jede Altersklasse, für jeden Kontext und für jedes fächerübergreifende Projekt […]. Damit kann die Diskussion in einer Fachgruppe, welche Kompetenzen, wann, in welchem Fach, wie entwickelt werden sollen, Struktur bekommen" (ebd., S. 139). Die Lernziel-Kompetenzmatrix verhilft auch dazu, den Blick für die Vielfalt innerhalb der Fachdisziplin zu öffnen. „Von besonderer Bedeutung ist die Tatsache, dass Schülerinnen und Schüler nicht von heute auf morgen bestimmte Kompetenzen erwerben, sondern dass sich diese in einem längeren Prozess entwickeln […]. Die bisherige Praxis, eher in Blöcken zu denken und zu planen, wird der Entwicklung von Kindern und Jugendlichen nicht gerecht" (ebd., S. 143). Somit erscheint es sinnvoll, eine Lernziel-Kompetenzmatrix zu konstruieren, die in der Lage ist, kurzfristige Lernzielarrangements mit längerfristig geplanten Kompetenzerwartungen zu vereinen. Die Lernziel-Kompetenzmatrix (vgl. Abbildung 2) mit dem Beispiel „Bau eines Kohlekraftwerks" dient als Arbeitsfläche für die gegenseitige Formulierung von Lernzielen und Bildungsstandards.

Auf der linken Seite der Matrix finden sich die traditionellen kognitiven Lernziele wieder, welche der Taxonomie (Hierarchisierung von Lernzielen) nach BLOOM (1973) folgen. Diese kognitiven Lernzielebenen stellen mögliche Lernziele im Bereich des Wissens, Kennens, Verstehens, Denkens und Problemlösens dar. Sie beschreiben ein Verhalten, das den Wahrnehmungs-, Gedächtnis- und Denkbereich des Menschen betrifft. Die obere Spalte zeigt zentrale Kompetenzdimensionen aus den Empfehlungen der Kultusministerkonferenzen. Bei der Verwendung der Kompetenz-Lernzielmatrix ist darauf zu achten, dass sich nicht alle Lernziele in Kompetenzen bzw. Kompetenzen in Lernziele umwandeln lassen.

Kompetenz-dimension / Lernzielebene	Fachwissen	Methoden / Erkenntnis-gewinnung	Kommuni-kation	Beurteilung Bewertung	Handlung
Wissen					Benennung der Problematik um den Bau eines Kohlekraftwerkes
Verstehen					Beschreibung der Problematik um den Bau des Kohlekraftwerkes
Anwendung			relevante Mitteilungen einer Interessen-lage organisieren und präsentieren		Bereitschaft und Identifikation einer Rollen-übernahme
Analyse	Auswirkungen des geplanten Kohlekraftwerks kritisch analysieren				
Synthese		gewonnene Informationen einer Interessen-lage in andere Formen der Darstellung umwandeln			
Bewertung				zu ausgewählten Aussagen ver-schiedener Interessenlagen kritisch Stellung nehmen	

ZEITLEISTE DES AUSSERSCHULISCHEN LERNENS →

(Entwurf: Brühne / Sauerborn 2010)

Abbildung 2: Lernziel-Kompetenzmatrix.

Die in Abbildung 2 dargestellten Beispiele dienen lediglich als Anregung für die Benutzung der Lernziel-Kompetenz-Matrix. Das Thema wäre in diesem Fall der geplante Bau eines Kohlekraftwerkes – die dazugehörigen möglichen außerschulischen Lernorte sind dementsprechend vielfältig: Büros von Bürgerinitiativen, Demonstrationen, Fußgängerzone und öffentliche Plätze (Meinungen der Bürger), Standort des geplanten Kraftwerkes, städtische Einrichtungen wie Stadtrat sowie örtliche Umweltschutzorganisationen. Aus den vorgegebenen geographischen Kompetenzbereichen der Deutschen Gesellschaft für Geographie (DGFG 2007) können nun mit Hilfe der Lernziel-Kompetenzmatrix mögliche Lernziele für die außerschulische Unterrichtssequenz eingeordnet und anschließend formuliert werden (vgl. Abbildung 3).

Ausgewählte geographische Kompetenzbereiche	Lernziele für die Unterrichtssequenz des außerschulischen Lernens
Fachwissen: Standard 18: Die S. können Auswirkungen der Nutzung und Gestaltung von Räumen erläutern.	**Analyse:** Die S. können mögliche Auswirkungen des geplanten Kohlekraftwerks kritisch analysieren.
Erkenntnisgewinnung / Methoden: Standard 4: Die S. können problem-, sach- und zielgemäß Informationen aus Karten, Texten, Bildern, Statistiken, Diagrammen usw. auswählen.	**Synthese:** Die S. können die gewonnenen Informationen einer Interessenlage in andere Formen der Darstellung umwandeln.
Kommunikation: Standard 4: Die S. können geographisch relevante Mitteilungen fach-, situations- und adressatengerecht organisieren und präsentieren.	**Anwendung:** Die S. können geographisch relevante Mitteilungen einer Interessenlage organisieren und präsentieren.
Beurteilung/Bewertung: Standard 6: Die S. können zu ausgewählten geographischen Aussagen hinsichtlich ihrer gesellschaftlichen Bedeutung kritisch Stellung nehmen.	**Bewertung:** Die S. können zu einer ausgewählten Aussage einer Interessenlage hinsichtlich der gesellschaftlichen Bedeutung kritisch Stellung nehmen.
Handlung: Standard 5: Die S. interessieren sich für geographisch relevante Probleme auf lokaler, regionaler, nationaler und globaler Maßstabsebene.	**Wissen/Verstehen:** Die S. können die Problematik um den geplanten Bau eines Kohlekraftwerks benennen und beschreiben.
Handlung: Standard 8: Die S. sind bereit, fachlich fundiert raumpolitische Entscheidungsprozesse nachzuvollziehen und daran zu partizipieren.	**Anwendung:** Die S. können sich mit möglichen Positionen zum geplanten Bau des Kohlekraftwerkes identifizieren und sind bereit, eine Rolle zu übernehmen.

Abbildung 3: Aus geographischen Bildungsstandards formulierte Lernziele.

2 Außerschulisches Lernen in der Geographie

2.1 Historische Entwicklung des außerschulischen Lernens

Die Forderung nach dem Verlassen des Klassenzimmers pflegt eine lange bildungs- und erziehungswissenschaftliche Tradition. Im 17. und 18. Jahrhundert unter Begriffen wie „Realienunterricht" oder „Anschauungspädagogik" bekannt, setzte sich mehr und mehr die Idee der Vermittlung an Originalgegenständen durch. Bekanntester Aktivist war der Vertreter des pädagogischen Realismus Johann Amos COMENIUS (1592 - 1670), der im Laufe seines Lebens ein Werk über das gesamte Wissen der Welt zu verfassen versuchte. Dabei machte er sich auch Gedanken über Darstellungsweisen und Vermittlungsformen seines Werkes: Auf ihn gehen damit wesentliche Prinzipien der Originalbegegnung zurück. Der Reformpädagoge forderte die reale Begegnung mit dem sich durch den anregenden Lernort hervorhebenden Lernstoff und präferierte diese Form der Wissensvermittlung gegenüber der vergleichsweise abstrakteren Lernform durch Bücher und Quellen. Im darauf folgenden 18. Jahrhundert – nach der großen Didaktik von Comenius – tauchte unter dem Schweizer Pädagogen Pestalozzi eine Idee mit Namen „Anschauungspädagogik" bzw. „Anschauungsdidaktik" auf, welche schnell zum Mittelpunkt der pädagogischen Diskussionen der Folgejahre wurde (KAISER 2008).

Anfang des 20. Jahrhunderts waren die sogenannten „Freiluftschulen" ein fester Bestandteil der Pädagogik von Célestin FREINET (1896 - 1966). Auch andere namhafte Reformpädagogen wie Maria MONTESSORI (Freiarbeit), Kurt HAHN (Erlebnispädagogik) und Peter PETERSEN (Gemeinschaftspädagogik) erkannten im Laufe ihrer pädagogischen Konzeptionen und Forschungen die Notwendigkeit der außerschulischen Unterrichtsgestaltung und eröffneten Einrichtungen wie Land-, Schul- und Unterrichtsheime sowie Freiluftschulen (KAISER 2008). Auch die Idee der Arbeitspädagogik ist dem außerschulischen Lernen als Vorläufer zuzuordnen. Die handelnde, meist manuelle Tätigkeit an Schullaboratorien, -küchen, -werkstätten und -gärten fand unter einem gemeinsamen Dach der Institution Schule statt, jedoch immer fernab des herkömmlichen Klassenzimmers (KAISER 2008). In der neuzeitlichen erziehungswissenschaftlichen Forschung werden zwar gegebenenfalls veränderte Ausgangsbedingungen für die Bildung und Erziehung festgestellt, doch bedienen sie sich häufig den reformpädagogischen Überlegungen jener Vergangenheit. So propagieren sich beispielsweise die Freiarbeit und Teamarbeit oder das entdeckende Lernen als neuzeitliche Erfindung des 21. Jahrhunderts; all diese Beispiele lassen sich allerdings anhand ihrer Grundidee auf ihre historischen Wurzeln zurückführen.

Der jüngere historische Wandel des außerschulischen Lernens im Unterricht in Deutschland soll im Folgenden am Beispiel der geographiedidaktischen Leitbildentwicklung näher erläutert werden. In der Zeit vor 1950 wurden überwiegend Wandertage zur Körperertüchtigung und der Pflege des heimischen Gutes vorgenommen. In den 1950er und 1960er Jahren nahm dann die Exkursion im Geographieunterricht einen geringeren Stellenwert ein; inhaltlich dominierte vor der Einführung des Schulfachs Geographie bis zu den 1970er Jahren die Länderkunde (besonders in Deutschland). Der länderkundliche Ansatz basierte fast ausschließlich auf der Aufbereitung wissenschaftlicher Erkenntnisse im Unterricht. Der Umbruch von der Länderkunde zur lernzielorientierten Allgemeinen Geographie in den 1970er Jahren ging mit der einsetzenden Bildungsreform einher. Dabei sollten moderne Konzepte einer sozialwissenschaftlich orientierten Geographie mit den Forderungen ROBINSOHNs (1967) nach einer Curriculumreform in Einklang gebracht werden. Nun wurde nicht nur eine Methodenlehre vermittelt, sondern es werden auch Beziehungen zu den Lerninhalten gefordert. Diese wurden so kritisch betrachtet, dass sie neu eingeordnet werden mussten. Es entwickelten sich verschiedene Grundansätze in der Geographie: Neben der aus der Münchner Sozialgeographie (RUPPERT und SCHAFFER) hervorgegangenen Theoriekonzeption der Daseinsgrundfunktionen sind die Lernzielorientierung sowie der thematisch-regionale Ansatz zu erwähnen.

Die unmittelbar dazugehörigen geographiedidaktischen Leitbildvorstellungen gingen dabei in den 1960er Jahren von der Erde als Raum aus, in dem sich die Menschen zu bewähren haben (= Auseinandersetzung mit der Erde). Darauf zeitlich folgend herrschte die Vorstellung von der Erde als Planungs- und Verfügungsraum menschlicher Gruppen vor (= Inwertsetzung der Erde, vgl. dazu KROSS 1992). Danach setzte sich allmählich die Erkenntnis durch, dass die Erde als Lebensraum durch den Menschen gefährdet ist und es diesen zu schützen gilt, um das Überleben der Menschheit langfristig sicherstellen zu können. Besonders das ab den 1970er Jahren fortentwickelte Weltmodell des Club of Rome mit seinen Schreckensszenarien sowie die Konferenz von Rio im Jahre 1992 prägten den geographiedidaktischen Diskurs. Die Richtlinien und Lehrpläne der Geographie sind teilweise von diesem stetigen Wandel stark geprägt, was sich in den einzelnen Lehrplänen der Bundesländer besonders gut zwischen den Zeilen herauslesen lässt. Noch heute kann die Entwicklung aus den einzelnen Lehrplänen der Bundesländer interpretiert werden. Das wesentlich modernere Leitbild „Überleben der Menschheit" geht mit breit gefächerten Diskussionen über Globalisierung, wachsenden Umwelt- und Naturkatastrophen sowie dem anthropogen verursachten Klimawandel einher. Die Fachdidaktik Geographie bezieht hier auch seit einiger Zeit Stellung und diskutiert ihre wissenschaftlichen Leitzielvorstellungen unter Begriffen wie globales Lernen, Umweltbildung oder Nachhaltigkeit. Die jüngste Diskussion wird angeregt durch die von den Vereinten Nationen ausgerufene Weltdekade zur **B**ildung **f**ür eine **n**achhaltige **E**ntwicklung (BfnE). In der Geographiedidaktik kommt dem Konzept Nachhaltigkeit eine überlebenswichtige Aufgabe zu. Durch die vielen Leitbild- und Leitzieldiskussionen entwickelt sich eine neue Argumentationsgrundlage für den Erhalt des Geographieunterrichts, denn dieser droht seit Anfang der 1990er Jahre durch „Ein- oder Null-Stundendeputat oder integrative Fachanteile" (KÖCK 1992, S. 183) reduziert zu werden. Der ursprünglich aus der Forstwirtschaft stammende Begriff Nachhaltigkeit ist dabei durch inflationistischen Gebrauch in ein schwerwiegendes Begriffsverständnis geraten. Ein grundlegendes Problem des Leitbilds Nachhaltigkeit ergibt sich aus seiner mangelnden Konkretheit. Ging es bei Hans Carl CARLOWITZ (1645 - 1714) in seiner forstwirtschaftlichen Studie von 1713 noch darum, dass die Waldarbeiter nur so viel Holz schlagen durften, wie in demselben Zeitraum an Rohstoff wieder nachwachsen konnte (GROBER 2003), so wird der Begriff Nachhaltigkeit bzw. sein Äquivalent „nachhaltige Entwicklung" mittlerweile für nahezu jeden gesellschaftlichen Bereich (Politik, Wirtschaft, sogar Verkehr) verwendet. Eine regelrechte Kehrtwende vom ursprünglichen Ökologieverständnis ist somit feststellbar. Viele moderne pädagogische Ökologieansätze sollten deshalb ihre mit dem Begriff verbundenen Zielsetzungen kritisch hinterfragen.

Dem außerschulischen Lernen kommt eine wichtige Bedeutung zu, da die verwirrenden Leitvorstellungen den Lebensumständen der Schüler entsprechend umgesetzt werden müssen. Denn außerschulisches Lernen kann durch direkte Begegnung und veränderte Umweltwahrnehmung mit dem umweltbildenden Lerngegenstand noch am ehesten die lang erforschte Diskrepanz zwischen Umweltwissen und Umwelthandeln (KUCKARTZ & RHEINGANS-HEINTZE 2006) überwinden. Diese Diskrepanz wird seit einigen Jahren durch repräsentative Großraumbefragungen zum Umweltbewusstsein in Deutschland empirisch nachgewiesen. Untersuchungen hinsichtlich des Umwelthandelns im Bundesgebiet zeigen in diesem Zusammenhang ein negatives Bild. Die beiden folgenden Zitate sind kennzeichnend dafür:

- „Nach wie vor kann auch 2004 nur eine Minderheit etwas mit dem Begriff Nachhaltigkeit bzw. nachhaltige Entwicklung anfangen und der Prozentsatz dieser Minderheiten ist bei den jungen Leuten noch geringer als bei den älteren. Dies verweist deutlich auf Mängel im schulischen Bereich, die schon durch die Pisa-Studien sprichwörtlich geworden sind" (KUCKARTZ & RHEINGANS-HEINTZE 2006, S. 73).

- „82 % der Menschen sind der Meinung, dass wir nicht mehr Ressourcen verbrauchen dürfen als nachwachsen können, und doch unterstützen nur 3 % eine verstärkte Nutzung erneuerbarer Ressourcen bzw. Energien, indem sie Öko-Strom beziehen. Dies ist nur ein Beispiel für das vielfach untersuchte Dilemma: Die Deutschen haben ein hohes Umweltbewusstsein, doch handeln sie häufig nicht danach" (ebd., S. 44).

Um die Akzeptanz und das notwendige Wissen über umweltschonende Handlungen zu erhöhen, erscheint es somit notwendig, gezielte umweltbildende Aspekte in den schulischen Prozess stärker zu integrieren (vgl. dazu Abbildung 7). Mit Hilfe des außerschulischen Lernens können umwelterzieherische Handlungen an die Schüler näher herangetragen werden, ohne den Lernenden ökologisch zu indoktrinieren. Hierbei gilt die Prämisse, dass der Schüler sein Umwelthandeln nicht durch erzieherische Worte erlangt. Erst durch das praxisnahe Aufzeigen der komplexen Zusammenhänge zwischen Mensch und Natur vor Ort sowie der Diskussion um alternative umweltschonende Möglichkeiten versteht der Schüler den konkreten lebenspraktischen Sinn und Nutzen von Umwelt- und Naturschutz.

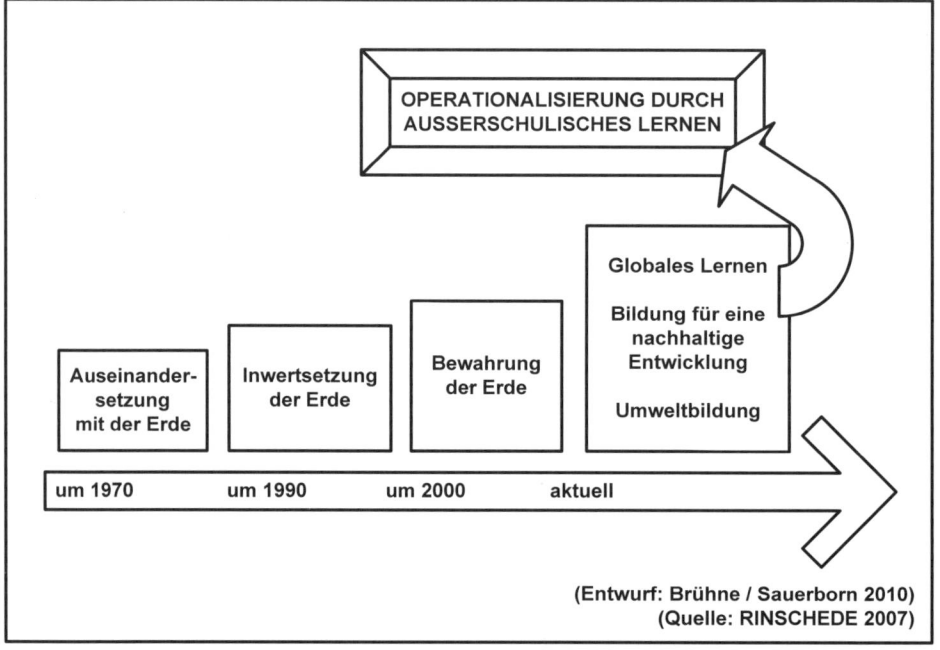

Abbildung 4: Geographiedidaktische Leitbilder und außerschulisches Lernen.

Darüber hinaus ist für das außerschulische Lernen das Unterrichts- und Organisationsprinzip der Partizipation von großer Bedeutung. Die Bund-Länder-Kommission für Bildungsplanung und Forschungsförderung (BLK) fordert projektbezogenes Lernen mit Praxisbezug, "Lernen in Echtsituationen" (BLK 1999, S. 62) sowie selbst gesteuerte und eigeninitiative Lernformen. "Es wird vorgeschlagen, Formen wie zum Beispiel Planspiel, Planungszellen, Zukunftswerkstätten, aber auch Verfahren wie Projektarbeit und Moderation nicht nur an Projekttagen oder bei Exkursionen anzuwenden, sondern auf ihre Verwendbarkeit in der schulischen Regelpraxis zu überprüfen" (ebd.). Als weiteres Unterrichts- und Organisationsprinzip werden innovative Strukturen gefordert. Darunter werden Schulprogramme, Öffnung der Schule und Kooperationen mit außerschulischen Partnern verstanden (BUSSMANN 2002).

2.2 Konzeptionelle Überlegungen

Geographische Forschung, geographische Ausbildungssituationen der Ersten und Zweiten Lehramtsphase und praktischer Erdkundeunterricht bedeuten seit ihrem Bestehen die Arbeit im Gelände. Die Kompetenzanforderungen im Sinne der Bildungsstandards, neue globale Themen- und Inhaltsbereiche sowie geänderte Leitlernziele in der Didaktik der Geographie bzw. im Erdkundeunterricht haben das außerschulische Lernen in den letzten Jahren zunehmend an Bedeutung gewinnen lassen (vgl. BURK et al. 2008, DÜHLMEIER 2008 und 2010, FOURNÉS 2008, HENNINGER 2009, FLATH & SCHÖCKEMÖHLE 2009, SCHOCKEMÖHLE 2009). Empirische Untersuchungen sowie praktische Durchführungen an den Universitäten in Köln und Koblenz konnten in den letzten fünf Jahren bestätigen, dass Studierende und Schüler durch das außerschulische Lernen in der Geographie ihre Lebenswirklichkeit sowie den Nahraum bewusster und längerfristiger erfahren. Dadurch wird zugleich eine Identifikation des Lernenden mit der Erde als einen zu schützenden Lebensraum hergestellt – eine Forderung, welche in Zeiten des Klima- und Umweltschutzes künftig den gesamten Bildungssektor prägen könnte. Auch die unmittelbare Raumerfahrung im Sinne der Raumverhaltenskompetenz (KÖCK in BÖHN 1999) spiegelt ein wesentliches Charakteristikum des Lernens vor Ort wider. Raumerfahrung bedeutet in diesem Zusammenhang, dass der Schüler seinen Raum um sich herum erlebt; er nimmt Wege, Situationen, Geschehnisse (also Räume) mit all seinen Sinnen wahr und verdichtet diese mit eigenen Erlebnissen letztlich zu Primärerfahrungen, langfristigem Wissen und lebenspraktischen Kompetenzen. Zudem können daraus soziale und kommunikative Kompetenzerwerbe resultieren, welche in klassischen Unterrichtssituationen im Klassenzimmer nur bedingt vermittelt werden können.

2.3 Zur Terminologie des außerschulischen Lernens

Außerschulisches Lernen findet sich teilweise in der beruflichen Bildung wieder - unter der Annahme, dass eine Pluralität der Lernorte Schule, Betrieb und überbetriebliche Ausbildungsstätte vorherrscht (vgl. ACKERMANN 1988). Oftmals wird auch der Begriff der Klassen- oder Studienfahrt fälschlicherweise mit dem außerschulischen Lernen verwechselt, obwohl der Begriff der Klassenfahrt stärker auf das soziale bzw. kommunikative Lernen in der Gruppe abzielt und somit nur wenige Kompetenzdimensionen gleichzeitig ansprechen kann. Die pädagogische Begriffsverwendung von außerschulischem Lernen hat sich in den letzten Jahren stark ausgedehnt, sodass mittlerweile viele Lehr- und Lernformen in Erscheinung treten, welche sich die Terminologie des außerschulischen Lernens zunutze machen. Mancherorts konterkarieren begriffliche Synonymverwendungen den eigentlichen Charakter des außerschulischen Lernens. Grundsätzlich erscheint es sinnvoll, nicht einfach alle außerschulischen Aktivitäten als außerschulisches Lernen zu deklarieren, weshalb eine genaue Betrachtung der Begrifflichkeiten im Kontext des außerschulischen Lernens notwendig ist. In einigen Definitionen zum außerschulischen Lernen (KESTLER 2002, S. 178 ff.) wird darauf hingewiesen, dass die Begriffe *Unterricht an Außenlernorten* und *außerschulisches (häusliches) Lernen* differenziert zu betrachten sind, da das außerschulische Lernen zu Hause in der Regel ungeplant und ohne direkten pädagogischen Einfluss der Institution Schule stattfindet (zum Beispiel: der Lernende interessiert sich für ein Phänomen, recherchiert auf Eigeninitiative hin im Internet und eignet sich während seiner Originalbegegnung vor Ort selbstständig Wissen an). Deshalb soll an dieser Stelle zunächst zwischen deskriptiven und präskriptiven Aussagen (JANK & MEYER 2002) unterschieden werden, um darauf aufbauend ein grundlegendes Begriffsverständnis von außerschulischem Lernen entwickeln zu können:

o Handeln als deskriptiv-analytisches (beschreibendes) Begriffsverständnis meint jedes bewusst gesteuerte und zielgerichtete Tun. Dabei kann sich dieses Verständnis sowohl auf materielles und praktisches Handeln als auch auf immaterielles, geistiges Handeln beziehen. Als Bedingung ist stets eine klare Absicht des Schülers erkennbar.

o Handeln im präskriptiven (vorschreibenden) Sinn versteht sich demgegenüber als eine bestimmte pädagogisch erwünschte Praxis innerhalb eines unterrichtlichen Lernprozesses. Eine didaktisch-methodische Vorüberlegung steuert den Lernvorgang und thematisiert das außerschulische Lernen damit systematisch (ebd.).

Grundsätzlich sollte das zweite Begriffsverständnis im Vordergrund der Betrachtung stehen, um das außerschulische Lernen auf einen Lernort in direkten Zusammenhang mit dem Schulunterricht anwenden zu können. In Analogie zum handlungsorientierten Lernen geht es bei diesem Begriffsverständnis vornehmlich darum, den Lernenden pädagogisch und zielgerichtet anzuleiten, ohne ihn dabei sinnlose oder willkürliche Tätigkeiten verrichten zu lassen. An dieser Stelle sollte generell bedacht werden, dass beispielsweise die Sozialform der Gruppenarbeit mit dem Ziel einer Plakatgestaltung und -präsentation nicht unbedingt eine Operationalisierung des handlungsorientierten Unterrichts nach GUDJONS (2008) darstellen muss. Die Handlungsorientierung resultiert hierbei nämlich erst aus der zielgerichteten Auswertung der präsentierten Unterrichtsergebnisse samt deren Einbettung in eine übergeordnete thematische Sachstruktur, was aus Zeitgründen im „handlungsorientierten" Unterricht oftmals vernachlässigt wird.

2.4   Definition für das außerschulische Lernen

„Als originale Begegnung wird im Erdkundeunterricht der außerschulische Unterricht im Gelände verstanden. Gelände bedeutet nicht nur die offene, naturnahe Landschaft, sondern auch der bebaute, städtische oder dörfliche Raum. Der außerschulische Unterricht kann in Form von mehrstündigen Lerngängen, ein- bis mehrtägigen Exkursionen und Schullandheimaufenthalten stattfinden (vgl. HAUBRICH 2006). Dies gilt selbstverständlich auch für andere Fächer. Aus den zahlreichen möglichen Begriffskreationen im Kontext des außerschulischen Lernens ist selten ein didaktischer Bezugsrahmen ersichtlich. Die hohen didaktischen Anforderungen des außerschulischen Lernens wie zum Beispiel Realitätsbegegnung, Erfahrungsorientierung, Schülerorientierung, forschendes Lernen, Vermittlung von Abstraktion durch reale Anschauungsobjekte, mehrdimensionales Lernen sowie Vielfalt an Methoden, Sozialformen und Aktionsformen können viele alternative Konzeptionen nur ansatzweise bis gar nicht gewährleisten.

Insgesamt erscheint eine explizite Definition zum außerschulischen Lernen kaum möglich. Aus diesem Grund empfehlen die Autoren zur Didaktik des außerschulischen Lernens eine offene Bausteindefinition. Eine Bausteindefinition versucht, den zu definierenden Begriff über seine in jedem Fall erforderlichen Bestandteile und Merkmale einzugrenzen.

Außerschulisches Lernen beschreibt die originale Begegnung im Unterricht außerhalb des Klassenzimmers. An außerschulischen Lernorten findet die unmittelbare Auseinandersetzung des Lernenden mit seiner räumlichen Umgebung statt. Die Möglichkeit einer aktiven (Mit-)Gestaltung sowie die Möglichkeit zur Primärerfahrung von mehrperspektivischen Bildungsinhalten durch den Lernenden sind dabei zentrale Merkmale des außerschulischen Lernens.

Diese Baustein- oder auch Arbeitsdefinition zeigt, dass das außerschulische Lernen besonders im Kontext eines modernen raumwissenschaftlichen Verständnisses der Geographie eminent wichtig und somit kaum zu vernachlässigen ist. Im Vordergrund steht hierbei der Schüler als Lernsubjekt, der seinen Lernprozess selbst gestalten kann. Beim außerschulischen Lernen werden Gelegenheiten erschaffen, in welchen der Lernende die natur- und kulturräumliche Wirklichkeit durch Eigenerfahrung erfassen, kategorisieren, analysieren sowie letztlich deuten kann.

2.5 Exkursionen und außerschulisches Lernen

„Die Exkursion ist eine methodische Großform des Unterrichts mit dem Ziel der realen Begegnung der räumlichen Wirklichkeit außerhalb des Klassenzimmers" (RINSCHEDE 2007, S. 250). In der Geographiedidaktik werden außerschulische Lehr-Lern-Arrangements bzw. -Aktivitäten oftmals als Exkursionen oder Kurzexkursionen deklariert. So zum Beispiel bei RINSCHEDE (2007, S. 250), der annähernd alle Schulveranstaltungen außerhalb des Klassenzimmers bzw. der Schule mit dem Begriff Exkursionen bündelt. „Diese methodische Großform des schulischen Lernens setzt sich zusammen aus verschiedenen Grundformen (Aktionsformen und Sozialformen)" (ebd.). Basierend auf diesen Grundformen klassifiziert RINSCHEDE die Exkursionen beispielsweise nach dem zeitlichen Aspekt, nach der Lehrer-Schüler-Aktivität, nach dem didaktischen Ort, nach dem Grad der thematischen Bindung, nach fachlichen Gesichtspunkten, nach der Zielsetzung, nach den verwendeten Unterrichtsmethoden und nach dem Intensitätsgrad des erdkundlichen Aspektes (ebd.).

Nach RINSCHEDE (2007) erhält von den fachspezifischen Arbeitsweisen des Geographieunterrichts hauptsächlich die Methode der Informationsbeschaffung im Zusammenhang mit Exkursionen eine gesonderte Bedeutung. Die Methoden der Informationsaufbereitung, -darstellung sowie der Informationsdeutung werden erst nach der Exkursion angewendet. Für die Informationsbeschaffung (vgl. Abbildung 4) während einer Exkursion werden u.a. folgende Arbeitsmethoden angeführt (ebd.):

- Beobachten von äußeren Erscheinungsformen, Funktionen und Prozessen
- Beschreiben des Beobachteten durch Verbalisieren
- Messen von Erhebungsdaten
- Entnahme von Gesteins- oder Wasserproben
- Protokollieren, Fotografieren und Sammeln der beobachteten Gegenstände
- Experimentieren im Gelände
- Orientieren im Gelände
- Kartieren, Skizzieren und Zeichnen im Gelände
- Befragen und Interviewen von Teilhabern des untersuchten Gebietes

Abbildung 5: Arten der Informationsbeschaffung im Rahmen von Exkursionen.

Insgesamt erscheint eine notwendige Abgrenzung zwischen dem außerschulischen Lernen und den Lernmöglichkeiten innerhalb von Exkursionen oder Kurzexkursionen sinnvoll, zumal die Begriffe oft synonym verwendet werden. Bei einer Exkursion kann es den Lernenden stellenweise schwer fallen, den roten Faden des Lernprozesses im Blick zu behalten. Dies liegt vornehmlich in der fachlichen Informationsfülle begründet, mit welcher der Lernende bei einer Exkursion, oftmals durch einen Experten in frontal-gelenkter Unterrichtssituation, konfrontiert wird. Die Handlungsprozesse innerhalb der Exkursionen lassen sich auf beschreibende Vermittlungs- und Aktionsformen (zum Beispiel Lehrervortrag oder Expertenvortrag) zurückführen und weisen zudem eine starke Eigendynamik des Lernens auf, mit welcher nicht jeder Schüler umzugehen vermag. Durch seine handlungsorientierte Integrationsform sowie die Schülerorientierte Vor- und Nachbereitung des Lernstoffs bietet das außerschulische Lernen hingegen den Vorteil, sich von den isolierten Ein-Tages-Erlebnissen der Exkursion abgrenzen und das lern- und motivationsfördernde Potential eines Lernortes vollständiger ausschöpfen zu können. Über die bloße Beobachtung hinaus soll die Eigeninitiative der Schüler geweckt werden. Deshalb ist es von großer Bedeutung, den Bezug der Handlungsergebnisse vor Ort zu einem übergeordneten Sachgebiet herzustellen, um zufälliges Lernen auszuschließen und Beliebigkeitsdidaktik zu vermeiden.

Außerschulisches Lernen bietet im direkten Vergleich zur traditionellen Exkursion mehr Möglichkeiten im Hinblick auf die Integration der Informationsdarstellung und -deutung innerhalb des Lernprozesses und grenzt sich somit von der klassischen beschreibenden Form des Lernens ab. Die hohe Bedeutung von Exkursionen für den Geographieunterricht ergibt sich aber weiterhin – somit versteht sich die Didaktik des außerschulischen Lernens nicht als Konkurrenz zu dieser traditionellen Unterrichtsmethode. Exkursionen können sich sogar als ein wichtiger Bestandteil in das außerschulische Lernen integrieren. Darüber hinaus gilt es zu bedenken, dass sich nicht alle Themen und Gegenstandsfelder durch die Didaktik des außerschulischen Lernens vermitteln lassen, womit auch die beschreibende angeleitete Exkursion weiterhin eine Relevanz für den Geographieunterricht erhalten wird. Neuere konstruktivistische Ansätze in der Exkursionsdidaktik (vgl. BUDKE & WIENECKE 2009, HENNINGS et al. 2006) deuten darauf hin, dass die moderne Exkursion und das außerschulische Lernen zahlreiche methodische Verknüpfungsmöglichkeiten offenbaren, insbesondere unter Vergegenwärtigung gewandelter Raumkonzepte in der Geographie (vgl. hierzu RHODE-JÜCHTERN 2009, WARDENGA 2002, WEICHHART 2008).

2.6 Außerschulisches Lernen im Kontext eines veränderten Raumverständnisses

Raum fungiert als zentraler Begriff innerhalb der Didaktik des außerschulischen Lernens, sodass an dieser Stelle eine Definition von Raum sowie die Erläuterung möglicher Sichtweisen von Raum(-konzeptionen) unumgänglich erscheinen. Der zentrale Gegenstand des Faches Geographie ist schon seit jeher der Raum, so wie für das Fach Geschichte vordergründig die Zeit im Mittelpunkt der Betrachtung steht. Geographie als sogenannte moderne Raumwissenschaft mit seiner Großmethode des außerschulischen Lernens muss sich deshalb die Frage stellen lassen, was überhaupt unter Raum zu verstehen sei bzw. von welchem Raum die Rede ist, wenn das Wort fortlaufend in der Fachsprache verwendet wird. Insgesamt werden in der Fachwissenschaft Geographie seit einigen Jahren unterschiedliche Sichtweisen von Raum bzw. Raumkonzeptionen näher diskutiert, welche hier nicht alle angeführt werden sollen (zur Einführung vgl. MIGGELBRINK 2002, WEICHHART 2008). Für die Geographiedidaktik bzw. den Geographieunterricht konnten sich aus Vereinfachungsgründen grundsätzlich vier unterschiedliche Raumvorstellungen durchsetzen, welche im Folgenden kurz beschrieben werden sollen (vgl. Abbildung 5): In der ersten Perspektive werden „Räume als Container" betrachtet, in denen bestimmte Objekte der physisch-materiellen Welt enthalten sind. Dabei steht die Beschreibung des Raums als Wirkungsgefüge natürlicher und anthropogener Faktoren im Vordergrund. Räume werden hierbei als Ergebnisse abgeschlossener Prozesse gesehen, die aus natürlichen Vorgängen oder menschlichen Tätigkeiten hervorgegangen sind (WARDENGA 2002). Aus der ersten Leseart ergeben sich Beschreibungen und Erklärungen, beispielsweise von Oberflächenformen und Böden, Klima und Gewässer, Vegetation und Tierwelt sowie die physiognomischen Merkmale der Städte und Siedlungsgenese. In der zweiten Raumkonzeption „Räume als Systeme von Lagebeziehungen" geht es hingegen um die Akzentuierung der Bedeutung von Standorten, Lagerelationen und Distanzen, welche Einfluss auf das menschliche Handeln nehmen können. Die Frage nach der Beschreibung und Erklärung von Ausschnitten oder Teilen der Erde erweitert sich hierbei um die funktionale Bedeutung der gegebenen Sachverhalte für die vergangene und gegenwärtige gesellschaftliche Wirklichkeit (ebd.). Die dritte Raumkonzeption „Räume als Kategorie der Sinneswahrnehmungen" löst sich vom realistischen Wirklichkeitsbegriff und erkennt, dass Räume unterschiedliche Bedeutungszusammenhänge haben können. Bei dieser konstruktivistisch orientierten Raumkonzeption kann davon ausgegangen werden, dass scheinbar real vorhandene „Räume" von unterschiedlichen Individuen, Gruppen oder Institutionen differenziert betrachtet werden. Der Raum wird deshalb - je nach Interessen- und Lebenslage - unterschiedlich bewertet und zeigt somit eine unmittelbare Abhängigkeit von den unterschiedlichen menschlichen Wahrnehmungskategorien. Die dritte Raumkonzeption liefert damit die Grundlage für die vierte Raumkonzeption (Räume als Konstruktionsprozess), bei welcher generell davon ausgegangen wird, dass der Raum als solches nicht existieren kann, sondern vielmehr ein Ergebnis der geistigen Produktion des Menschen ist. Hierbei stehen die Fragen, wer unter welchen Bedingungen und aus welcher Intention wie über bestimmte Räume kommuniziert, im Vordergrund der Betrachtung. Der Raum kann sogar als sprachliches Produkt gesehen werden, welches sich aus der Kommunikation der Menschen untereinander herausbildet und dabei fortlaufend reproduziert wird (ebd.).

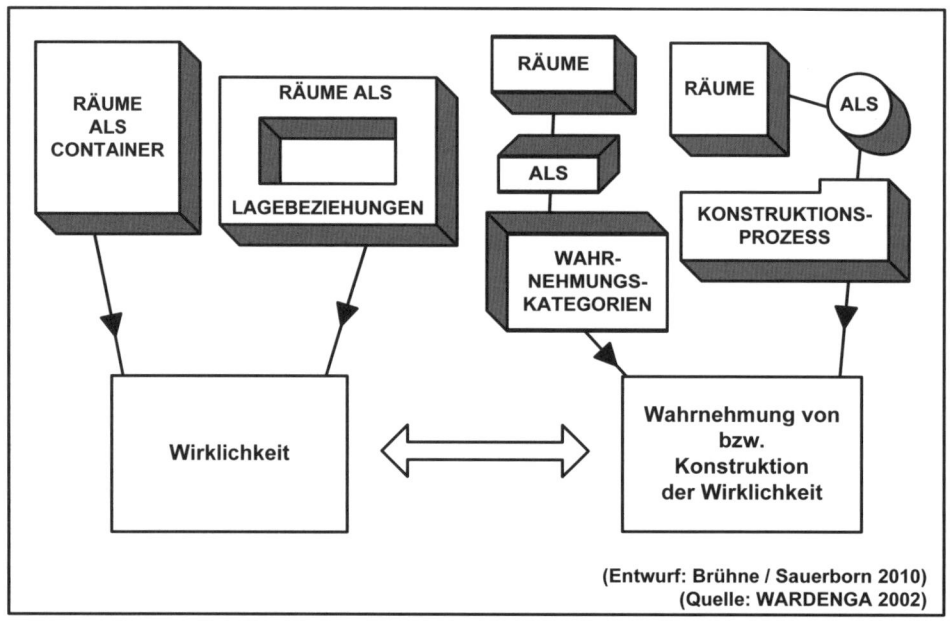

Abbildung 6: Raumkonzeptionen in der Geographiedidaktik.

Um aus den geographischen Raumkonzeptionen einen praktischen Nutzen für das außerschulische Lernen vor Ort aufzeigen zu können, sollen nun anhand des Beispiels „Der städtische Friedhof als außerschulischer Lernort" die vier Raumkonzeptionen erläutert werden. In der ersten Raumperspektive (der Raum als Container) kann der Friedhof aus seiner historischen und städtebaulichen Entwicklung gesehen werden. Der Standort, besondere Merkmale sowie die dort vorherrschende Naturvielfalt werden unabhängig von der Stadtstruktur im Sinne eines Kulturlandschaftselements betrachtet. Hierbei spielen ebenfalls die geschichtliche Entwicklung des Friedhofs sowie die Betrachtung der kunsthistorischen und architektonischen Stilrichtungen der einzelnen Gräber, Denkmäler und Grufte eine Bedeutung. In der zweiten Raumkonzeption (Räume als Systeme von Lagebeziehungen und Distanzen) können dem städtischen Friedhof funktionale Eigenschaften zugeschrieben werden, sprich die Verkehrsanbindung des Standorts, die Distanz zur Innenstadt oder wohnnahen Bevölkerung und die gesamte Physiognomie der funktionalen städtebaulichen Entwicklung. Ebenfalls kann die Bedeutung des Friedhofs als „grüne Lunge" der Stadt analysiert werden, welche den städtischen Grünflächenanteil deutlich steigert und damit eine zentrale Bedeutung für das lokale Stadtklima haben kann. In der dritten Raumkonzeption (Räume als Kategorien der Wahrnehmung) erhält der städtische Friedhof unterschiedliche Bedeutungszuschreibungen, welche die einzelnen Besucher durch ihre unterschiedlichen Interessen und Wahrnehmungsmuster erzeugen. Beim Rundgang auf dem Friedhof werden die differenten Beweggründe für den Besuch eines Friedhofs bewusst. Neben den trauernden Menschen, welche an den Grabstätten stehen und die Bepflanzung gießen (häufig durch Gießkannen gekennzeichnet) entdeckt man Spaziergänger und Jogger, welche den Friedhof aus

Gründen der Freizeitgestaltung nutzen. Darüber hinaus kann der städtische Friedhof ebenfalls als Arbeitsplatz des Menschen wahrgenommen werden (Grabpfleger, Baumschulen, Steinmetze, Bestattungsinstitute, Pfarrer, Organisten). Jeder der „Besucher" verfolgt eine unterschiedliche Intention und verarbeitet somit den Raum des städtischen Friedhofs ganz individuell in seiner Wahrnehmung. In der vierten Raumkonzeption (Räume als Konstruktionsprozess) kann jetzt davon ausgegangen werden, dass der Friedhof als solcher seine Sinnzuschreibung erst durch die Medien oder bestimmte Kommunikationsmuster sowie sprachliche Sinnzuschreibungen in der Gesellschaft zugeschrieben bekommt. Der Friedhof wird demnach im Zuge eines Zeitungsartikels oder einer längeren Zeitungsreportage durch seinen redaktionellen inhaltlichen Schwerpunkt (beispielsweise der Friedhof als Arbeitsplatz für die Stadt) in einer isolierten Wahrnehmungskategorie dargestellt, ohne dabei weitere Bedeutungskategorien, wie zum Beispiel den trauernden Besucher oder den Spaziergänger, zu erwähnen. Der Rezipient des Zeitungsartikels konstruiert sich dabei den Friedhof als wirtschaftsräumlichen Standort und wird beim nächsten Besuch in erster Linie auf die Stimmigkeit und Nachvollziehbarkeit des geschrieben Berichts achten. Später wird er vermutlich seinen Mitmenschen von seinem Besuch auf dem städtischen Friedhof berichten und dann automatisch die selektierten Inhalte des Redakteurs heranziehen, um schließlich den städtischen Friedhof in der Sinnzuschreibung des Arbeitsplatzes für den Menschen räumlich zu konstruieren.

2.7 Methodische Möglichkeiten des außerschulischen Lernens

Unterrichtsmethoden vermitteln grundsätzlich die kognitiven Zielsetzungen und angestrebten Kompetenzdimensionen unter konkreten Rahmenbedingungen, indem sie den geplanten Unterrichtsinhalt strukturieren und in Sozial- und Aktionsformen festlegen. Dabei werden die Begriffe Sozial- und Aktionsformen sowie Methoden, näher Mikro- und Makromethoden, in der Literatur nicht selten synonym verwendet (zum Beispiel bei KLIPPERT 1994). Eine sinnvolle Unterscheidung liefert beispielsweise RINSCHEDE (2007), indem er das Spektrum der Unterrichtsmethoden in methodischen Grundformen (Sozialformen, Aktionsformen, Organisationsformen der Unterrichtsinhalte) und methodische Großformen (Exkursionen, Projekte, Lernzirkel, Experimente) trennt bei gleichzeitigem Verweis auf die Fachmethoden. Eine differenzierte Einteilung findet sich bei MEYER (2004), der die drei Ebenen Makromethoden (methodische Großformen wie Freiarbeit und Projektarbeit), Mesomethoden (Dimensionen methodischen Handelns durch Sozial- und Aktionsformen) sowie Mikromethoden (Inszenierungstechniken des Lehrers wie das Zeigen, Vormachen, Impulsseten) unterscheidet.

Außerschulisches Lernen beschreibt gleichzeitig einen räumlichen Lernort außerhalb des Klassenzimmers, eine methodische Großform als solche sowie eine Aktionsform (methodische Grundform des erarbeitenden und entdeckenden Lernens). Dazu führt KESTLER (2002, S. 179) Folgendes an: „Unterricht an Außenlernorten ist zwar eindeutig eine Aktionsform, jedoch bezüglich ihres zeitlichen Anspruchs eine methodische Großform, also eine Methode der Makroebene". Aktionsformen können in diesem Zusammenhang definiert werden als zielgerichtete Tätigkeiten, Verhaltensweisen und Handlungen des Lehrers und der Schüler während des Lernprozesses, um systematisch einen bestimmten Lerninhalt zu vermitteln. Die Sozial- oder auch Kooperationsformen beschreiben hingegen die Art und Weise der Vermittlungsebene, in denen Lehrer und Schüler im Unterricht interagieren. Sozialformen sind deshalb methodisch geplante kommunikative Tätigkeiten des Lehrers und Schülers mit dem Ziel des gegenseitigen Austauschs von Informationen. Die Aktionsform bestimmt die Handlungsebene des Unterrichts, während die Sozialform mit dem kommunikativen Austausch die Sozialebene des Unterrichts anspricht. Für die konkrete Durchführung des außerschulischen Lernens erscheint eine differenzierte Betrachtung der Aktions- und Sozialform hilfreich, um den Kriterien guten Unterrichts wie klare Strukturierung, Methodenvielfalt, sinnstiftendes Kommunizieren und vorbereitende Lernumgebung (vgl. MEYER 2005) gerecht werden zu können.

Außerschulisches Lernen kann zunächst ganz allgemein nach der Lernstruktur unterschieden werden. Im weiteren Verlauf lassen sich dann die unterschiedlichen Lernformen den verschiedenen außerschulischen Lernorten zuordnen (vgl. Kapitel 9).

(1) Freies bzw. offenes Lernen an außerschulischen Lernorten: Das Lernangebot ist nur teilweise im Vorfeld didaktisch aufbereitet und die Verlaufsstruktur somit nicht stark vorstrukturiert. Der Grad der Offenheit innerhalb des Lernprozeseses kann hierbei sehr unterschiedlich sein. Es kann zwar zahlreiches Material zu dem Lerngegenstand vor Ort vorherrschen, doch sind der Ablauf und die Anwendung des Lernens vor Ort für die Lerngruppe weitgehend offen gehalten. Beispiele hierfür sind unter anderem die naturnahen Möglichkeiten des außerschulischen Lernens wie der Wald, eine Wiese, ein Fließgewässer oder ein Gesteinsaufschluss.

(2) Definiertes, strukturiertes Lernen an außerschulischen Lernorten: Das Lernangebot ist im Vorfeld ausführlich geplant und aufbereitet, die Lernprozesse dementsprechend vorgezeichnet. Sämtliche Lernmaterialien und in Frage kommenden Medien sind speziell aufgearbeitet und bilden ein konkretes Angebot an den Lernenden vor Ort. Hierzu zählen zum Beispiel Museen, öffentliche Einrichtungen wie Rathäuser sowie Betriebe.

(3) Gemischtes Lernen an außerschulischen Lernorten: Das Lernangebot ist zu einem gewissen Umfang vorstrukturiert bzw. die Lernmöglichkeiten durch die Rahmenbedingungen vor Ort in Teilen eingeschränkt. Für die Lerngruppe kann somit eine individuelle Verlaufsstruktur mit offenen und geschlossenen Lernphasen zusammengestellt werden. Beispiele hierfür sind unter anderem Lehr-, Lern- und Erlebnispfade.

Als gängige Sozialform an außerschulischen Lernorten kann die Partner- oder Gruppenarbeit betrachtet werden. Diesen Sozialformen kommt auch im Hinblick auf den sozialen Kompetenzerwerb der Schüler und Förderung der Gruppendynamik eine besondere Bedeutung zu. Im Gegensatz zum Unterricht im Klassenzimmer fördern die veränderten Rahmenbedingungen des außerschulischen Lernens die soziale Interaktion und Kommunikation, das Miteinander und das gegenseitige Helfen unter den Schülern. Kooperative oder aufgabengleiche Arbeitsaufträge bedeuten das Finden gemeinsamer Lösungswege, was dazu führt, dass auch die Teamfähigkeit und Teamarbeit in Kleingruppen systematisch gefördert werden kann. Dies erscheint im Zuge des Erwerbs von Schlüsselqualifikationen für die spätere Berufs- und Arbeitswelt besonders wichtig, welche im Sinne der Arbeitsteilung sowie Projektarbeit solche sogenannte Soft-Skills geradezu als Selbstverständlichkeit erachtet. Besonders der Erwerb von sozial-kommunikativen Fähigkeiten sollte durch die veränderten Lebens- und Alltagswelten der Schüler zunehmend an Bedeutung gewinnen, da dieser heutzutage nicht mehr ohne Weiteres aus der Persönlichkeitsentwicklung resultiert. Die Schüler sind durch erheblichen Konsum von Textil- und Unterhaltungsprodukten sowie die Massenmedien geprägt und verlernen deshalb viele soziale Fähigkeiten, welche ihnen dann im öffentlichen Umgang mit Erwachsenen fehlen.

Im Gelände ergeben sich nicht wie im Klassenzimmer die üblichen räumlichen Schwierigkeiten bei der Durchführung einer Partner- oder Gruppenarbeit, womit diese Sozialformen grundsätzlich keine methodischen Abwägungen mit sich bringen. Die Sozialform der Einzel- bzw. Stillarbeit spielt innerhalb der Didaktik des außerschulischen Lernens eher eine zu vernachlässigende Rolle, da sich diese Form vielmehr für den traditionellen Unterricht im Klassenzimmer eignet. Mit der Einzelarbeit werden in der Regel Lernergebnisse in Stillarbeit erarbeitet, gesichert, geübt und angewendet, was mit dem sozial-kommunikativen und lebendigen Lernen am außerschulischen Lernort nur bedingt vereinbar erscheint. In höheren Klassenstufen der Sekundarstufe II kann die Einzelarbeit dann jedoch wieder eine höhere Bedeutung erlangen, besonders im Hinblick auf das wissenschaftspropädeutische Arbeiten (Kartierungen oder Befragungen).

2.8 Didaktische Hintergründe des außerschulischen Lernens

Im natur- und gesellschaftswissenschaftlichen Unterricht soll durch die Verwendung von Sekundärquellen (Fotos, Texte, Diagramme und Karten) vorrangig die Interpretationsfähigkeit der Schüler gefördert werden. Im Gelände stehen aber – neben der persönlichen Erfahrung und einem größeren Interesse an den natur- und kulturräumlichen Wechselwirkungen ihrer Umwelt – vor allem die Beobachtungsgabe sowie Wahrnehmungsfähigkeit der Kinder und Jugendlichen im Vordergrund der didaktisch-methodischen Zielsetzungen. Primär erforschte Phänomene und Situationen werden aktiv durch den Lernenden erfasst, protokolliert, kategorisiert und letztlich interpretiert. Diese Lernprozesse setzen jedoch eine gezielte Eigenwahrnehmung voraus, welche es deshalb systematisch zu fördern gilt. Dabei müssen die Schüler lernen, sich von den durch Massenmedien hervorgerufenen Reizüberflutungen zu lösen, um sich auf die gezielte Beobachtung und Raumwahrnehmung am außerschulischen Lernort konzentrieren zu können. Bild- und Anschauungsmaterial aus dem Unterricht im Klassenzimmer kann teilweise durch reale Anschauungsobjekte substituiert werden, womit ein lernpsychologischer Vorteil innerhalb des außerschulischen Lernens erkennbar wird. Die Ziele der Geländeuntersuchung können wie folgt zusammengefasst werden (RINSCHEDE 2007, vgl. Abbildung 7).

(1) Informationsbeschaffung - und Sammlung durch unmittelbare und teilnehmende Beobachtung oder auf Basis selbst geführter Interviews.

(2) Sichtung und Strukturierung der gesammelten Daten und Ergebnisse, Auswertung von Bildern, Skizzen und Sammelgegenständen.

(3) Vergleich der Daten mit anderen Medien und bereits existierenden Materialien, um eigene Informationsquellen kritisch zu überprüfen.

(4) Diskussion der Auswertungsergebnisse, Erzeugung neuer Fragestellungen und zu untersuchender Problemfelder.

Abbildung 7: Ziele der Geländeuntersuchung.

Darüber hinaus sind als weitere Zielsetzungen zu nennen (vgl. RINSCHEDE 2007):

- Die Schüler werden durch Primärerfahrungen mit der Wirklichkeit des Heimatraums konfrontiert.

- Durch den persönlichen Bezug zur unmittelbaren Umwelt wird der emotionale Bezug des Lernenden verstärkt.

- Die Schüler identifizieren sich mit dem eigenen Lebensraum.

- Durch die Gemeinschaftsarbeit kann das Verhältnis zwischen Lehrer und Schüler verbessert und bestimmte Verhaltensweisen eingeübt werden.

- Die Begegnungen haben einen motivierenden Einfluss auf die Schüler, der auch ein längeres Behalten der gelernten Inhalte bewirken soll.

- Die Schüler erfahren bei Präsentationen ihrer Ergebnisse außerhalb der Schule Anerkennung und der Unterricht in der Meinung der Öffentlichkeit eine Aufwertung. Dieser positive Effekt gilt auch für das entsprechende Schulfach sowie für die Schulform.

2.9 Perspektiven des außerschulischen Lernens in der Geographie

Theoretisch sind die Möglichkeiten der originalen Begegnung mit Menschen, Tieren, Landschaft und bebauter Umwelt unbegrenzt. Prinzipiell kann alles außerhalb des Schulgebäudes zu einem interessanten Lern- und Wahrnehmungsraum gestaltet werden. Ein bereits bekannter Ort, wie ein Waldstück nahe der Schule oder ein kleines Fließgewässer am Rande des Schulorts, kann unter gezielter Anleitung der Lehrperson zu einem außerschulischen Lernort umfunktioniert werden. So können die Schüler beispielsweise bei einem Unterrichtsgang im Nahraum eine Gewässerprobe entnehmen und diese am Lagerplatz untersuchen, im Wald Beeren und Kräuter identifizieren oder Tierspuren auswerten. Die Klasse sucht den selbst gewählten Lerngegenstand auf und erkundet ihn gründlich (entsprechend der durch die Lehrperson vorbereitenden Fragen und Erkundungsaufträge) in seiner originalen Situation. Die daraus gewonnenen Eindrücke und Erfahrungen können nach der Rückkehr in die Schule das Weiterlernen intensivieren. Besonders der Besuch eines außerschulischen Lernortes im Nahraum muss nicht zwangsläufig mit großem Aufwand verbunden sein. In der Praxis ist adäquates außerschulisches Lernen trotz alledem nur selten im schulischen Alltag vorzufinden. Die Rahmenbedingungen für entsprechende Vorhaben und Veranstaltungen sind von vielen Aspekten abhängig und scheinen deshalb die Entscheidung dafür einzuengen. Abbildung 8 listet beispielhafte Rahmenbedingungen auf.

- hoher Zeitaufwand (zur Vorbereitung, Ausführung und sinnvollen Nachbereitung des außerschulischen Lernorts)
- notwendige Kooperationsbereitschaft (von den Schülern, Schulleitung, Kollegen, Eltern)
- Kosten (finanzieller Art, andere Schulstunden)
- materielle Ausstattung der Schule (Karten, Feldgeräte und Materialien)
- strukturelle Voraussetzungen (geeignete Klassenstärke, ausreichende Fachkompetenz des Lehrers und der Schüler)

Abbildung 8: Beispielhafte Rahmenbedingungen außerschulischen Lernens.

Es lassen sich weitere Faktoren nennen, die den Einsatz von außerschulischem Lernen nicht realisierbar bzw. nur bedingt durchführbar machen (vgl. RINSCHEDE 2007):

- Disziplingestörtes oder -loses Verhalten der Schüler in der Klasse erschweren die Aufsichtspflicht und Sicherheit der gesamten Lerngruppe.
- Leistungsmessung mit klassischen Instrumenten ist nur bedingt möglich.
- Es zeigt sich eine Abhängigkeit von unbeeinflussbaren Faktoren wie der Witterung.
- Die Motivation aller am Lernprozess Beteiligten dient als Grundvoraussetzung.

Die nur ansatzweise beschriebenen Lebenssituationen der Schüler mit all ihren Bedürfnissen und Defiziten stehen einem erhöhten Zeit- und sonstigen Mehraufwand an Überzeugungsarbeit gegenüber. Trotz dieser (Mehr-)Investition an Zeit und Mühe kann sich das Lernen vor Ort durchaus bezahlt machen. Dies bestätigen auch empirische Erhebungen an Schulen im Vergleich von Vor- und Nachteilen der beschriebenen Exkursionen (ebd.). Die Klassen- oder Fachräume können innerhalb realer Situationsbegegnungen durch andere Räume gleichsam erweitert werden und kommen dem Bewegungsdrang von Kindern und Jugendlichen entgegen.

3 Einsatz im Unterricht der Primarstufe

Zu Beginn des 21. Jahrhunderts erleben Kinder und Jugendliche eine stete (Massen-)Medien- und Informationspräsenz. Alte und neue Medien wie Fernseher, Computer, Printmedien, Walkman, Internet, Telefon, Handy etc. sind im Leben von Kindern und Jugendlichen zu einem wesentlichen Bestandteil geworden (BAACKE et al. 1998). Es wird von einer veränderten Kindheit gesprochen, die durch einen Verlust an originaler Begegnung und Primärerfahrungen gekennzeichnet ist. Insbesondere junge Schüler sind hiervon betroffen und das in einer Phase, in welcher Empathie angebahnt werden sollen. Zudem finden sich in kultusministeriellen Vorgaben Hinweise darauf, dass mit dem Unterricht an die Lebenswelt der Schüler anzuknüpfen ist. Dies kann mit Hilfe von Unterrichtsgängen direkt realisiert werden, denn die „Grundschule [soll] verstärkt an sozialen und kulturellen Prozessen ihrer lokalen Umgebung teilnehmen" (HOPF 1993, S. 185). Das Lernen vor Ort mit einem originalen Gegenstand kann dazu beitragen, die Schüler auf ihren Alltag und besonders auf ihr kommendes Leben gezielt vorzubereiten.

Da der Unterricht in der Primarstufe von einem hohen Maß an Handlungsorientierung und realer Begegnung gekennzeichnet sein soll, unterscheidet sich das außerschulische Lernen hier nicht so stark vom regelhaften Unterricht wie in den Sekundarstufen. Ein Schwerpunkt liegt jedoch auf dem Lernen mit allen Sinnen und so fasst BIRKENHAUER zusammen: „Außerdem ist es für die Schüler leichter möglich, Einzelbeobachtungen in den Gesamtzusammenhang eines umfassenderen Geländes einzuordnen" (BIRKENHAUER in BÖHN 1999, S. 14 ff.).

3.1 Möglichkeiten

In der Primarstufe gibt es vielfältige Möglichkeiten, außerschulisches Lernen zu realisieren. Insbesondere im Sachunterricht sollte ein hoher Anteil der Lerninhalte über die reale Begegnung vor Ort vermittelt werden. Da dieser jedoch in der Stundentafel nicht viel Raum einnimmt, sollten fächerübergreifende Ansätze gesucht und in allen Fächern vorhandene Potentiale möglichst vollständig für das außerschulische Lernen ausgeschöpft werden. Die Motivation der Schüler, ihre Fähigkeit zur Begeisterung sowie von ihnen selbst in den Unterricht getragene Anlässe bieten immer wieder lohnende Anknüpfungsmomente für außerschulische Unterrichtsgänge und erleichtern zudem die Kreativitätsfindung bei der Auswahl der Lernorte.

Bei Schülern aus der Primarstufe stellt sich jedoch das Problem der Aufsichtspflicht in größerem Umfang als in den höheren Klassenstufen der Sekundarstufe. Deshalb ist ein großes Organisationsgeschick des Lehrers gefragt. Einen Vorteil hingegen stellt der häufig im Stundenplan teilweise zurückgestellte Fachunterricht dar, der oft vom Klassenlehrer geleitet wird. So kann außerschulisches Lernen in Bezug auf den Zeithorizont unproblematischer realisiert werden. Auch das fächerübergreifende Lernen ist hier in der Regel einfacher zu bewerkstelligen als in der Sekundarstufe.

Problematisch hingegen kann die Erfassung der unterschiedlichen Lernvoraussetzungen der Schüler sein. So ist grundsätzlich das Phasenlernen der Kinder noch in engen Zeitspannen und situationsbezogen flexibel zu planen. Es empfehlen sich kürzere außerschulische Lernorte oder schülerintegrative Kurzexkursionen. Sind längere – zum Beispiel ganz- oder mehrtägige – Geländeaufenthalte angedacht, so können die einzelnen Lerneinheiten hier nur einen begrenzten zeitlichen Raum einnehmen. Die in der Grundschule gemäß den kultusministeriellen Vorgaben zu erlernenden Fähigkeiten und Fertigkeiten, wie zum Beispiel die Selbsttätigkeit, das handelnde Lernen, das Beobachten, das Zählen, das Messen, die Kartierung sowie das Sammeln, Aufbereiten und Präsentieren von Ergebnissen (vgl. Abbildung 9) lässt sich problemlos mit dem außerschulischen Lernen realisieren.

Als außerschulische Lernorte können alle Elemente der direkten und näheren Umgebung genutzt werden. Dies sind beispielsweise der Schulgarten, Wohnhäuser, Straßen, Flüsse oder städtische Einrichtungen vor Ort (vgl. Abbildung 9). Im Prinzip gewährt jeder zielgerichtete und angeleitete Schritt vor das Schulgebäude einen Moment außerschulischen Lernens, so zum Beispiel auch die Betrachtung des derzeitigen Wetters auf der Schwelle des Schulgebäudes. In jedem Fall wird so an die Lebenswirklichkeit der Schüler direkt angeschlossen und ein Bezug zwischen dem schulischen Wissen und der lebenspraktischen Erlebniswelt der Kinder geschaffen. Eine Transformation des Gelernten auf spätere Lebens- und Lernphasen im Anschluss an den Lernprozess vor Ort wird damit angebahnt.

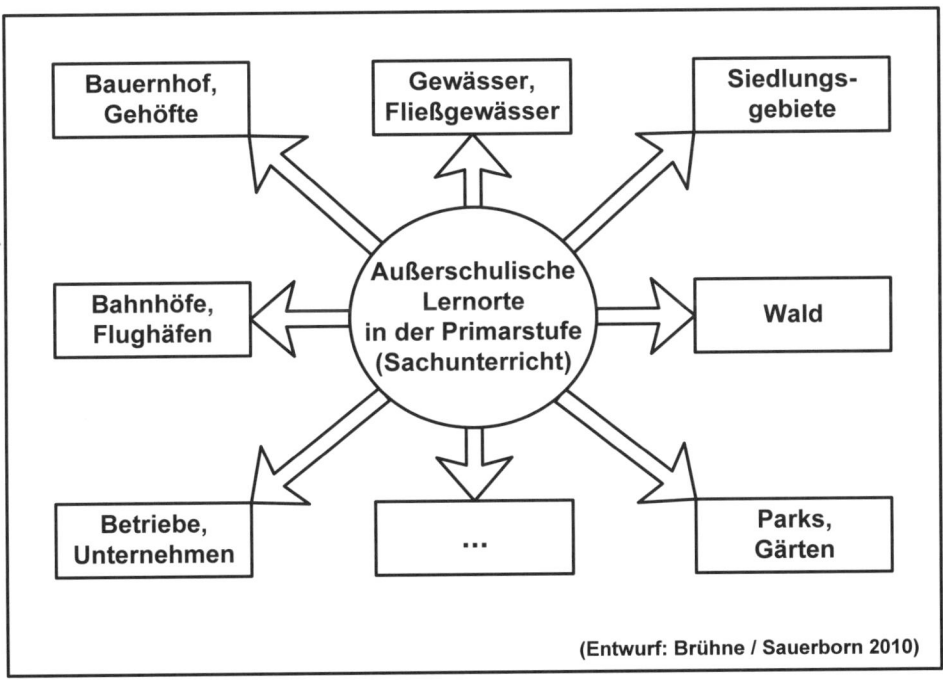

Abbildung 9: Typische außerschulische Lernorte in der Primarstufe.

3.2 Ziele

Grundsätzliche Ziele des außerschulischen Lernens im Unterricht der Primarstufe stellen die Handlungsorientierung, die reale Begegnung, der Alltagsweltbezug und die Vorbereitung auf das spätere Leben dar. Im Zusammenhang mit geographischen Inhalten der Grundschule bedeutet dies, dass unmittelbare Lernerfahrungen im Gelände dem Schüler bedeutsame personale Erfahrungen bringen und zugleich sein Interesse an räumlichen Aspekten der Wirklichkeit erhöhen können. Die Fundierung eines grundlegenden Interesses an räumlichen Strukturen und Erscheinungen stellt für die Orientierungsfähigkeit der Schüler eine bedeutende Grundlage dar. Zudem suchen die Kinder in der Lebensphase des Grundschulalters nach sogenannten Landmarks in ihrem Leben, um dieses sinngemäß zu strukturieren und sich eigene, zuverlässige Mental Maps (mentale Karten oder auch Gedächtniskarten als mentale Repräsentation des Raums) zu erstellen (vgl. hierzu DOWNS & STEA 1982). Die primären Raumerfahrungen der außerschulischen Lernorte sind ein unerlässlicher Baustein der Persönlichkeitsentwicklung in diesen Altersstufen; eine Weltsicht bzw. ein globales Verständnis schaffen heißt zum Beispiel immer auch, sich in seiner eigenen Lebenswelt zurecht finden zu können und zu Wissens- sowie Erkenntnistransformationen in der Lage zu sein. Kurz: die Bildung muss vom lokalen Nahraum zu globalen Fragestellungen und Problemen ausgerichtet werden sein und dementsprechend strukturiert aufeinander aufbauen. Dies gilt im Wesentlichen auch für viele weitere Fach- und Wissensbereiche, denn stets wird – von den Möglichkeiten des Grundschülers aus – die eigene Lebenswirklichkeit als Basis für das Anbahnen eines vernetzten Denkens und Wissens aktiviert.

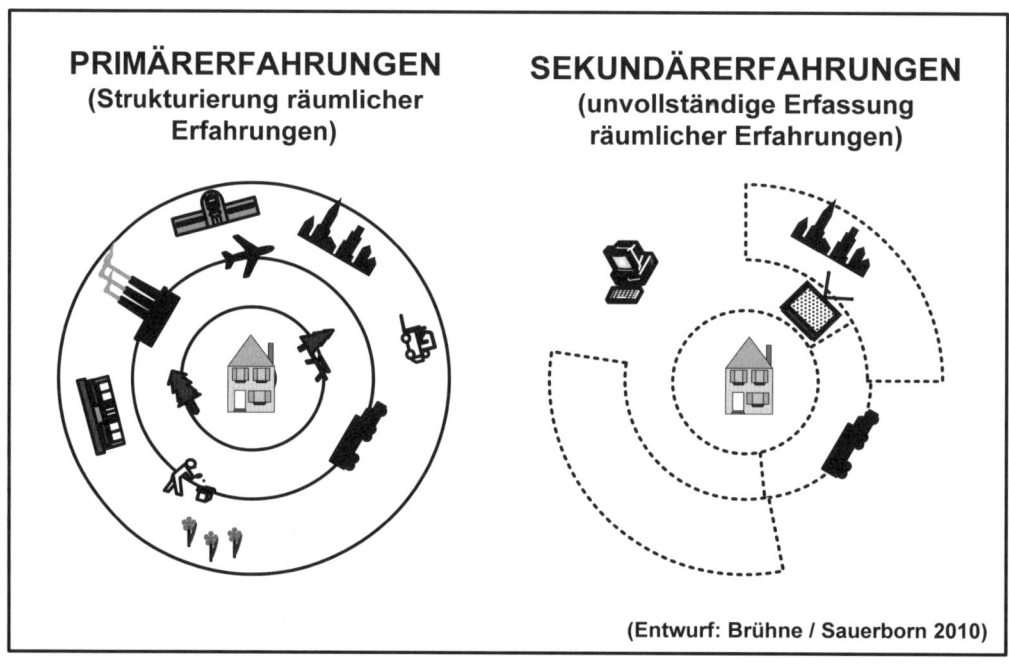

Abbildung 10: Raumerfahrung und Raumstrukturierung im Kindesalter.

Durch das außerschulische Lernen in der Primarstufe können auch Veränderungen (bis hin zu Störungen) in der Wahrnehmung aufgefangen und minimiert werden (vgl. Abbildung 10). Durch die zunehmende Berufstätigkeit der Eltern, aber auch aufgrund immer größer werdender Distanzen zwischen dem Schul- und Wohnort sowie erhöhter Gefahrenquellen auf dem Schulweg erfährt ein erheblicher Teil der Schüler heute die Anfahrt zur Schule mit dem privaten PKW. Dies führt zu einer Störung in den primären Wahrnehmungsmustern der Kinder, denn das Erlaufen von Wegen bzw. die persönliche Bewältigung derselben ermöglicht eine Erfahrung mit allen Sinnen. Diese dient auch der Raumerschließung: eigene Landmarks werden gesetzt, Wahrnehmungen und Schlüsselreize verortet und schließlich eine sogenannte kognitive Karte schrittweise konstruiert. Durch den Abgleich mit anderen Personen oder eine zunehmende Operationalisierung der subjektiven Werte entsteht ein annähernd flächenhaftes Raumbild, da die erschlossenen Umweltbereiche umgeformt wurden und auf andere Wegen übergeleitet werden können. Wird nun der Schulweg beispielsweise mit dem familiären Auto bewältigt, so ergibt sich eine verinselte Struktur innerhalb der Wahrnehmungsnetze. Das eigene Wohnhaus, eine Ampel, der Bäcker, in dem das Pausenbrötchen gekauft wird, und schließlich die Schule bekommen eine klare Struktur, weil diese mit eigenen aktiven Wahrnehmungen verknüpft werden können; bestenfalls mit Informationen, die mehrere Sinne stimuliert haben (vgl. hierzu auch BAACKE 2003, BAACKE 2004, SCHNEEWIND et al. 1983, SCHNEEWIND 2008). Die verbindenden Wegstrecken hingegen werden passiv erfahren und nur durch visuelle Wahrnehmungen aus dem Fenster heraus gefüllt. In der eigenen konstruierten Mental Map werden diese Strecken räumlich verzerrt dargestellt. Statt einem flächenhaften Raumsmuster entsteht eine Inselstruktur, die linienhafte Verbindungen trägt. Die Orientierung des Kindes in der täglichen Schulumgebung ist somit erschwert und letztlich auch das Arbeiten im Unterricht, denn durch heterogene Raumkenntnisse sind die Lernvoraussetzungen für nahe gelegene Erkundungen im Sinne des außerschulischen Lernens nur bedingt gegeben. Doch durch eine eingehende Erkundung der Schulumgebung, dem Entwurf eines Klassenstadtplans, in dem alle Wohnhäuser der Schüler verortet und bestenfalls besucht werden können, oder durch die Erarbeitung eines Kinderstadtplans für den Stadtteil können detaillierte Raummuster wieder hergestellt werden. Das außerschulische Lernen dient somit der Erkundung, der Begegnung mit und der Festigung von Raumverhalten. Die Fähigkeit einer Strukturierung und Erschließung eines bekannten Raums können Schüler jederzeit auch auf andere bzw. fremde Räume übertragen. Die Orientierung im Nahraum sowie seine Erschließung können als grundlegende Kompetenzen angesehen werden, die Ziel eines Primarstufenunterrichts sein sollen und durch außerschulisches Lernen angestrebt werden können.

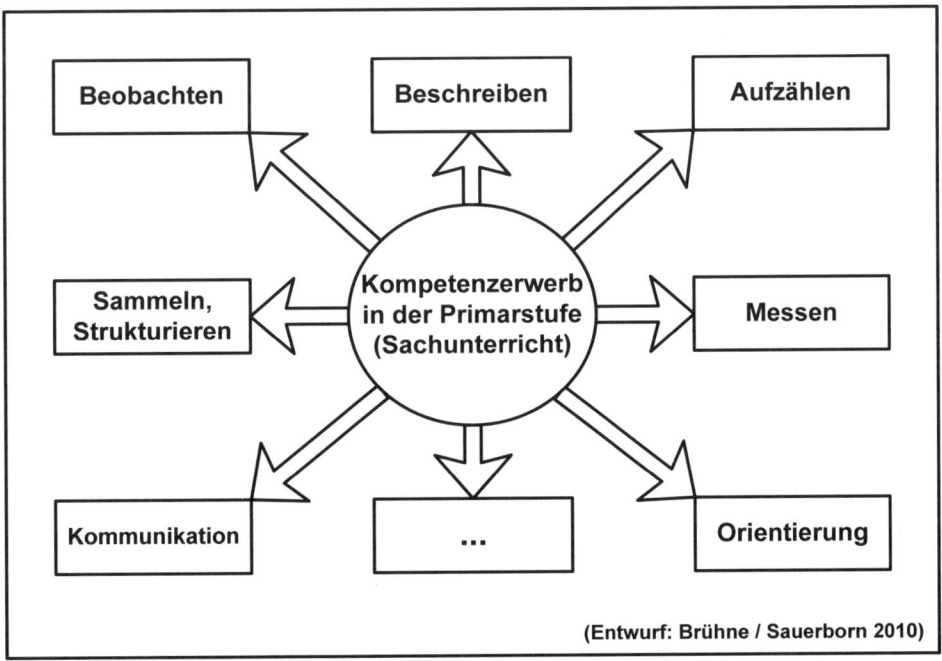

Abbildung 11: Bedeutende Kompetenzen für das außerschulische Lernen in der Primarstufe.

Unterrichtsgänge außerhalb des Klassenzimmers können auch der Einführung, Erprobung und Fundierung offener Unterrichtsformen dienen. Spielerische Formen, wie einfache Rollen- oder Erkundungsspiele, szenische Darstellungen sowie eine Rallye durch den Nahraum bieten hier verschiedene Möglichkeiten der praktischen Umsetzung. Grundschüler arbeiten im Unterricht zu einem erheblichen Maße mit Sekundärquellen wie beispielsweise Texten, Bildern, Karten oder Filmen (vgl. Abbildung 11). Durch außerschulisches Lernen erhalten die Schüler einen Kontakt zu realen Gegenständen und konstruieren dadurch ihre Weltbezüge. So entsteht ein instrumentales Gegengewicht zu den zahlreichen Sekundärquellen, welche die Wahrnehmungsleistung beeinträchtigen können. In diesem Zusammenhang ist es auch möglich, erste Vergleiche und Abgleiche zwischen Sekundär- und Primärinformationen vorzunehmen. Auf einfachem Lernniveau wird demnach ein kritischer Umgang mit Medien angebahnt und geschult. Das außerschulische Lernen dient somit der Informationssammlung und der kognitiven Weiterverarbeitung durch handlungsnahes Lernen. Die gesammelten Informationen sollten dabei alle einem Problemfeld oder einer zu lösenden Fragestellung zuzuordnen sein, sodass hypothetische Lösungsmodelle mit den Schülern diskutiert werden können. Die Speicherung der außerschulisch gesammelten Informationen und Daten erfolgt dann in der Nachbereitung im Klassenzimmer strukturiert und bereitet so die Grundlage für folgende Lernerfahrungen. Auch das eigenverantwortliche Lernen und Tun kann durch außerschulische Unterrichtsgänge gefördert werden und zwar in einem Ausmaß, wie es bei kaum einer anderen Unterrichtsmethode der Fall ist.

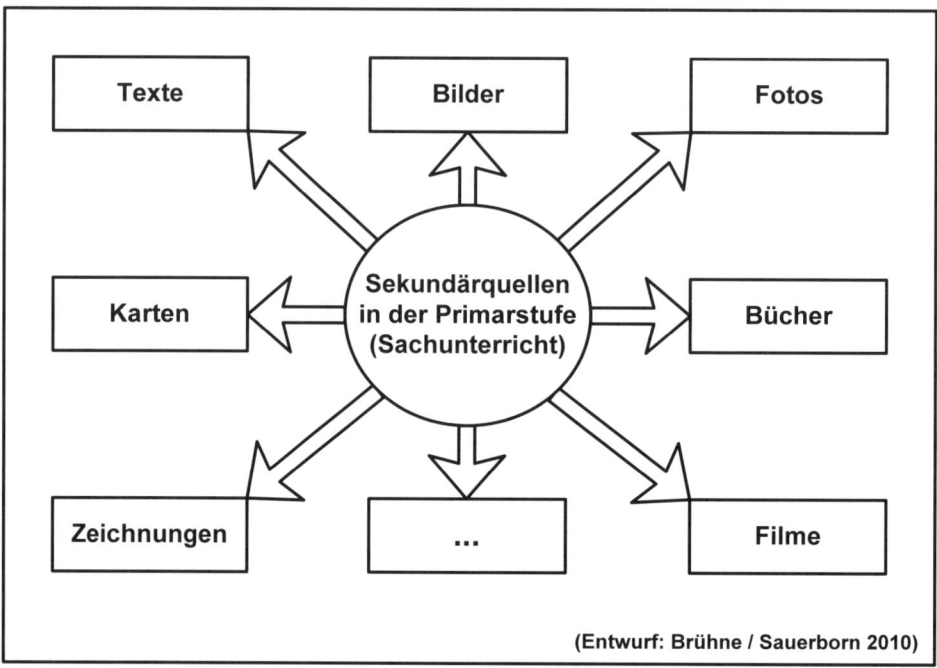

Abbildung 12: Mögliche Sekundärquellen zur Informationsbeschaffung in der Primarstufe.

3.3 Vorgehensweise

Aus Sicht der Didaktik weicht der außerschulische Unterricht in der Primarstufe zunächst nicht vom Regelunterricht im Klassenzimmer ab, denn Lernbedürfnisse und -voraussetzungen sowie Vorgaben durch Rahmenrichtlinien sind im Sinne der Unterrichtsplanung identisch. Situative Voraussetzungen sind zu erfassen, Lernziele und -inhalte festzulegen, die Sozialform zu entscheiden und ein Stundenverlaufsplan mit didaktischer Intention sollte erstellt werden, um den sämtlichen Bedingungs- und Entscheidungsfelder der Unterrichtsplanung gerecht werden zu können. Allerdings ist die Gewichtung dieser einzelnen Faktoren unterschiedlich, da beim außerschulischen Lernen im Vorfeld organisatorische Fragen näher zu betrachten sind.

Generell gilt auch bei der Unterrichtsplanung in der Primarstufe ein Planungsdreischritt im Sinne einer Vorbereitung, einer Durchführung sowie einer Nachbereitung des außerschulischen Lernorts (vgl. Kapitel 10). Die Rolle des Lehrers ist bei jüngeren Schülern ebenfalls eine andere, denn diese benötigen in der Regel ein höheres Maß an Anleitung, Absicherung und Betreuung. So kann beispielsweise eine Vorbereitung nicht vollständig in die Hände der Schüler verlagert werden. Hingegen ist es denkbar, Expertengruppen zu bilden und diese – in einem vorgegebenen Rahmen – weitgehend frei arbeiten und planen zu lassen. Prinzipiell ist die Frage nach dem didaktischen Ort für den Einsatz des außerschulischen Lernens in der Primarstufe eher offen zu beantworten: Diese kann als Motivation zu Beginn einer Unterrichtssequenz, zur Datenbeschaffung, dem praktischen Arbeiten in der Mitte oder zur Ergebnissicherung oder zum Themenabschluss am Ende einer Unterrichtssequenz gedacht sein.

Folgt man der Einteilung außerschulischer Lernorte nach BIRKENHAUER (1995, S. 10 ff.) in zwei Ebenen, so sind Orte zur unmittelbaren Begegnung (Betriebe, Museen, Lehrpfade usw.) sowie Kriterien für die Qualität dieses Ortes zu unterscheiden (unter anderem die Authentizität, ein hoher Anmutungs- und Erlebensgrad, die Überschaubarkeit, die Eindeutigkeit des Sachverhaltes, das Wecken von Aktivitäten und der exemplarische Charakter). Je offener ein Lernort ist, desto differenzierter können auch die Arbeitsweisen und Herangehensweisen der Schüler sein und dementsprechend individueller sind die aus dem Lerngegenstand gewonnenen Erkenntnisse. Wird jedoch eine gemeinsame Lernziel- bzw. Lerninhaltsebene angestrebt, so gilt: je offener ein Lernort ist, desto mehr Anleitung und Vorplanung benötigen die Schüler für ein erfolgreiches Vorgehen. Wie sich im weiteren Verlauf zeigen wird (vgl. Kapitel 9.2), muss jedoch nicht jeder gebundene Lernort bezüglich seiner Lernstruktur zwangsläufig eine geschlossene Struktur beinhalten. Bei der Auswertung des außerschulischen Lernens gelten ähnliche Kriterien: je enger die Vorstellung vom Präsentationsergebnis ist, desto dezidierter müssen auch die Vorgaben des Lehrers an die Schüler gestaltet sein. Außerschulisch gewonnene Daten und Informationen können zum Beispiel – eingesetzt am Beginn oder in der Mitte einer Unterrichtssequenz – im Unterricht weiter ausgewertet und vertieft werden.

3.4 Lernzielkontrolle und Ergebnissicherung

Die Ergebnissicherung ist eng mit den Anforderungen und Erwartungen an die Schüler verbunden. Je klarer die Vorstellungen der Lehrperson oder je enger die kultusministeriellen Vorgaben in Bezug auf die Lernzielüberprüfung gesetzt sind, desto konkreter müssen auch die Arbeitsanweisungen und -aufträge für die Schüler sein. In der Primarstufe sind die Lernprozesse der Ergebniskontrolle, Anwendung oder Übung von elementarer Bedeutung. Die Ergebnissicherung für das außerschulische Lernen kann zum Beispiel durch Dokumentationen und Zwischensicherungen während der Begegnung mit dem Lerngegenstand vor Ort erfolgen, um auch in der Nachbereitung auf das Erfahrene und Gelernte zurückgreifen zu können. Als Formen der Sicherung sind in diesem Zusammenhang vor allem das Durcharbeiten, das Üben und Wiederholen, das Anwenden und Vertiefen und die kritische Bewertung der geleisteten Unterrichtsarbeit zu erwähnen.

Bei offen gestalteten Ergebnissicherungen können Bilddokumentationen, Collagen, Fotoreisen oder ähnliches erstellt werden. Eine abschließende Präsentation der einzelnen Gruppen ermöglicht allen Schülern Einblicke in ihnen nicht bekannte Themenfelder. Diese eigenständigen Dokumentationen der Schüler, die sogenannten Handlungsprodukte, können auf diese Weise auch der Allgemeinheit, den anderen Schülern der Schule, Eltern oder Bekannten zur Verfügung gestellt werden. Die Schulen verfügen dafür oftmals über Schaukästen und Vitrinen auf den Fluren des Schulgebäudes, welche wiederum die Motivation anderer Schulklassen fördern könnte. Um das Gelernte weiter zu verfestigen sind Tafelbilder, Lückentexte und ggf. eine kurze Filmdokumentation zum Vergleich in den folgenden Unterrichtsstunden empfehlenswert.

3.5 Ausblick

Durch eine geänderte Kindheit, die vor allem durch eine gesteigerte Nutzung der Massenmedien und eine Abnahme der primären Naturerfahrung gekennzeichnet ist, haben heute viele Kinder keine reale Umweltvorstellung mehr. Naturkontakte sind minimal, Raumvorstellungen rudimentär und verzerrt. Hierdurch entsteht eine besondere Bedeutung des außerschulischen Lernens in der Primarstufe. Durch die hohe Motivation der Schüler an außerschulischen Lernorten können Lerninhalte und -ziele besonders effektiv vermittelt werden. Durch aktives, eigenständiges Handeln an diesen Orten und Beobachten der realen Objekte kann ein direkter Bezug zu diesen Inhalten und Zielen entdeckt und somit anschaulich vermittelt werden. Große Klassenstärken, zum Teil erhebliche Vorbereitungszeit, Finanzierung, Stundenplanprobleme, Vorsichtsmaßnahmen, Schülerverhalten, fehlende Kooperation der Schüler untereinander und/oder mangelnde Ausstattung der Schule lassen allerdings viele Lehrpersonen davor zurückschrecken.

4 Einsatz im Unterricht der Sekundarstufe

4.1 Möglichkeiten

In der Sekundarstufe bieten sich andere Möglichkeiten des außerschulischen Lernens als in der Primarstufe; hier sind mögliche Distanzen als Barrieren leichter zu überwinden. Durch das steigende Alter muss nicht zwingend über die ganze Zeit ein Auge auf alle Schüler gerichtet werden; auch das eigenverantwortliche Handeln bringt einen systematischen Vorteil für die Auswahl vieler Lernorte mit sich. Somit bieten sich auch weiter entferntes außerschulisches Lernen und anspruchsvollere außerschulische Lernorte an. Die breit angelegte Fächerstruktur ermöglicht darüber hinaus vielfältige Ansätze für das fächerübergreifende Lernen als in der Primarstufe. So kommen mit den naturwissenschaftlichen Fächern Biologie, Chemie und Physik neue Perspektiven in den möglichen Themenkatalog (vgl. Abbildung 13) für das außerschulische Lernen. Auch die sozialwissenschaftlich orientierten Fächer, wie die politische und ökonomische Bildung, bieten zahlreiche Ansätze im Hinblick auf die Auswahl von außerschulischen Lernorten, insbesondere hebt sich hier die Sparte der Berufs- und Produktionswelt hervor.

In der Sekundarstufe II kommt dem Projektunterricht eine besondere Aufgabe zu, denn dieser ermöglicht eine projektorientierte Begegnung mit den außerschulischen Lernorten. Das heißt in erster Linie, dass demselben Lernort mehrmals unter verschiedenen thematischen Blickwinkeln begegnet wird. Gegenüber der punktuellen Begegnungsform hat dies den Vorteil, dass vornehmlich das ganzheitliche Lernen angestrebt werden kann. Die Schüler erhalten eine Lernhilfe, wenn ihnen bereits bekannte Lerngegenstände in einem veränderten Abstraktionsniveau wiederkehrend in Erscheinung treten (vgl. hierzu BRUNER 1980). Diese Idee geht in wesentlichen Zügen auf Jerome BRUNER zurück und bietet als charakteristisches Merkmal einen Aufbau fachlicher Unterrichtsinhalte in wiederkehrend-spiralförmiger Struktur. „Um dieses Prinzip als sinnvoll einzusehen, muss man zwei von BRUNER gesetzte Voraussetzungen kennen" (PETERSSEN 2000, S. 229): Zum einen sollen die Schüler die Struktur der entsprechenden Fachwissenschaft lernen und zum anderen kann „jedem Kind in einem Stadium seiner Entwicklung jeder Lerngegenstand in einer intellektuell ehrlichen Form beigebracht werden" (BRUNER 1980, S. 61).

Ein Problem in der Sekundarstufe I könnte das geringe Interesse der Lernenden und damit einhergehend eine niedrige Motivation für das außerschulische Lernen sein; dies gilt besonders für die Zeit der Adoleszenz (Jugendalter). Pubertät und Adoleszenz stellen einen Zeitraum biopsychosozialer Umstellung dar. Kopf, Hände und Füße wachsen asynchron und der Einfluss des Zwischenhirns und des nachgeschalteten Hormonsystems fördert maßgeblich die Sexualentwicklung (OERTER & MONTADA 2002). Es ist jene Zeit, in der die Kinder wachsen und der Umgang mit den Erwachsenen für sie immer schwieriger wird. Hier gilt es, lebens- und alltagsnahe Themen für das außerschulische Lernen zu präsentieren, um das Interesse der Schüler für eine direkte Begegnung mit dem Lernort zu steigern. Bei besonders schwierigen Klassen kann ein Brainstorming mit allen Schülern zum Stichwort Alltag der entscheidende Schlüssel für die mögliche Auswahl des Lernorts und die Themenfindung sein. Durch Klassifikation der häufiger genannten Ergebnisse kann auf das Interesse geschlossen werden. So würde der Lernort unmittelbar an die Alltags- und Lebenswelt der Schüler anknüpfen. Mitunter zeigen sich außerschulische Lernorte im Kontext der Massenmedien (Verlage, Studios, Lokalzeitungen usw.) als strategisch sinnvoll, denn es besteht seitens der Jugendlichen meist von vornherein bereits ein besonders großes Interesse an der Medienwelt (DEUTSCHE SHELL 2002, 2004, 2006).

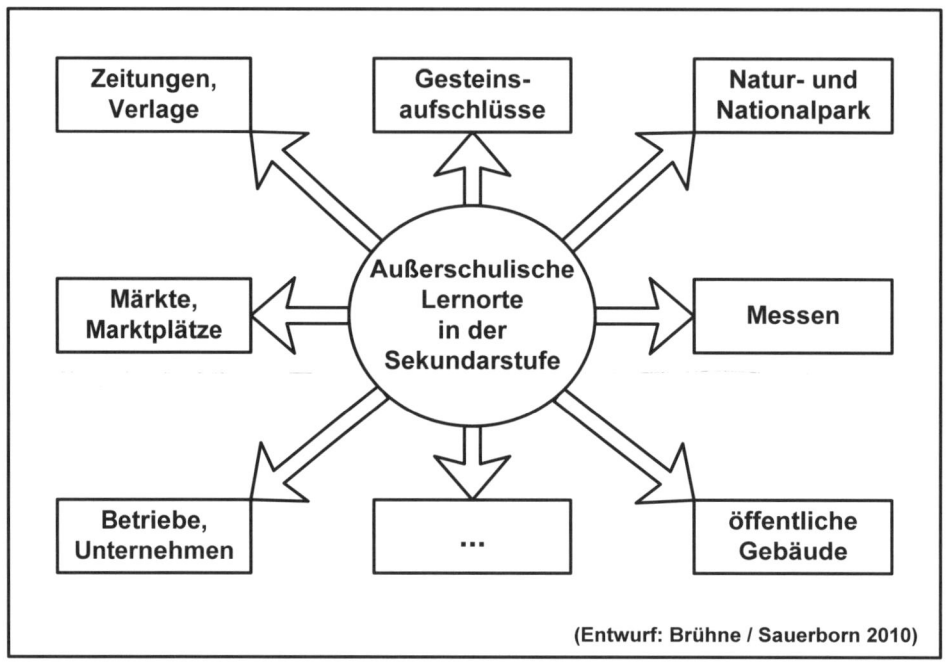

Abbildung 13: Beispielhafte außerschulische Lernorte der Sekundarstufe.

4.2 Ziele

In der Sekundarstufe geht es vor allem darum, dass die Schüler gesellschaftliche Prozesse nicht nur wahrnehmen wie in der Primarstufe, sondern diese auch möglichst kritisch hinterfragen, um sich dadurch eine eigenes Urteil bilden zu können. Ziel hierbei ist das Heranwachsen von mündigen Bürgern, welche über gesellschaftliche Geschehnisse selbstständig urteilen können. KLAFKI sieht die Aufgabe der Schule darin, auf gesellschaftliche Entwicklungen zu reagieren und diese eventuell sogar mitzugestalten (1997, S. 14). BURK & CLAUSSEN vertreten dazu folgende Meinung: „Die Kluft zwischen sozialer, natürlicher, technischer Umwelt und organisiertem Lernen soll überbrückt werden" (1981, S. 19). Die Schule muss demnach den gesellschaftlichen Entwicklungsprozess durch adäquate Bildungsinhalte widerspiegeln. Das außerschulische Lernen kann durch seine Intention hier zu einem hohen Anteil als eine mögliche Vermittlungsform beitragen. Ebenso wie die meisten didaktischen Modelle setzt nämlich die Idee des handelnden Aneignens von Wissen an der Basis der subjektiven Erfahrungswelt des Schülers an. Man geht von den bereits vorhandenen Vorerfahrungen der Schülerschaft aus, um daraufhin an außerschulischen Lernorten weitere bedeutende Erfahrungen zu sammeln und zu vertiefen. Die Kinder und Jugendlichen gelangen auf diese Weise zu einem selbst-initiierten Lernprozess. Der Schüler erfährt im außerschulischen Lernen nicht bloß die Erfahrung der Wissensaneignung, sondern auch sekundär das Training bestimmter Fähigkeiten, welche sich im späteren Leben als wichtig erweisen können. Hierzu gehören unter anderem das eigenständige Beobachten von Phänomenen und anschließendes Interpretieren, das Planen und Durchführen von selbstständigen Tätigkeiten, aber auch – und dies nicht zuletzt – die Entwicklung sozialer Kompetenzen im Umgang mit anderen (fremden) Mitmenschen im Sinne des interkulturellen Lernens. In der systematischen Aneignung von Sozialkompetenz durch ständig wiederkehrende Sozialformen der Team- und Gruppenarbeit im außerschulischen Lernprozess liegt ein wesentlicher Vorteil für Schüler der Sekundarstufe.

Für das außerschulische Lernen in der Sekundarstufe gelten ebenfalls sämtliche bereits angesprochenen Lernziele der Primarstufe, darüber hinaus ist die Eigenständigkeit sowie Flexibilität der Schüler grundsätzlich weiter vorangeschritten. In besonderem Maße wird in dieser Phase der schulischen Bildung das Hinführen zur Mündigkeit, zur Selbstständigkeit, zur Eigenorganisation verfolgt. So soll im Folgenden das Augenmerk noch einmal exemplarisch auf diese Ziele gelenkt werden.

Ein bedeutendes Ziel des außerschulischen Lernens in der Sekundarstufe ist das selbstständige Handeln der Schüler, was derzeit unter dem Stichwort der Handlungskompetenz subsumiert wird. Hierfür sollte dem Lernenden eine entsprechende Handlungsvorgabe zur Verfügung gestellt werden. Wie diese in den methodischen Planungsdreischritt des außerschulischen Lernens (vgl. Kapitel 10) integriert wird, kann individuell entschieden werden. Als erweitertes Ablaufschema für das außerschulische Lernen könnten den Schülern zum Beispiel die folgenden Kriterien an die Hand gegeben werden:

- Einstieg (Vorwissen, Motivation, Erwartungen der Lehrenden und Lernenden)
- Vorklärung (Absichten, Möglichkeiten, Aktivitäten und Formen des außerschulischen Lernens)
- Planung (Vorgehen, Organisationsformen, Zuständigkeiten, Absprache, Methoden …)
- Außerschulisches Lernen vor Ort (Erkundung, Beobachtung, Befragung …)
- Sicherung der Erkundungseindrücke (spontane Äußerungen, Protokolle und andere Aufzeichnungen zu Inhalten, Erlebnissen …)
- Erarbeitung einer Dokumentation (Arbeitsteilung, Inhalte, Formen und Präsentation der Dokumentation)
- Reflexion (Prüfung und Bewertung des Erlebten, der Methoden und der Erkundungsergebnisse, offene Fragen …)
- Schlussüberlegung (Resümee, Ausblick, Abgleich mit eigenen Zielvorstellungen)

Ein weiteres Ziel des außerschulischen Lernens kann in der politischen Bildung – im Sinne einer Vorbereitung zur Partizipation – angesehen werden. Dementsprechend bieten sich zahlreiche Lernorte für das außerschulische Lernen an, wie zum Beispiel kommunale Institutionen und Projekte, Zeitungsdruckereien und -redaktionen, Rundfunk- und Fernsehanstalten, Bundeswehrkasernen, Zivildienstarbeitsplätze, der Landtag (eventuell in Verbindung mit der Landeshauptstadt), der Bundestag, Ministerien, europäische Institutionen und Hauptstädte, Gerichte, Betriebe, Geschäfte sowie politische Tage in Schullandheimen oder den Landesinstituten für politische Bildung.

Im Gegensatz zur Umweltbildung wird beim politischen Lernen in der Regel keine unmittelbare Anschauung ermöglicht, da politische Prozesse abstrakte sprachliche Konstrukte sind. Aus diesem Grund sind innerhalb der politischen Bildung mit der Fallorientierung, Handlungsorientierung und Konfliktorientierung (vgl. REINHARDT 2005) nützliche didaktische Hilfsmittel entwickelt worden, welche die Schüler an ihre politische Urteilsfähigkeit heranführen sollen. Innerhalb des politischen Lernens an außerschulischen Lernorten bedarf es klarer politischer Kategorien, wie zum Beispiel Interesse, Konflikt, Öffentlichkeit und Institution. Die Vor- und Nachbereitung spielt dabei eine wichtige Rolle, um das Politische sprachlich vollständig erfassen zu können. Als Suchinstrument bieten sich die sowohl in der Politikwissenschaft als auch in der politischen Bildung anerkannten folgenden drei Dimensionen an, um das Politische in der Politik strukturieren zu können (vgl. ACKERMANN 1988 und 1994):

(1) Politikformen (polity)

(2) Politikinhalte (policy)

(3) Politik als Prozess (politics)

Die aus der anglo-amerikanischen Politikwissenschaft übernommene Begriffstrias ermöglicht eine sprachliche Differenzierung und didaktische Hilfestellung bei der Planung von Unterrichtsinhalten der politischen Bildung (REINHARDT 2005). In der Praxis lassen sich die verschiedenen Aspekte deshalb kaum voneinander trennen. Als typische Unterrichtsmethode im Kontext des außerschulischen Lernens ist beispielsweise die Befragung zu nennen. „Die Vermittlung zwischen dem Wissen aus den Sozialwissenschaften, dem Wissen von Experten, dem Wissen aus den Medien und dem eigenen und fremden Alltagswissen kann durch Erkundungen in besonderer Weise initiiert und gefördert werden. Die eigene, mitunter vorurteilsbeladene, Perspektive wird mit anderen konfrontiert und dadurch erweitert und korrigiert" (WEISSENO 1996, S. 1). Beim außerschulischen Lernen wird den Schülern bewusst, dass sie Instrumente und Hilfsmittel benötigen, um sich ihre gesellschaftlich-politische Wirklichkeit erschließen zu können. Es eröffnet die Chance, sozialwissenschaftlich orientierte Verfahren und Arbeitsweisen, wie zum Beispiel das Beobachten, Fragen, Zählen, Protokollieren oder Vergleichen, zu erproben und zu trainieren (vgl. Abbildung 14). Den Schülern soll die Möglichkeit zur Orientierung in einer durch die Wissenschaften geprägten Welt gegeben werden, um damit einen Beitrag zur Persönlichkeitsentwicklung sowie Hilfestellung bei der weiteren beruflichen Standortbestimmung zu leisten. Gesellschaftliche Diskussionen und wissenschaftliche Aussagen erhalten dadurch ein gewisses Maß an Transparenz für die Jugendlichen. Besonders in der Sekundarstufe II kann auch gezielt auf den Besuch einer Hochschule vorbereitet werden. Eine besondere Rolle für die wissenschaftspropädeutische Arbeitsweise in der Sekundarstufe II spielt die deskriptive Ebene des Lernens. Deshalb sind im Folgenden einige Regeln für das Beobachten und Beschreiben von Sachverhalten vor Ort zu nennen.

> **Beobachten und Beschreiben in der Sekundarstufe**
>
> o Was soll beobachtet werden und aus welchem Grund?
>
> o Sich vergegenwärtigen, dass nicht alles auf einmal beobachtet werden kann (gezielte Auswahl von Beobachtungselementen).
>
> o Was kann beobachtet werden und was eignet sich dafür eher nicht?
>
> o An die verschiedenen Aufzeichnungsmöglichkeiten und -geräte denken, denn identische Befragungssituationen sind nicht wiederholbar (gegebenenfalls Aufzeichnungsgeräte/-material beschaffen und mitnehmen).
>
> o An den Adressaten der Ergebnisse denken: Was ist bekannt und was ist gefragt?
>
> o Fakten und Vermutungen klar trennen und bezeichnen.

Abbildung 14: Beobachten und Beschreiben in der Sekundarstufe.

Darüber hinaus dient das außerschulische Lernen auch dem Erlangen einer regionalen Identität. Diese wird bei den Schülern häufig bemängelt, kann ihnen jedoch für ihre Entwicklung zum Erwachsenwerden ein Stück Sicherheit geben. In der heutigen Zeit ändern sich Berufe und Berufsbilder relativ häufig und führen zu einem hohen Maß an Flexibilisierung in allen Lebensbereichen (SENNETT 2006). Die geforderte Fähigkeit des Um- oder Neulernens bzw. das Lernen lernen sowie die Beherrschung von innovativen Arbeitsmethoden ist von großer Bedeutung für den Arbeitsmarkt. Besonders für Abgangsklassen der Sekundarstufe I und II sind heutzutage folgende Fähigkeiten und Fertigkeiten erforderlich, welche durch außerschulisches Lernen schrittweise angebahnt werden können:

o Selbstorganisation von Lerntechniken

o Strukturierung von abstrakten und unbekannten Sachverhalten

o Informationen aus Kommunikationsprozessen systematisieren und verarbeiten

o vernetztes bzw. vernetzendes Denken bei Arbeitsprozessen

o analytisches Denken

o Verrichtung mehrerer paralleler Arbeitstätigkeiten (sogenanntes „Multitasking")

o sozial-kommunikative Integration in Projekt- und Teamarbeit.

4.3 Vorgehensweise

Auch in der Sekundarstufe sollte sich streng an den Planungsdreischritt der Vorbereitung, Durchführung und Nachbereitung gehalten werden (vgl. Kapitel 10). Teile der Vorbereitung können hierbei jedoch an die Schüler abgegeben werden. Die Einholung von Informationen (Preise, Öffnungszeiten), die Erarbeitung von Wegen und die Beschaffung von Informationsmaterial stellen für die Schüler Möglichkeiten dar, sich in den unterrichtlichen Vorbereitungs- und Planungsablauf zu integrieren. Auf diese Weise wird die Selbstständigkeit der Schüler gefördert, welche zudem ein hohes Maß an Verantwortung übertragen bekommen und sich dadurch besondere Anerkennung erarbeiten. In Klassen der Sekundarstufe II kann die Vorbereitung vollständig auf die Schüler abgegeben werden; der Lehrer kontrolliert dann nur noch die Vorgehensweise und gibt anregende Tipps sowie generelle Hilfestellungen bei der Organisation des Lernens vor Ort im Sinne einer angeleiteten Lernmoderation.

In höheren Jahrgangsstufen der Sekundarstufe II und Abgangsklassen der Sekundarstufe I bieten sich vor allem Verzahnungen des außerschulischen Lernens in das spätere Praxisfeld Beruf an. Außerschulisches Lernen unterliegt dabei der folgenden Prämisse: Wenn Jugendliche an der Schule lernen sollen, mit der Praxis des späteren Lebens zurechtzukommen, sollte der Schulalltag von dieser Praxis nicht allzu weit entfernt sein. Besonders Betriebserkundungen und -besichtigungen (vgl. Kapitel 9.4) stellen für die Schüler eine Möglichkeit dar, sich durch reale Begegnungsformen theoretisch abstrakte Dinge der Berufs- und Produktionswelt anschaulich und nachvollziehbar zu erschließen. Betriebserkundungen sind auch ein von Unternehmen und dem Einzelhandel gern gesehenes Instrument zur Kontakterschließung mit Schulen mit dem Ziel einer langfristigen Kooperation.

In diesem Zusammenhang kommt dem sogenannten „Schülerorganisierten oder Selbstorganisierten Lernen" (kurz SOL) eine bedeutende Rolle im außerschulischen Kompetenzmuster zu. Schülerorganisiertes außerschulisches Lernen (kurz SAL) bedeutet, dass die Schüler einer Klasse einen außerschulischen Lernort aussuchen und anschließend gemeinsam eine Erkundung dorthin planen und erarbeiten. Dazu gehört, dass die Klasse die Anmeldung und die Fahrt zum außerschulischen Lernort organisiert, die Lernziele und Erwartungshorizonte, die sich die Klasse vom Besuch des außerschulischen Lernortes verspricht, erarbeitet und den Ablauf der Durchführung und Nachbereitung gemeinsam festlegt. Unterstützt wird die Klasse durch die Lehrperson, welche sich ausschließlich dem Bereich der Hilfestellung annimmt. Anschließend wird die geplante Erkundung von der Klasse durchgeführt und schließlich nach den eigenen im Vorfeld festgelegten Kriterien angemessen nachbereitet. Bei der Durchführung ist zu beachten, dass die Schüler an vielen außerschulischen Lernorten meist auf einen Erkundungsleiter oder -führer angewiesen sind, da sich die Klasse beispielsweise oftmals aus Sicherheitsgründen nicht allein auf Betriebsgeländen aufhalten darf. Dies wäre zum Beispiel in Bergwerken oder auch Automobilwerken der Fall. Des Weiteren kann ein ausgebildeter Leiter oder Führer der Klasse viele Informationen übermitteln oder direkt auf zusätzliche Schülerfragen reagieren, welche die weitere Planung erleichtern werden. Die Nachbereitung bietet dann schließlich die Gelegenheit, die erarbeiteten Lernergebnissen zu sammeln und vertiefend zu reflektieren im Sinne einer Metakommunikation von Lernprozessen (vgl. hierzu MEYER 2005). Am Ende der Realbegegnung kann der Verlauf des schülerorganisierten außerschulischen Lernens sogar noch durch Fragebögen und Tests evaluiert werden. Im Sinne des wissenschaftspropädeutischen Arbeitens sind hier selbst durchgeführte empirische Erhebungen denkbar. Die Methode des Field Study offenbart in diesem Kontext einen Ansatzpunkt für das selbstorganisierte Lernen vor Ort. Diese Form geographischer Feldarbeit, welche sich vorwiegend für die Sekundarstufe II eignet, findet seinen Ursprung im angloamerikanischen Sprachgebrauch und stößt in Deutschland schon lange auf zunehmende Beliebtheit. Diese Mesomethode gliedert sich in das sogenannte Field Teaching und Field Research (vgl. Abbildung 15). Beim Field Teaching erarbeiten Schüler und Lehrer gemeinsam in der vorbereitenden Phase im Klassenzimmer einen Katalog von Beobachtungsaufgaben und Fragen. Dieser Katalog dient dem Schüler während der Betriebserkundung als Notizleitfaden. Die Auswertung findet abschließend im Klassenzimmer statt und beinhaltet die Datenanalyse, Dateninterpretation und Datenklärung. Problematisch an dieser Lernform ist häufig der hohe Zeitaufwand, der allerdings von Lernort zu Lernort variiert.

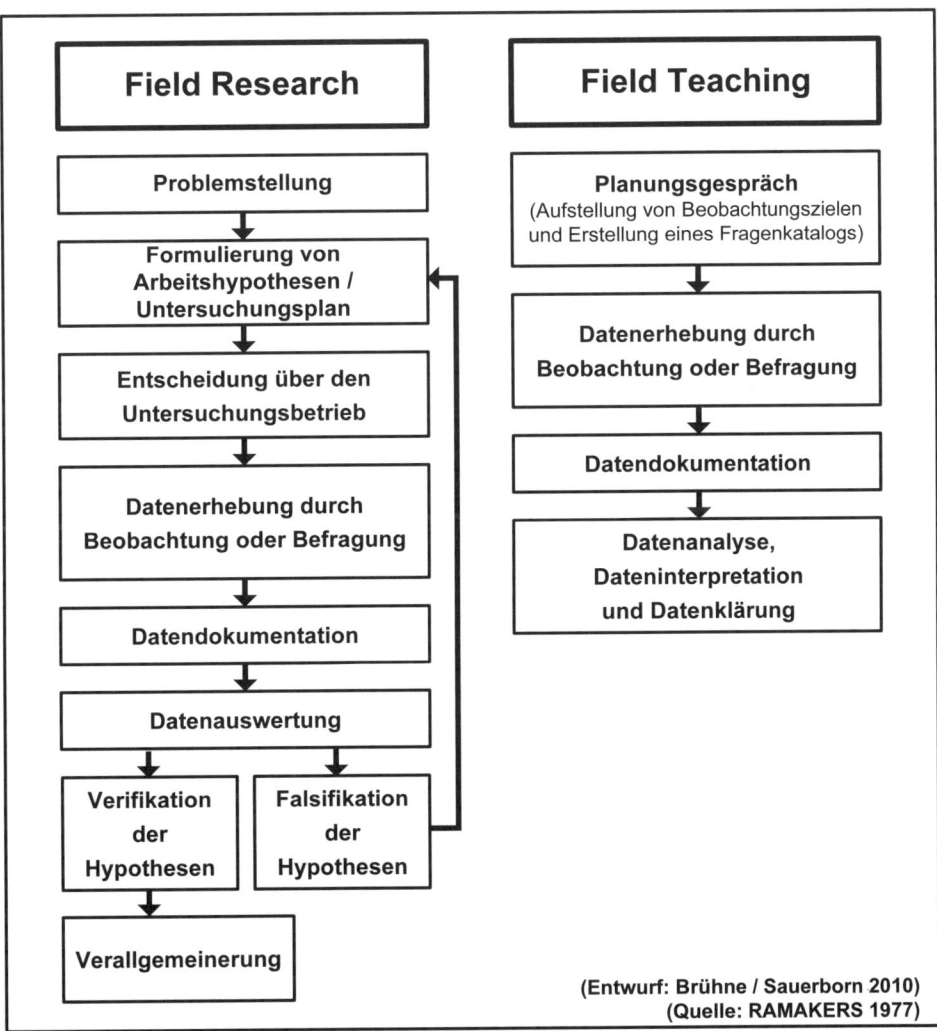

Abbildung 15: Field Teaching und Field Research im außerschulischen Lernen.

Field Research hingegen ist durch einen problemorientierten bzw. hypothetischen Ansatz gekennzeichnet. Diese Methode ist zwar dem Field Teaching ähnlich, unterscheidet sich aber im Wesentlichen durch die Falsifikation bzw. Verifikation der Arbeitshypothese. Sie verschafft den Schülern die Gelegenheit, wissenschaftliche Arbeitsmethoden relativ früh kennen zu lernen und diese sogar selbstständig zu erlernen. Durch die Falsifikation der hypothetisch erfassten Fragestellung kann es zu einem weiteren Besuch des außerschulischen Lernorts kommen. Der Vorteil dieser Mesomethode ist, dass den Schülern das empirische Arbeiten vor Ort vermittelt wird, das später auch auf andere (wissenschaftliche) Untersuchungen transferiert werden kann. Da sich mehrfache Betriebserkundungen nur selten realisieren lassen, kommt die Field Research-Methode grundsätzlich selten zum Einsatz, während sich das Field Teaching praktisch besser realisieren lässt.

4.4 Lernzielkontrolle und Ergebnissicherung

Durch den vergleichsweise höheren Grad der Integration der Schüler in den Prozess der Vorbereitung kann diese Prozess einen Teil der Leistungsüberprüfung bzw. als Leistungsnachweis ausmachen. Dabei werden zum Beispiel zunächst im gegenseitigen Einvernehmen die Bewertungskriterien besprochen und festgelegt. Die Lernzielsicherung kann auch hier in den Bereich der Nachbereitung des außerschulischen Lernorts fallen. Weiter führende Informationsaufarbeitung sowie das Erstellen und Konstruieren von Mappen, Modellen oder Dokumentationen sind sinnvolle vertiefende Elemente der Handlungssicherung und bieten einen Einblick in die gesammelten und gewonnenen Erkenntnisse der Schüler. Auch aus der Arbeit mit dem Portfolio (vgl. hierzu HÄCKER 2006) resultieren ungeahnte Einsatzmöglichkeiten für das außerschulische Lernen, um die vorgegebenen Leistungsanforderungen der Schule angemessen dokumentieren, bewerten und feststellen zu können.

4.5 Ausblick

In den Klassen der Sekundarstufe bettet sich der Unterricht überwiegend in den 45- bzw. 90-Minuten-Rhythmus des Stundenplanes ein. Die Organisation des außerschulischen Lernens ist demnach erschwert und lässt sich hauptsächlich in Form des Projektunterrichts verwirklichen. Auch fächerübergreifendes Arbeiten ist hier gefragt, um Synergien mit anderen Fächern vollständig auszuschöpfen. Erleichternd für die Planung des außerschulischen Lernorts wirkt sich das Alter der Schüler aus, da die Aufsichtspflicht mit steigendem Alter nicht mehr gravierende Nachteile mit sich bringt. Die Schüler können im Prinzip alle Teile des methodischen Planungsdreischrittes (vgl. Kapitel 10) übernehmen. Die Lernbedürfnisse und Lernvoraussetzungen der Schüler sind vom Wunsch nach Eigenverantwortlichkeit und selbsttätigem Tun geprägt. Gleichzeitig kann dieser Freiheitsdrang jedoch unter Umständen zu Disziplinproblemen und unstrukturierten Lernabläufen im Gelände führen (besonders während der Pubertät).

Die Anlässe und Möglichkeiten des außerschulischen Lernens sind im Unterricht der Sekundarstufe vielfältig und können auch durch die Schüler in den Unterricht getragen werden. Sie können grundsätzlich jedes Fach betreffen. Die Organisationsform der Lernbereichsdidaktik mit ihren fächerübergreifenden Ansätzen ist regelrecht prädestiniert für die Konfrontation mit außerschulischen Lernorten. In den kultusministeriellen Vorgaben finden sich zahlreiche Legitimationen für außerschulisches Lernen in der Sekundarstufe (KMK 2009, 2010).

5 Einsatz im Unterricht der Förderschule

Der Unterricht in den verschiedenen Formen der Förderschule ist generell von einem vergleichsweise hohen Grad an Handlungsorientierung gekennzeichnet. Der Lebens- und Alltagsweltbezug ist dabei von besonderer Bedeutung, um einen direkten Zugang zu den Förderschülern zu gewährleisten. Auch die zeitliche Flexibilität geht über den 45-Minuten-Rhythmus der Unterrichtstunde hinaus, womit sich gegenüber der Regelschule erweiterte Zeitansätze ergeben und die Voraussetzungen für das außerschulische Lernen grundsätzlich gegeben sind. Im Folgenden steht die Anwendung des außerschulischen Lernens in der Förderschule, in Abgrenzung zur sogenannten Regelschule, im Vordergrund. Hierbei wird auf die Besonderheiten einer förderpädagogischen Didaktik des handlungsorientierten Lernens eingegangen, denn ohne handlungsorientiertes und lebensweltbezogenes Lernen ist die Wissensvermittlung heute kaum noch möglich (KMK 2010). In Anlehnung an das allgemeingültige Klassifikationsschema der Weltgesundheitsorganisation (WHO) steht heute der gesundheitlich beeinträchtigte oder kranke Mensch (impairments) mit seiner Aktivität (activity) und öffentlichen Teilhabe am gesellschaftlichen Leben (participation) im Vordergrund der (pädagogischen) Betrachtung (vgl. Abbildung 16). Unter ständiger Wechselwirkung mit den sogenannten Kontextfaktoren (Umweltfaktoren und persönliche Faktoren), welche wiederum das eigene Leben gestalten, wird von pädagogischer Seite das Ziel einer vollständigen Integration in alle Bereiche des Lebens angestrebt (WHO 2005, S. 16 ff.). Besonders der Aktivität und gesellschaftlichen Teilhabe unter ständiger Wechselwirkung mit der Umwelt kann das außerschulische Lernen gerecht werden. Dabei liegt dem außerschulischen Lernen stets die Prämisse zugrunde, dass die Beeinträchtigung oder Leistungsminderung nicht auf den Menschen zurückzuführen ist, sondern in der Tatsache seinen Ursprung findet, dass das Umfeld nicht in der Lage ist, diesen Menschen adäquat zu integrieren.

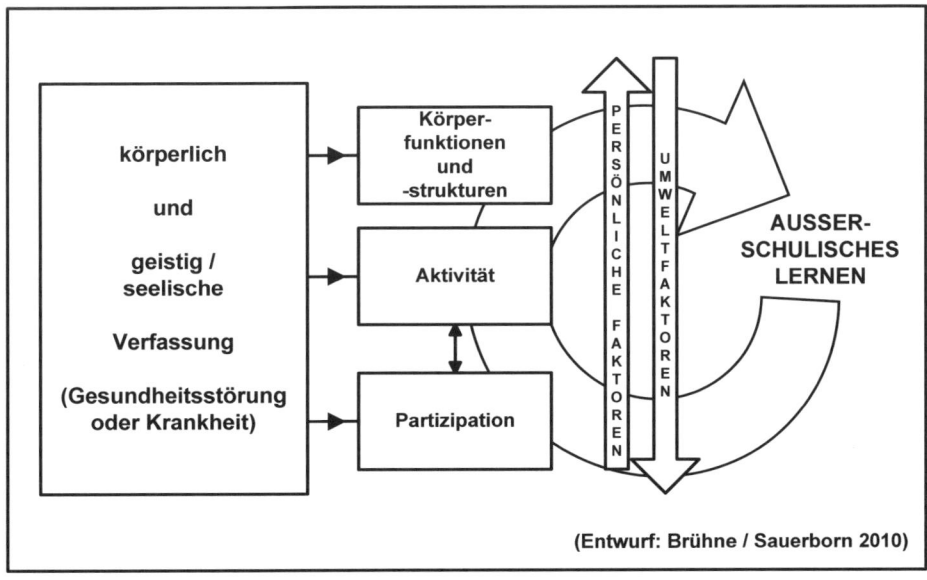

Abbildung 16: Außerschulisches Lernen in der Förderschule.

5.1 Möglichkeiten

Das außerschulische Lernen in der Förderschule unterscheidet sich von dem in der Regelschule. In beiden Schulformen bedarf es jedoch zunächst einer Klärung der bei den Kindern und Jugendlichen vorhandenen Kompetenzen sowie den Lernbedürfnissen und -voraussetzungen. Kinder mit besonderem pädagogischem Förderbedarf benötigen allerdings eine genauere Analyse, denn es treten häufig große Diskrepanzen im Zugang zu den individuellen Erfahrungswelten auf. So geht es hier in erster Linie um das Bemühen einer Bestimmung der Determinanten ihrer Lebenssituation (vgl. zum Beispiel ökologisch-systemischer Ansatz bei SPECK 2003). Beispielsweise sind die Vorerfahrungen eines motorisch-entwicklungsverzögerten oder -beeinträchtigten Menschen im Gegensatz zu den Erfahrungen eines Menschen ohne Entwicklungsbeeinträchtigungen different. Noch prägnanter ist der Unterschied zu Menschen mit erheblichen sinnlichen Wahrnehmungsstörungen oder Menschen mit schweren Behinderungen.

Das außerschulische Lernen findet in der Förderschule eine häufige und ausgeprägte Anwendung, da die Gestaltungsräume im tagtäglichen Unterricht diese Form des Lernens eher zulassen. Gründe hierfür sind zum einen die oben genannten guten Grundvoraussetzungen der Förderschule mit offeneren Stundenrhythmen sowie die jeweils vorherrschenden kultusministeriellen Vorgaben in den Bundesländern. Letztere fordern ein hohes Maß an Handlungsorientierung, lebenspraktische Bezüge des Lernens, soziale und kulturelle Teilhabe sowie eine vollständige Integration in die Gesellschaft (vgl. die Empfehlungen der Kultusministerkonferenz zu den einzelnen Förderschwerpunkten). Durch die multisensorische Anregung des außerschulischen Lernorts fällt es insgesamt leichter, Erfahrungen zu sammeln oder zu vermitteln, die sonst im Alltag der Kinder und Jugendlichen nicht in diesem Maße gesammelt werden können. Auch dem Training der Sekundärfähigkeiten kommt hier eine große Bedeutung zu. Haben die Schüler an einer Regelschule normalerweise regen Kontakt zu ihrer Außenwelt, so sind einige Schüler mit besonderen pädagogischen Förderschwerunkten stärker isoliert, was möglicherweise Institutionalisierungs- oder Segregationseffekte hervorrufen kann. Beispiele hierfür finden sich vor allem bei Menschen mit schweren oder schwersten Behinderungen. So bleiben ihre sozialen Kompetenzen im Klassenzimmer mehr oder weniger unausgebildet, da die Schule einen starken Schonraum erzeugt. Demnach liegt ein bedeutendes Ziel des außerschulischen Lernens in der Förderschule in der Entwicklung von Sozialkompetenz sowie der gesellschaftlichen Teilhabe und Integration. An dieser Stelle kann auch ein Hinweis auf die positive Auswirkung des außerschulischen Lernens im Integrationsunterricht erfolgen – zum Beispiel im Zusammenhang mit Kindern, die sensorische Integrationsstörungen oder ein Aufmerksamkeitsdefizit- bzw. Hyperaktivitäts-Syndrom (ADHS) aufweisen. Außerschulisches Lernen erzeugt eine Fülle an Möglichkeiten für die integrationspädagogisch diskutierten und eingeforderten gemeinsamen Lernsituationen (WOCKEN 1998).

5.2 Ziele

Lernziele der außerschulischen Unterrichtseinheit:
In der Regelschule besitzt das Lernen der im Curriculum festgesetzten Lernziele und Kompetenzen eine hohe Priorität. Deshalb wird die Leistungsüberprüfung beim außerschulischen Lernen oft zu einem Kritikpunkt. In der Förderschule hingegen ist das Lernen der sogenannten sekundären Fähigkeiten von genauso großem Interesse wie die kultusministeriell gesetzten Lernziele und Kompetenzbestrebungen. Die Erziehung zu einem mündigen Bürger unserer Gesellschaft gilt als

eine Schlüsselaufgabe im Sinne einer Partizipation und Integration von Menschen mit speziellen Förderschwerpunkten. Oftmals ist dies aufgrund von körperlichen, motorischen oder seelischen Beeinträchtigungen der Menschen nur mit besonderer Hilfe möglich.

Planung der außerschulischen Unterrichtseinheit:
Logistische Besonderheiten der Lerngruppe spielen bei der Planung der außerschulischen Unterrichtseinheit eine große Bedeutung. Das Planen von Standorten, Routen oder Inhalten kann auch in Zusammenarbeit mit den Schülern erfolgen, um so die Planungsfähigkeit und Kommunikationskompetenz (Kommunikation meint hier auf Basis der zu Verfügung stehenden Möglichkeiten) der Schüler zu verbessern. So bietet die Planung, Durchführung und Nachbereitung eines außerschulischen Lernortes mit Schülern einer Förderschule grundsätzlich dieselben Möglichkeiten wie in der Regelschule.

Realisierbarkeit der außerschulischen Unterrichtseinheit:
Durch die größere Planungstoleranz ist eine Realisierung außerschulischen Lernens in der Förderschule gegebenenfalls einfacher als in der Regelschule. Das holistische Lernen im Sinne der Handlungsorientierung soll auf die Gegebenheiten des Alltags und späteren Lebens vorbereiten. Dies soll nicht in einem institutionell erzeugten Schonraum, wie der Förderschule, sondern in der realen Welt (außerschulischer Lernort) erfolgen. Die Erfahrungen, welche ein gesunder Schüler bis zur Schulzeit und während dieser macht, unterscheiden sich stark von denen eines Schülers mit Behinderung. Aber gerade diese Erfahrungen sind es in der Regel, die es dem Kind oder Jugendlichen erlauben, später und auch jetzt schon an der Gesellschaft zu partizipieren und weitere wertvolle Lebens- und Lernerfahrungen zu machen. Diese Erfahrungen sind Basis für das spätere Lernen als Erwachsener. Menschen mit Behinderung haben diese Erfahrungen in ihrem gesonderten schulischen Kontext gegebenenfalls nicht machen können. Verinselte Wahrnehmungen durch eine zunehmend motorisierte Mobilität sind hier ebenfalls als entscheidendes Merkmal zu benennen. „Die Sinneseindrücke können dabei zu stark auf das menschliche Gehirn einwirken oder auch zu wenig gefiltert sein, um sinnvoll verarbeitet zu werden" (ALY 1999, S. 42). Die Raumwahrnehmung und die räumliche Orientierung sind somit massiv beeinträchtigt; doch genau auf die Förderung dieser Erfahrungen sollte in der Förderschule hingearbeitet werden, und das außerschulische Lernen kann in diesem Zusammenhang einen sinnvollen Beitrag leisten.

5.3 Vorgehensweise

Als hemmende Faktoren heben sich in besonderem Maße logistische Probleme hervor. So müssen außerschulische Lernorte bestenfalls barrierefrei und behindertengerecht sein und die Schüler auch eine körperliche, seelische und geistige Verfassung aufweisen, die das ungewohnte und nicht alltägliche Tun zulässt. Neue Orte (zum Beispiel unbekannte und fremde Räume der individuellen Alltagswelt) und mehrperspektivische Reize (zum Beispiel Reizüberflutung) können sich hier problematisch auswirken (vgl. SCHIRMER 2003). Eine erhöhte Motivation und das positive Erleben im Zusammenhang mit einem außerschulischen Lernort bringen aber auch bei Schülern mit besonderem Förderschwerpunkt positive Effekte mit sich.

Noch stärker als in der Regelschule kann in der Förderschule zum Teil ein personeller Mangel festgestellt werden. Finden sich zum Beispiel nicht genügend Helfer, so muss zwangsläufig ein geplantes außerschulisches Lernen mit Rollstuhlfahrern ausfallen. Als Ersatz würde sich in diesem Fall die in Kapitel 12 beschriebene Form der virtuellen Exkursionen anbieten – selbstverständlich mit eingeschränktem Lernerfolg. Dabei ist es gerade in diesem Zweig des Lehrens und Lernens äußerst wichtig, dass durch die Praxisbezogenheit eine erhöhte Motivation bei den Schülern festzustellen ist.

Ein weiterer Faktor ist die Komplexität der besonderen Lernstruktur. Ein Schüler ohne besonderen Förderschwerpunkt hat unter Umständen weniger Probleme, sich in einer bestimmten Situation zurechtzufinden. So kann es zum Beispiel einem Kind mit senso-motorischer Beeinträchtigung durchaus schwer fallen, eine Lernstruktur sinnlich zu erfassen. Damit ist der Schwierigkeitsgrad der Situation als besonders hoch einzustufen. Dies trifft vor allen Dingen auf den Bereich des Förderschwerpunktes der geistigen Entwicklung zu. Es stellt sich das Dilemma der didaktischen Reduktion der Realitätserfahrung auf ein für den Schüler zu bewältigendes und sinnvolles Maß – bei gleichzeitigem Blick auf die Forderung eines realitätsnahen und praxisbezogenen Lernens. Die Lernschritte an sich bedürfen unter Umständen einer häufigen Anzahl an Wiederholungen und Übungen, da sich so erst das Gelernte automatisieren kann. Der mentale Zustand eines Menschen mit Behinderung zeigt sich oft in einem stereotypen Verhalten, das zum Beispiel in leicht veränderten Situationen in eine ausgeprägte Ratlosigkeit münden kann (vgl. hierzu FRÖHLICH & HERINGER 1997). Gleichzeitig findet sich der Vorzug der größeren Beharrlichkeit gegenüber der Aufgabe. Häufig liegt das Ziel außerschulischen Lernens in der Förderschule in der Bewältigung alltäglicher Lebens- und Alltagssituationen.

5.4 Lernzielkontrolle und Ergebnissicherung

Die Ergebnissicherung und Lernzielkontrolle in der Förderschule unterscheidet sich, ebenso wie die Vorgehensweise des außerschulischen Lernens, kaum von der Regelschule. Die Möglichkeiten und Grenzen sind prinzipiell identisch, müssen allerdings an die speziellen Förderbedürfnisse der Schüler angepasst werden. Bei Kindern und Jugendlichen mit schwerer oder schwerster Behinderung ist die Kontrolle von Lernergebnissen so gut wie unmöglich. Eine schriftliche Sammlung oder Ausarbeitung der Ergebnisse ist kaum denkbar. Da die Kommunikation dann zum Beispiel nur auf basaler Ebene (zum Beispiel basale Stimulation nach FRÖHLICH 1997, Basale Kommunikation nach MALL 2004, basale Aktivierung nach BREITINGER & FISCHER 1993) abläuft, erweist sich auch ein mündliches Ausformulieren als schwierig. Deshalb wird hier in erster Linie auf eine Sichtbarwerdung der veränderten und zu beobachtenden Verhaltensweisen gebaut. Das bedeutet in erster Linie: Wird ein Schüler über das außerschulische Lernen gefördert und hat dieses in seiner Erfahrungswelt bleibende Spuren hinterlassen, wird sich sein Verhalten anschließend stufenweise verändern.

5.5 Ausblick

Schwere Behinderung wird in der sonderpädagogischen Literatur als Oberbegriff definiert, der alle Dimensionen schwerer Schädigungen, einschneidenden Aktivitätsstörungen und weit reichender Einschränkung der Partizipation umschreibt. HEINEN (2003) reflektiert die vergangenen 20 Jahre der Pädagogik für Menschen mit einer schweren Behinderung und kommt zu dem Ergebnis, dass sich sehr viele Konzeptionen der sonderpädagogischen Förderung als bildungsrelevant im Sinne formaler Bildung (KLAFKI 1985) erweisen. „Allerdings bleibt die materiale Bildung – sowohl unter dem Aspekt kultureller Mitgestaltung als auch der kulturellen Teilhabe –

weitgehend unberücksichtigt" (HEINEN 2003, S. 128). In den letzten Jahren konnte aufgezeigt werden, dass man Menschen mit schweren Behinderungen anspruchsvolle Bildungsinhalte wie Goethe oder Matisse nicht vorenthalten sollte (ebd.). Durch entsprechende Schritte der Elementarisierung erscheint die Thematisierung von völlig neuen Bildungsinhalten realisierbar. Auch ANTOR & BLEIDICK (2000, S. 96) verweisen darauf, dass jeder Mensch sich innerhalb seiner zur Verfügung stehenden Möglichkeiten selbst bildet. Diese Tatsache bedarf zwar äußerer Hilfe (Bildung als Interaktion), „die Höhe des erreichten Lernstandes kann [dabei jedoch] nicht entscheidend sein" (ebd.). LAMERS & JANZ vertreten die Meinung, „dass jegliche schulische Bildung, erst recht die schulische Bildung von Kindern und Jugendlichen mit einer schweren Behinderung, unabhängig von der institutionellen Organisationsform, eine Frage der Didaktik ist" (2003, S. 34). Die Didaktik des außerschulischen Lernens zeigt diesbezüglich nicht nur Möglichkeiten bei der Auswahl von inhaltlich anspruchsvollen Lehrinhalten, sondern liefert zugleich Hilfestellungen bei der Frage nach den Vermittlungsformen. Außerschulisches Lernen geht somit in besonderer Weise mit der Notwendigkeit dieser kulturellen Teilhabe einher.

Auch in der sonder- oder heilpädagogischen Förderung kann das außerschulische Lernen zur deutlichen Verbesserung des Lernklimas beitragen. Die außerschulischen Lernsituationen sowie die große individuelle Bedeutung des Lernens an den realen Orten der Welt für Menschen mit einer Behinderung können zu einem gewichtigen Faktor der gesellschaftlichen Integration beitragen. Deshalb sollte das außerschulische Lernen auch zu einem zentralen Bestandteil der förderpädagogischen didaktischen Ansätze werden – hier besteht sicherlich Nachholbedarf seitens der förderpädagogischen und fachdidaktischen Diskussionen (WOCKEN 1998). Besonders eminent für die Förderschule ist, dass das außerschulische Lernen möglichst viele Sinne anspricht und die Schüler mit ihrer sozialen Umwelt vereint.

6 Lernbedürfnisse und Lernvoraussetzungen der Schüler im Kontext des außerschulischen Lernens

Für die Planung und Durchführung sowie für die Nachbereitung bzw. Ergebnissicherung ist das Erkennen von Lernbedürfnissen und -voraussetzungen für den Lehrer wichtig. So wird im Folgenden besonders ausgehend von den veränderten Umweltbedingungen die Theorie der Lernbedürfnisse und Lernvoraussetzungen dargelegt. Es werden Schülerinteressen, Faktoren, die eine wichtige Rolle für das Lernen spielen, die anthropologisch-psychologischen Voraussetzungen sowie die sozialen, situativen und kulturellen Voraussetzungen aufgeführt.

6.1 Veränderte Umweltbedingungen und Sozialisationseffekte

FERCHHOFF (2007) zeigt auf, dass aufgrund veränderter Lebenswelten der Kinder und Jugendlichen deutliche Verhaltensänderungen zu beobachten sind. Das veränderte Verhalten zeigt sich oftmals in Konzentrationsschwäche, stärkerer Ich-Bezogenheit, höherer Leistungsorientierung und unterschiedlichen Lernvoraussetzungen für den Unterricht. Ferner ist die sensorische Integrationsfähigkeit vieler Kinder und Jugendlichen heutzutage gestört. Diese Aspekte können grundsätzlich auf veränderte Lebensumstände der Kinder und Jugendlichen des 21. Jahrhunderts zurückgeführt werden (ebd.):

- o   Veränderungen der sozialen und familiären Strukturen: zum Beispiel Kleinfamilien, sogenannte Schlüssel- und Scheidungskinder, allein erziehende Elternteile und Patchwork-Familien.

- o   Ein verändertes Spiel- und Freizeitverhalten: Spielgruppen besitzen eine geringe Bedeutung, das Freizeitverhalten von Kindern ist oft organisiert bzw. an feste Termine gebunden, die Freizeitgestaltung ist nicht spontan, die Eigentätigkeit ist eingeschränkt, soziale Erfahrungen sind begrenzt.

- o   Hoher Medienkonsum (Wahrnehmung der Wirklichkeit durch Rezeption der dort abgebildeten Lebenswelten) und starkes Interesse an Konsum und Konsummustern.

- o   Verändertes Raumerleben: keine Erkundung mehr in konzentrischen Kreisen um den Wohnort, keine Erweiterung des Erfahrungsumkreises, Verinselung und Entfremdung des Raums, mangelnde Eigenerkundungen usw..

Diese Diskontinuitäten in der Alltagsweltorientierung sowie veränderte Sozialisationsbedingungen prägen die gegenwärtige Bildungspraxis, sodass viele Kinder und Jugendliche heute Anderes anders lernen. Veränderte Kindheit bedeutet nicht weniger, dass sich die Bedingungen des Aufwachsens von Kindern, aber auch teilweise die Kinder selbst, verändert haben. Stichwörter wie Verinselung, Trennung von der Erwachsenenwelt, Massenmedien, Verplanung, Naturferne und veränderte Familienstruktur treten in Erscheinung und erschweren die bildungspraktische Arbeit an den Schulen. Aufgrund solcher Veränderungen in Bezug auf die Lebens- und Alltagsweltorientierung der Schüler sind deutliche Tendenzen erkennbar, welche die Qualität der Primärerfahrungen sowie die Möglichkeiten für deren Erwerb verändert oder gar negativ beeinflusst haben. Mit der räumlichen Trennung von Arbeitsstätte und Wohnung im Zuge der Industrialisierung sowie des Städtebaus kennen heute viele Kinder und Jugendliche die genaue Tätigkeit oder gar den Beruf ihrer elterlichen Bezugspersonen nicht.

Die Schule sollte deshalb ihrer Aufgabe einer systematischen Erschließung der Lebenswirklichkeit der Schüler gerecht werden. Die Ermittlung und das Aufsuchen von Lernmöglichkeiten in Form von außerschulischen Lehr-Lernarrangements fernab des Klassenraums bieten zahlreiche Anknüpfungsmomente, die Lern- und Erfahrungsmöglichkeiten der Schüler wieder herzustellen oder kontinuierlich zu erweitern. So können etwaige Defizite einer veränderten Umweltwahrnehmung aufgefangen werden. Beim außerschulischen Lernen können diese Problembereiche und Defizite innerhalb der Kindheitsentwicklung oder Jugendphase zumindest kurzzeitig überwunden und damit systematisch minimiert werden.

6.2 Theoretische Grundlegung der Lernbedürfnisse

6.2.1 Schülerinteressen, Schülerbedürfnisse und Motivation

Im Folgenden sind Schülerinteressen zunächst gleichgesetzt mit Schülerbedürfnissen, da davon ausgegangen wird, dass das entscheidende Bedürfnis der Schüler darin liegt, seitens der Schule ihre Interessen zu erkennen. Obwohl sich während der letzten Jahrzehnte die Schule zu einer schülerfreundlicheren und liberaleren Institution gewandelt hat, gehen die meisten Jugendlichen auch heute noch nicht gerne in die Schule, da diese nach wie vor weniger interessant erscheint als die Auswahl an Freizeitangeboten, zwischen denen Kinder und Jugendliche mittlerweile auswählen können. Eine willkommene Abwechslung im Schulalltag stellen daher das außerschulische Lernen und Projekte dar, bei denen die Institution Schule ihre ursprüngliche Form verliert, weil der Unterrichtsinhalt nicht in der Theorie, sondern durch theoriegeleitete praktische Anschauung vermittelt wird. Den Schülern fällt das Lernen oftmals leichter, wenn sie nicht glauben, ständig unter dem Druck der Leistungsbewertung zu stehen; dies ist außerhalb des Klassenzimmers automatisch der Fall. Die Planung und Durchführung des außerschulischen Lernens garantiert jedoch nicht zwangsweise das Interesse und die Motivation der Schüler. Ein entscheidender Faktor bei der Erklärung von Lernmotivation ist das Eigeninteresse des Lernenden. Es hat unter anderem dann Bestand, wenn dem Schüler die Möglichkeit gegeben wird, den Lernprozess weitgehend selbstständig zu gestalten. Eine bedeutende Rolle bei der Auseinandersetzung mit Lernmotivation spielt die Unterteilung in intrinsische und extrinsische Motivation (vgl. Abbildung 17). Intrinsisch meint, dass der Lerninhalt gelernt wird, weil der Lernende sich für diesen interessiert, er somit um des Inhalts wegen erforderliche Zeit und Ausdauer aufwendet, um zu lernen. Extrinsisch hingegen bedeutet, dass der Lernende sich mit dem Lerngegenstand deshalb auseinander setzt, weil von außen Reize in Aussicht gestellt werden, die zu guten Leistungen motivieren (KRAPP 1989, 1999 und 2001). Für das außerschulische Lernen bedeutet dies, dass die Lehrperson bei der Vorbereitung darauf achten sollte, dass den Lernenden genügend Materialien zum selbsttätigen Tun zur Verfügung gestellt werden. Dementsprechend sind zum Beispiel frontale Unterrichtssituation möglichst gering zu halten, um Partner- und Kleingruppenarbeiten zu initiieren. Es bleibt an dieser Stelle zu betonen, dass außerschulisches Lernen eine starke Eigenmotivation aufbauen kann, wenn die Schüler ausreichend Gelegenheiten bekommen, eigenständig zu handeln und individuelle Lösungsmöglichkeiten zu arbeiten.

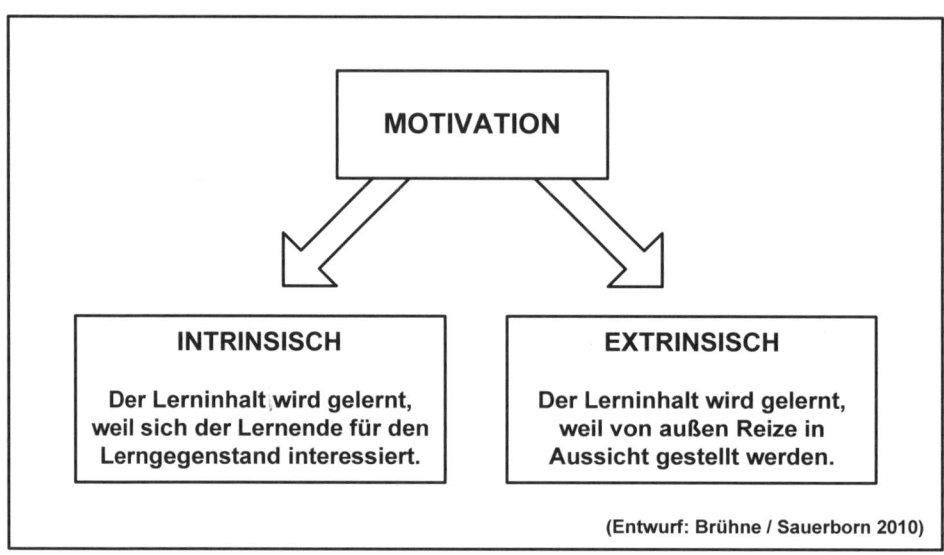

Abbildung 17: Arten von Motivation.

6.2.2 Lernvoraussetzungen

> *„Erzähle mir und ich vergesse.*
> *Zeige mir und ich erinnere.*
> *Lass es mich tun und ich verstehe."*
>
> (Konfuzius 551 - 479 v. Chr.)

Aspekte erfolgreichen Lernens:
Ausschließlich didaktisches Wissen ist für die Unterrichtsplanung und -gestaltung nicht ausreichend. Vielmehr sollten auch lern- und entwicklungspsychologische Grundbedingungen ihre Berücksichtigung finden. Der Mensch speichert ungefähr 10 % von neuem Wissen durch Lesen, 20 % durch Hören, 30 % durch Sehen, 50 % durch Sehen und Hören, 80 % durch eigenes Sprechen und 90 % durch eigenes Handeln (vgl. Abbildung 18 in Anlehnung an WINKEL et al. 2006). Ein Wechsel in den Bildungsansprüchen und -ansichten hat in den vergangenen Jahren zu einer Veränderung der Lehrerrolle geführt. Der Lehrer ist heute Berater, Moderator und Begleiter von Lernprozessen, die die Schüler eigenständig durchführen. Voraussetzungen für einen erfolgreichen Lernprozess sind heute der dynamische Wechsel von Phasen der Aktivität und Passivität sowie die Erschaffung handlungsorientierter Unterrichtssituationen. Zum erfolgreichen Lernen führt heute die Entwicklung von Eigen- und Mitverantwortlichkeit am Lernprozess.

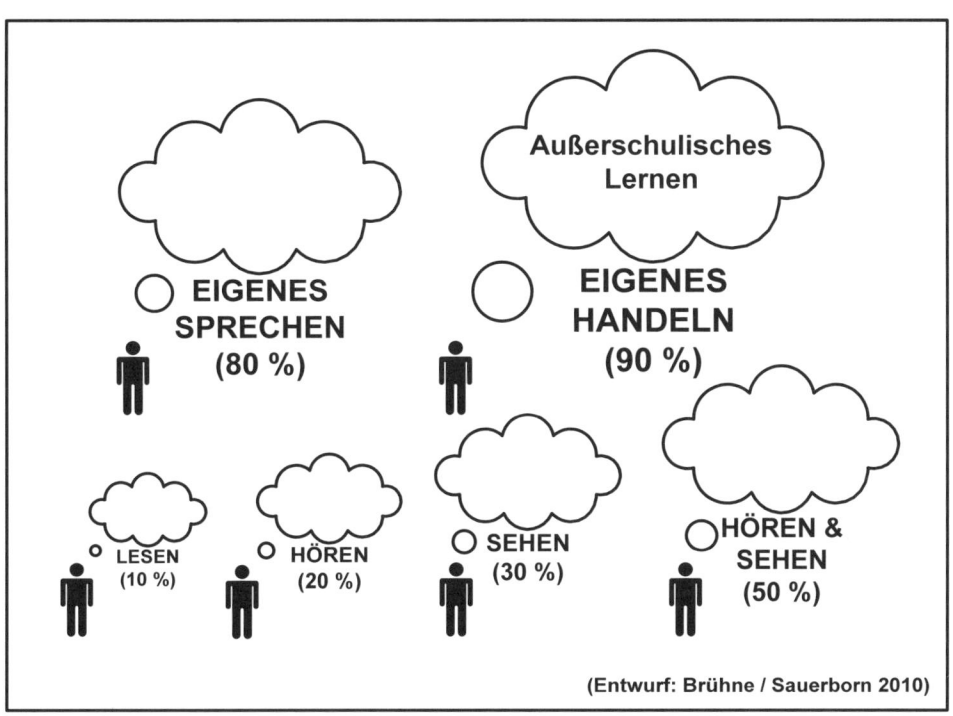

Abbildung 18: Unterschiedliche Gedächtnisleistungen und Speicherung von neuem Wissen.

Die benannten Aspekte weisen darauf hin, dass das außerschulische Lernen eine hervorragende Möglichkeit für erfolgreiches Lernen bietet. So werden zum Beispiel die Schüler bei Projekten dazu angeregt, eigenständig zu handeln, sodass vermutlich 90 % des zu vermittelnden Wissens dann auch tatsächlich vermittelt werden kann. Auch die Zeiteinteilung in Kleingruppen kann selbstständig durch die Lernenden erfolgen. Es gibt keine Bindung an das enge Zeitkontingent einer Unterrichtsstunde. Den Schülern ist die eigene Einschätzung zuzutrauen, wie viel sie sich wann zumuten können und wann ihr Körper und damit auch ihr Gedächtnis beim Lernen nicht mehr arbeiten. Aus diesem Grund können sie eigenständig die Phasen der Aktivität und die der Passivität berücksichtigen und lernen somit gleichzeitig, eine Eigenverantwortlichkeit für das Lernen zu entwickeln. Dies muss unbedingt als Erwerb sozialer Grundkompetenzen angesehen werden. Die Möglichkeit, mit unterschiedlichen Sinnen zu lernen, erleben die Schüler beim außerschulischen Lernen sehr intensiv. Befinden sie sich in einem Museum oder im offenen Gelände, sind ihre Sinne häufig intensiver angeregt als durch projizierte Medien im Klassenzimmer. Insgesamt bleibt festzuhalten, dass alle in diesem Abschnitt aufgeführten Lernvoraussetzungen (vgl. Abbildung 19) beim außerschulischen Lernen berücksichtigt werden, was aber nicht zwangsläufig heißen soll, dass sie damit beim innerschulischen Lernen weiterhin unberücksichtigt bleiben sollten.

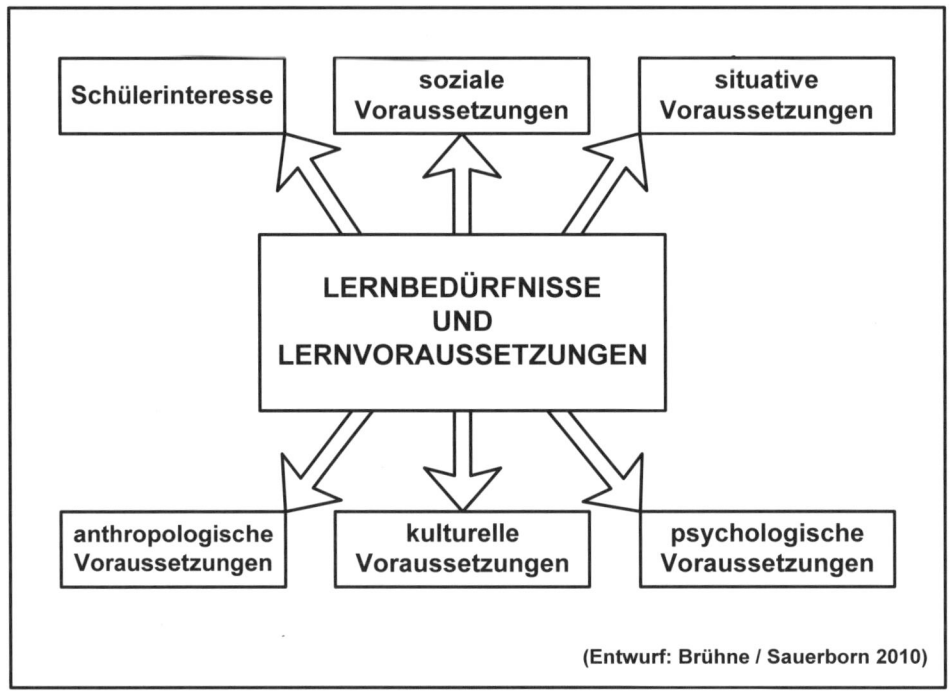

Abbildung 19: Lernbedürfnisse und Lernvoraussetzungen der Schüler.

Anthropologisch-psychologische Voraussetzungen:
Die anthropologisch-psychologischen Voraussetzungen bzw. Bedingungsfelder differenzieren sich in die Positionen der Lehrenden und der Lernenden (vgl. HEIMANN et al. 1965). Für die Lehrperson sind die eigene Bereitschaft zur Lehre im Zusammenhang mit dem Thema (das gegebenenfalls durch kultusministerielle Vorgaben bestimmt ist) sowie der eigene Lehrstil von Bedeutung. In Bezug auf die Schüler sind ihre Lernbereitschaft und ihre Lernfähigkeit wichtig. Welches Vorwissen besitzen sie?, Wie ist ihre Lernhaltung?, Wie sind Lernstil und -tempo ausgeprägt? Des Weiteren kommt es aber auch auf die Vorlieben der Lehrperson und letztlich ebenfalls auf die pädagogische Beziehung des Lehrers zu den Schülern an. An dieser Stelle ist zu berücksichtigen, dass nur der sich selbst motivierende Lehrer seine Begeisterung für einen Lernort auf seine Lerngruppe übertragen kann. Empfindet der Lehrer nicht genügend Eigenmotivation für das außerschulische Lernen, so sollte er dies lieber zurückstellen. Die Schülervoraussetzungen für einen Unterricht bzw. für das außerschulische Lernen können wie folgt bestimmt werden (vgl. Abbildung 20):

- Wie sehen Erfahrungen und Vorwissen zum geplanten Unterricht aus?

- Welche persönliche Haltung haben die Schüler zum Geplanten?

- Welche Methodenkompetenz besitzen die Lernenden?

- Welche Kompetenzen im Sinne der Bildungsstandards sind zu fördern?

- Welches individuelle Lerntempo ist zu beachten?

- Welche unterschiedlichen Lernstile sind existent?

- Welche Lernbereitschaft kann durch die Schüler entwickelt werden?

- Inwiefern können sich die Schüler angemessen verhalten?

- Wie hoch ist der Grad der Selbstständigkeit?

- Wie gestaltet sich die Team- oder Gruppenarbeit?

Abbildung 20: Beispielhafte Schülervoraussetzungen für außerschulisches Lernen.

Soziale, situative und kulturelle Voraussetzungen:
Die sozialen, situativen und kulturellen Voraussetzungen lassen sich in vier verschiedene Arten von Voraussetzungen bzw. Bedingungsfeldern gliedern (vgl. HEIMANN et al. 1965). Abbildung 21 bildet diese Strukturierung ab. Die sozio-ökonomischen Voraussetzungen beschreiben die finanziellen und wirtschaftlichen Rahmenbedingungen, wie zum Beispiel die Klassenstärke und die materielle Ausstattung. Die Einlagerung des Unterrichts in ein räumliches Umgebungsgeflecht (zum Beispiel ländliches oder städtisches Umfeld der Schule) betrifft die sozio-ökologischen Voraussetzungen. Die sozio-kulturellen Voraussetzungen formulieren die geschichtlich-geistige Situation. Als Beispiel können Kommunikationsformen, Sprachformen, Tabus oder ähnliches dienen. Die ideologisch-normbildenden Voraussetzungen beinhalten die Einflüsse aus verschiedenen gesellschaftlichen Gruppen (PETERSSEN 2000).

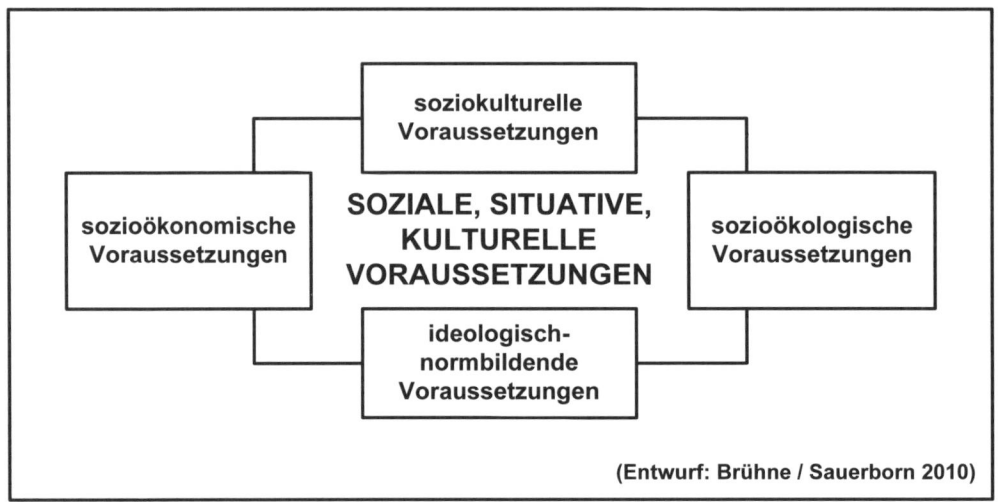

Abbildung 21: Soziale, situative und kulturelle Voraussetzungen außerschulischen Lernens.

Insbesondere die sozio-ökonomischen Voraussetzungen sind verantwortlich dafür, ob und in wie weit außerschulisches Lernen stattfinden kann. Die Klassengröße spielt eine besondere Rolle. Diese ist fremdgesteuert und beeinflusst jegliches Unterrichtsgeschehen und jede Interaktion der Lernenden und Lehrenden unmittelbar. So stellt sich in Bezug auf das außerschulische Lernen zunächst die Frage, ob die Klassenstärke hierzu die Möglichkeit bietet. Ist eine Durchführung ohne weitere Begleitpersonen möglich? Wenn nicht: Besteht die Möglichkeit, weitere Begleitpersonen einzubeziehen? Des Weiteren ist die materielle Ausstattung der Schule von großer Bedeutung: Können die Kosten außerschulischen Lernens von der Schule getragen werden? Welchen sozialen Hintergrund bringen die Schüler mit und können die Familien das außerschulische Lernen eventuell finanziell unterstützen? Neben den sozio-ökonomischen Voraussetzungen dürfen selbstverständlich die anderen nicht außer Acht gelassen werden. Ein weiterer Faktor könnte die räumliche Lage der Schule, zum Beispiel in städtischen oder ländlichen Regionen, in prädestinierten oder sozial-benachteiligten sowie problematischen Bereichen sein. Auch der Anteil von Kindern mit Migrationshintergrund spielt eine Rolle im Zusammenhang mit dem außerschulischen Lernen.

Als Fazit bleibt festzuhalten, dass das außerschulische Lernen im besonderen Maße von den Lernbedürfnissen und -voraussetzungen der Lerngruppe abhängig ist. Dies gilt für alle drei Phasen der Unterrichtsgestaltung: die Planung, die Durchführung und die Nachbereitung (vgl. Kapitel 10). Das Lehr- und Lernverhalten im außerschulischen Lernen ist hiervon vergleichsweise stärker beeinflusst als im Regelunterricht, da die Motivation der Schüler geweckt wird bzw. aufrechterhalten werden muss, indem ihre Bedürfnisse und Interessen stets eine besondere Berücksichtigung finden, um die angestrebten Lernerfolge erzielen zu können.

7 Methodische Formen des Lernens & Lehrerrolle

Lernen bedeutet nicht ausschließliches Faktenlernen, womit dem Schulunterricht keineswegs die reine Vermittlung von theoretischem Wissen als Aufgabe zukommt. Vielmehr wird zunehmend auf die Handlungsorientierung sowie die anschauliche Vermittlung durch lebenspraktische Orientierungen Wert gelegt. Forschendes Lernen und Entdecken sowie selbstständige Erarbeitungsprozesse spielen hierbei eine besondere Rolle im heutigen Unterricht. Außerschulisches Lernen kann dabei erheblich zum neuerdings geforderten Kompetenzerwerb beitragen. Abbildung 22 liefert einen Überblick der wesentlichen methodischen Lernformen im außerschulischen Lernen unter Berücksichtigung der drei methodischen Ebenen (vgl. MEYER 2004). Generell ist die Sozialform der Einzelarbeit im außerschulischen Lernprozess möglich, dennoch sollten die Sozialformen der Partner- oder Gruppenarbeit bevorzugt werden, um den sozial-kommunikativen Kompetenzbereich intensiv fördern zu können.

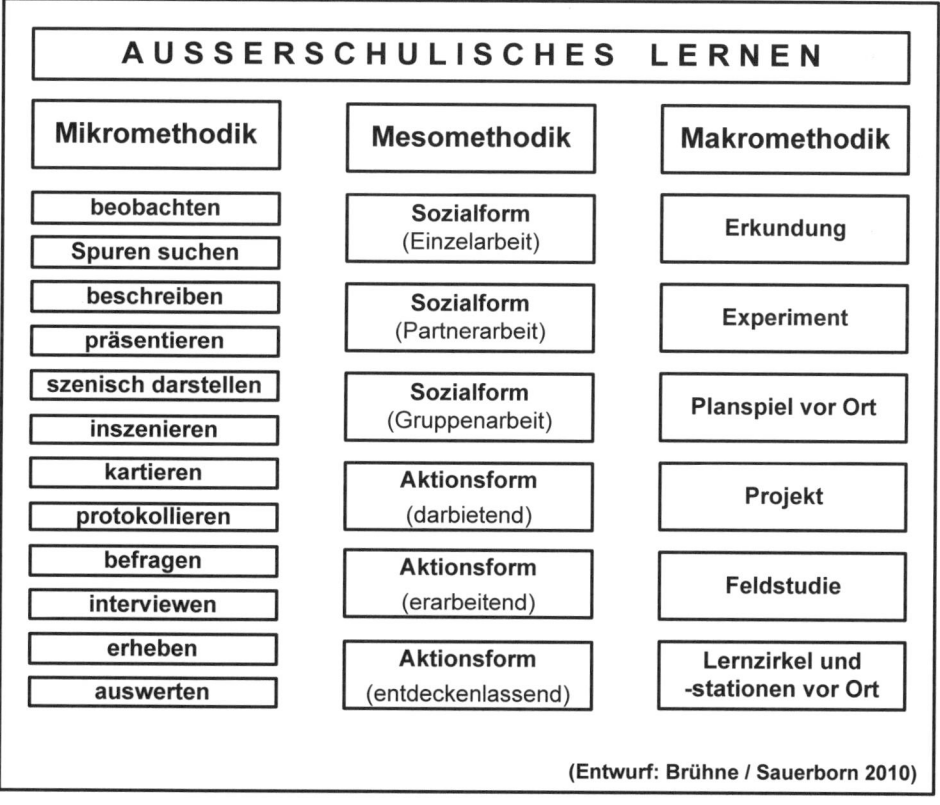

Abbildung 22: Beispielhafte methodische Möglichkeiten des außerschulischen Lernens.

7.1 Die Sozialform der Einzelarbeit

7.1.1 Didaktische Voraussetzung und Zielsetzung

Jeder Mensch benötigt für identische Prozesse unterschiedliche Lernzeiten, Lernwege, -arten und Lösungswege sind somit different. Um auf die verschiedenen Lernbedürfnisse und -voraussetzungen der Schüler adäquat einzugehen, kann die Schwierigkeitsstufe der Aufgabe dem Schüler pädagogisch angepasst werden. Die Vorgabe von sozialen Arbeits- und Inszenierungstechniken erfolgt dabei gezielt, um diese zu schulen oder auch zu bewerten. Hierbei konzentrieren sich alle Schüler auf die geforderte Aufgabe bzw. Arbeitstechnik und arbeiten zielorientiert vor Ort. Die vollständige Isolation eines Schülers ist aus Gründen der sozialkommunikativen Kompetenzerwartungen grundsätzlich zu vermeiden. Durch die Sozialform der Still- oder Einzelarbeit während des außerschulischen Lernens kann dennoch die Konzentrationsfähigkeit des Lernenden systematisch gesteigert werden.

7.1.2 Möglichkeiten der Leistungsbewertung

Der Schüler kann in einer Einzelarbeit direkt und individuell gefördert werden, womit ein hoher Grad an Binnendifferenzierung ermöglicht wird. Lernergebnisse und individuelle Lernprozesse der Schüler sind stets individuell nachvollziehbar, Probleme können erkannt und zielgerichtet besprochen werden. Die Leistungsbewertung der Einzelarbeit ist grundsätzlich einfacher als die der Partner- oder Gruppenarbeit; die zuvor definierte kognitive Lernzielüberprüfung ist somit relativ unproblematisch. Das Sozialverhalten kann hingegen nur bedingt in die Bewertung einfließen, da der soziale Kontakt zwischen den Schülern fehlt.

7.1.3 Beispiele für den Einsatz beim außerschulischen Lernen

Fragebogen:
Der Einsatz eines Fragebogens kann beim außerschulischen Lernen dem Einüben der Methoden, der Datenbeschaffung und der Informationsaufbereitung dienen. Die Erstellung des Fragebogens erfolgt in der Vorbereitungsphase in Einzel-, Gruppen- oder Partnerarbeit. Gegebenenfalls wird er auch von der Lehrperson vorgegeben. Generell dient er vor Ort als Orientierungshilfe, denn hier können sich Fragen als überflüssig herausstellen oder weitere Ansätze notwendig machen.

Pädagogisch bedeutet der Einsatz eines Fragebogens eine große Herausforderung für die Schüler. „Er fordert von den Schülern geistige Beweglichkeit und Umstellungsvermögen, vermittelt ihnen die Erfahrung von dem Unterschied zwischen allgemeinen theoretischen Überlegungen und dem jeweils besonders gelagerten Einzelfall" (HEYN 1973, S. 56). Die Anwendung der Methode in jüngeren Klassenstufen ist deswegen nicht unproblematisch.

Interview:
Das Interview stellt eine zielgerichtete Befragung einer oder mehrere Personen dar. Die Intention und die grobe Struktur können bereits vor dem außerschulischen Lernen vorbereitet werden – zum Beispiel durch einen Fragebogen. Auch ein Aufnahmegerät kann hilfreich sein, um das Interview später nachvollziehen und auswerten zu können. Außerdem sind die Interviewführenden dann durch das Notieren von Informationen nicht vom Gespräch abgelenkt. In Abbildung 23 sind zehn Schritte für die Durchführung eines Interviews aufgelistet.

> **Leitfaden: Wie führe ich ein Interview?**
>
> (1) Zu Beginn: Begrüßung
>
> (2) Strukturiert vorgehen, vorher Stichpunkte notieren
>
> (3) Fragen nicht ablesen, Stichpunkte dienen als Gedächtnisstütze
>
> (4) Deutlich sprechen, störende Laute vermeiden
>
> (5) Kurze und offene Fragen
>
> (6) Nicht zu persönlich werden (Peinlichkeiten vermeiden)
>
> (7) Möglichst keine Nervosität zeigen
>
> (8) Auf Antworten konzentrieren, evt. nachfragen
>
> (9) Danksagung am Ende
>
> (10) Angemessene Verabschiedung

Abbildung 23: Einzelne Schritte für die Durchführung eines Interviews.

Die Durchführung eines Interviews bedarf in jüngeren Klassen einer detaillieren Vorbereitung und Übung. Vorherige Anwendungen und Probedurchläufe sind unumgänglich, um den Schülern peinliche Situationen zu vermeiden und ihnen Sicherheit zu geben.

Protokoll:
Protokolle fungieren als Ergebnis- oder Verlaufssicherungen. Die Informationen werden bereits während des außerschulischen Lernens gesichert, in der Regel durch paralleles Mitschreiben. Sie dienen der Sicherung von Wissen und zwar in Bezug auf Prozesse (Arbeitsvorgänge, Experimente, Lehrgänge usw.) und deren Ergebnisse. Häufig existieren strenge schematische Vorgaben und es werden Verlaufs- oder Ergebnisprotokolle erstellt. Die Protokollarbeit ist jedoch nichts für Ungeübte, denn ein ausgewähltes, zielgerichtetes und strukturiertes Mitschreiben ist nicht einfach. Eine Partnerarbeit kann hier vorteilhaft sein, doch auch Einzelarbeit ist möglich.

Das Schreiben kann die Konzentration der Schüler stark binden, wodurch ihre Aufmerksamkeit dann möglicherweise für die eigentliche Wahrnehmung vor Ort verloren geht. Für die gewünschte Handlungsorientierung beim außerschulischen Lernen kann damit das Protokollieren zur Barriere werden. Die erzwungene schriftliche Sicherung hemmt das freie Erleben sowie letztlich auch das Erlangen individueller Ergebnisse. Zudem ist nicht jede Art des außerschulischen Lernens für das Protokollieren geeignet bzw. verfolgt mitunter auch andere Ziele: Sind die Schüler selbst Zuhörer, dann gestaltet sich das Protokoll als mögliche reproduktive Wiedergabe – sind sie darüber hinaus eigenständig und handelnd tätig, dann bietet sich als Ergebnis besser ein individualisierter Bericht an. Die Art der zu erstellenden Sicherung sollte der Lerngruppe vorab klar gemacht werden; gegebenenfalls ist eine Vorgabe der Formate, der Kapitel oder ähnliches hilfreich – auch um zu vergleichbaren Ergebnissen zu gelangen. Die Methode eignet sich insgesamt nur für höhere Klassen; logistische Probleme, wie zum Beispiel das Wetter, können zudem das Protokollieren erschweren.

Kurzvortrag:
In Einzel-, Gruppen- oder Partnerarbeit kann auch ein Kurzvortrag der Schüler am außerschulischen Lernort zum Einsatz kommen. Dies ist bei einer notwendigen und nicht alternativ zu lösenden Vermittlung von Wissen denkbar, sollte jedoch deutlich weniger Raum einnehmen als das praktische, handlungsorientierte Tun vor Ort. Dies gilt auch für die Monologe der Lehrenden. Der Kurzvortrag sollte verständlich, anschaulich, lebendig und gut vorbereitet sein (vgl. MATTES 2002). Unaufmerksamkeit der Zuhörer durch Ablenkung, eine hohe Geräuschkulisse und andere Störfaktoren können die Durchführung eines Vortrages erschweren. Der Vortrag eignet sich in der Regel besser für höhere Jahrgangsstufen.

7.2 Die Sozialformen der Partner- und Gruppenarbeit

7.2.1 Didaktische Zielsetzung und Voraussetzungen

Bei der Partner- oder Gruppenarbeit steht die Schüler-Schüler-Interaktion im Vordergrund. Hier lernen die Schüler, miteinander richtig zu kommunizieren und lösen gemeinsam oder arbeitsteilig in Partner- oder Kleingruppen (4 bis 6 Schüler) eine Aufgabe oder Fragestellung. Zu den pädagogischen Förderebenen der Partner- oder Gruppenarbeit gehören nicht nur der respektvolle Umgang der Schüler untereinander, sondern auch die kritische Auseinandersetzung mit den Themen und das Akzeptieren anderer Meinungen. Des Weiteren wird in Gruppenarbeiten selbstständiges Lernen und kreatives Denken gefördert, was wiederum das Selbstbewusstsein der Schüler stärken kann. Innerhalb einer Gruppe können verschiedene Rollen, wie ein Sprecher, ein Protokollführer oder ein Interviewer, verteilt werden, um den Schülern die Besonderheit dieser arbeitsteilenden Sozialform zu verdeutlichen. Schüler mit Lernschwierigkeiten können mittels Sonderaufgaben fest in die Gruppe eingebunden werden und erhalten dadurch individuelle Fördermöglichkeiten. Die Schüler können gegebenenfalls bereits erlernte Arbeitstechniken und Methoden anwenden und diese gleichzeitig systematisch verfeinern. Verhaltensregeln in der Gruppe müssen bereits vor der Gruppenarbeit festgelegt werden, um einen reibungslosen und erfolgreichen Ablauf anzustreben.

Der Lehrer nimmt während der Gruppenarbeit eine indirekte Rolle ein. Das tatenlose Beobachten des Unterrichtsgeschehens stellt für viele Lehrer eine große Herausforderung dar. Zu seinen Aufgaben gehört in erster Linie das Beobachten des Lernprozesses; der Lehrer fungiert als Ansprechpartner bei Problemen und soll den selbstständigen Lernprozess didaktisch gezielt anleiten. Dafür ist es von elementarer Bedeutung, dass der Lehrer über ausreichend Planungs- und Organisationskompetenz verfügt. Das Lernthema, der Arbeitsauftrag oder die Fragestellung muss äußerst ausführlich und präzise vorbereitet werden, um Rückfragen während des Agierens zu minimieren (vgl. MATTES 2002). Zu einer erfolgreichen Partner- und Gruppenarbeit gehört, dass die Lernenden ohne Lehrer ein gemeinsames Lernziel vor Augen haben, welches sie mit eigenen Ideen und Mitteln bestmöglich erreichen wollen. Viele Lehrer trauen dies ihrer Lerngruppe häufig nicht zu und besitzen wenig Geduld, die Organisation und Durchführung vollständig an die Schüler zu übertragen. Je mehr der Lehrer die Vorgehensweise und Arbeitsschritte einer Partner- oder Gruppenarbeit plant und vorgibt, desto weniger kann er seine ursprünglichen Zielsetzungen im Bereich des Kompetenzlernens und der Selbstständigkeit der Schüler realisieren (vgl. Abbildung 24).

7.2.2 Gruppenbildung

Das Lernen an außerschulischen Orten ist geradezu prädestiniert für die Sozialform der Gruppenarbeit, weil beispielsweise arbeitsteiliges und positives Sozialverhalten gezielt geschult werden können. Es bleibt anzumerken, dass grundsätzlich genau diese Aspekte für inhomogene oder undisziplinierte Gruppen zum Problem werden können. Die Einteilung der Gruppen kann generell offen erfolgen oder über feste Einteilungen; letztere sollten jedoch bereits im Klassenzimmer stattfinden. Um das Schülerinteresse zu steigern, sollten die Schüler in diesen Prozess involviert werden. Bestenfalls werden die Gruppen erst dann gebildet, wenn die einzelnen Sach- bzw. Inhaltsbereiche festgelegt wurden. Für die Gruppenbildung gibt es verschiedene Vorgehensweisen mit unterschiedlichen Merkmalen (vgl. MATTES 2002):

o Lernzielgesteuerte Gruppenbildung: Helfersystem zur inneren Differenzierung, Gruppen über längeren Zeitraum, Einteilung nach differenziertem Leistungsvermögen und Lerntypen oder Arbeitsaufträgen (aufgabengleich oder aufgabenteilig).

o Freie und sozial gemischte Gruppenbildung: Interessengruppen freiwillig, Gruppen zufällig, Gruppen gemeinsamer Merkmale, Trennung der Geschlechter, Puzzlegruppen.

7.2.3 Möglichkeiten der Leistungsbewertung

Eine Leistungsbewertung der Partner- oder Gruppenarbeit ist dann möglich, wenn dazu die passenden Leistungs- und Qualitätskriterien definiert werden. Die Bewertung der Gruppenarbeit wirft insofern Probleme auf, als keine Einzelbewertungen der Personen stattfinden können. So kann am Ende der Erarbeitungsphase ausschließlich ein Gruppenergebnis festgestellt werden. Beobachtungen während des Arbeitsprozesses lassen zwar differenziertere Ergebnisse zu, sind jedoch generell nicht vollständig zu erfassen. Dabei stellt sich der Lehrer der Herausforderung, mehrere Gruppen gleichzeitig zu beobachten; vielleicht kann eine stark geprägte Arbeitsteilung in einer Gruppe ebenso vorkommen wie eine Hierarchisierung unter ihren Mitgliedern. Dies gilt insbesondere dann, wenn beim außerschulischen Lernen die Gruppen zum Beispiel an verschiedenen Orten ihren Arbeitsweisen und Aufgaben nachgehen. Mit den neuen Formen der Leistungsfeststellung und Leistungsbewertung für offene Unterrichtssituationen behält die Literatur jedoch genügend Anregung bereiten, um der neuen Lernkultur auf Dauer gerecht werden zu können (BOHL 2009, WINTER 2010).

7.3 Außerschulische Unterrichtsgestaltung

7.3.1 Umsetzung im außerschulischen Bereich

Im Zusammenhang mit dem außerschulischen Lernen ist eine Vielzahl an Unterrichtsformen möglich. Am häufigsten findet die Erkundung ihre Anwendung, die im Folgenden näher betrachtet wird. Der klassische Ausflug bzw. Wandertag ist (wie der Schullandheimaufenthalt) der Erkundung ähnlich, nimmt aber deutlich mehr Zeit in Anspruch und besitzt die bereits erwähnten Probleme des beschreibenden Lernprozesses. Eine eigenständige Handlungsorientierung der Schüler ist hierbei stark ausbaufähig. Spielerische Elemente können durch mehr Zeit realisiert werden, allerdings ist ein erheblicher Aufwand in der Vor- und Nachbereitung notwendig. Projekttage oder -wochen stellen eine weitere Organisationsform des Lehrens dar, die für das außerschulische Lernen gut geeignet ist. Generell können Schüler im diesem geöffneten Unterricht Mitbestimmung, Selbstverantwortung, soziales Lernen und Praxisrelevanz kennen lernen und erwerben – und zwar besonders beim außerschulischen Lernen.

7.3.2 Die Erkundung als methodische Anregung

Eine Makromethode des außerschulischen Lernens stellt die Erkundung dar. Hierunter wird ein Unterrichtsgang verstanden, bei dem die Schüler in kleinen Gruppen fußläufig ein vorgegebenes räumliches Gebiet (eine Siedlung, eine Straße, ein Einkaufszentrum, eine öffentliche Einrichtung usw.) unter verschiedenen Fragestellungen und Arbeitsaufträgen systematisch erkunden.

Betrachtung:
Bei der Erkundung kann es sich auch um eine Art Lernrallye, ein Stationen-Lernen, ein Lernzirkel oder ein anderes spielerisches Element handeln. So wird hier ein bestimmter Weg in einer vorgegebenen Standortabfolge beschritten. Die Routenplanung ergibt sich aus den Fragestellungen sowie den Aufgabenstellungen. Diese können beispielsweise sein:

- das Erfragen

- das Karten lesen

- die Durchführung von Interviews

- das Erstellen und Ausfüllen von Fragebögen

- das Benutzen von Hilfsmitteln (Telefonbücher, Karten, Zeitung usw.)

- die Beachtung von Verkehrs- und anderen Verhaltensregeln

- die Suche nach Gebäuden oder Plätzen

- das Deuten von Symbolen.

Im Rahmen der Erkundung werden verschiedene Sinne angesprochen und die Wahrnehmungsmöglichkeiten sind vielfältig, womit ein großer Vorteil gegenüber dem klassischen Unterricht im Klassenzimmer vorherrscht. Die Arbeiten bei den Erkundungen erfolgen fächerübergreifend und sind durch eine vergleichsweise höhere Schülermotivation gekennzeichnet. Geeignete Lernorte zur Durchführung einer Erkundung sind zum Beispiel Zoos, Tiergärten und -parks, Museen, Bibliotheken, Schulgärten, Wasserwerke und Kläranlagen, Wochenmärkte, das Postamt, die Polizeistation oder die Feuerwache sowie ortsansässige Handwerksbetriebe.

Organisation einer Erkundung:
Um den Schülern ein freies, erfolgreiches und sicheres Arbeiten vor Ort zu ermöglichen, muss der Lehrer in der Vorbereitungsphase eine eigene Vorerkundung oder Vorexkursion unternehmen. Neben der Informationsbeschaffung (Lage, An-/Abreise, Öffnungszeiten, Eintrittsgelder usw.) sind zudem mögliche Probleme während des Lernens zu prüfen (Gefahrenpunkte, Unwägbarkeiten usw.). Auch Möglichkeiten der Hilfestellung vor Ort müssen im Vorfeld festgelegt und den Schülern bekannt gegeben werden. Die Kosten des Ausfluges (Eintrittsgelder, Fahrkosten usw.) sind mit den Eltern oder Erziehungsberechtigten abzusprechen.

Vor-, Nachbereitung und Motivation der Schüler:
In der Vorbereitungsphase müssen den Schülern fachwissenschaftliche Grundlagen – im Sinne einer vorpädagogischen Sachstrukturanalyse – vermittelt werden. Die Vermittlung eines Basiswissens zum Erkundungsort, zu den weiteren logistischen Aspekten sowie dem Ablauf und Ziel sind wichtig. Diese Informationen können auch in einer vorgelagerten Unterrichtsreihe vermittelt werden; so sind beispielsweise auch Wiedererkennungseffekte im Gelände vorzubereiten und zu nutzen. Die Schüler können über ein Expertensystem eingebunden werden – dies betrifft besonders die Phase der Erkundung. Quizfragen oder ein spannendes Lernrätsel sind gängige Motivationsformen, um die Aufmerksamkeit und das Interesse der Schüler auf Dauer aufrecht zu erhalten. Die Fragen können zudem auch während der Erkundung an den jeweiligen Stationen gestellt und in der Schule aufgearbeitet werden im Sinne einer Nachbereitung. Die Schüler forschen und entdecken dadurch zunächst den Lerngegenstand. Die Nachbereitung einer Erkundung kann im Sinne eines ersten Resümees der Schüler zum Unterrichtsgang erfolgen. Neben den reinen Lernergebnissen sind die Aufarbeitung der Eindrücke und Erlebnisse von besonderer Bedeutung.

7.3.3 Das Plan- oder Rollenspiel als Element der Vor- und Nachbereitung

Definition und Organisation:
Bei einem Plan- oder Rollenspiel werden die Akteure festgelegt. Jede Gruppe oder Einzelperson repräsentiert eine oder mehrere Personen, die an einem Prozess (zum Beispiel Konflikt oder besondere Problematik) beteiligt sind. Dieser Konflikt ist in der Regel real bzw. realitätsnah und läuft in Form einer Simulation ab. Die Rollenbeschreibungen sind entweder vorgegeben oder sie werden von den Schülern kreativ ausgestaltet. Eine strukturelle Gliederung ist für den positiven Verlauf eines Planspiels unbedingt notwendig. So sind eine Einführungs- und eine Vorbereitungsphase wichtige Elemente des Gelingens, da sie der Erläuterung und Darlegung der Problemlage oder Sachlage dienen. Ebenso bedeutend ist die Klärung von Regeln und Abläufen sowie die Ausgabe von Medien, Materialien, Fragestellungen und Arbeitsanweisungen.

Die Beteiligten tragen nun in der Spielsituation den spielbaren Konflikt aus. Hierbei haben die Schüler die grundlegende Aufgabe, Handlungsstrategien zu entwickeln und Ziele in Bezug auf die festgelegte Problem- oder Konfliktsituation zu entwickeln. Die durchgeführten Schritte können zum Beispiel von der schriftlichen oder mündlichen Mitteilung, dem persönlichen Einzelgespräch, einem Gruppengespräch bis zu einer Gesamtkonferenz reichen. Die Hauptphase eines Plan- oder Rollenspiels bilden die Gespräche in den einzelnen Gruppen; hier werden die Rollen bzw. Strategien ausgearbeitet und geprobt. Den Abschluss bildet dann eine Plenumsphase aller Beteiligten (CAPAUL 2001).

Die Lehrerrolle in einem solchen Spielprozess besteht in der Spielleitung und -koordination des zeitlichen Ablaufs; gegebenenfalls ist der Lehrer als Moderator tätig und gibt auf Anfrage Hilfestellungen. Er kann das Spiel beenden, wenn die festgelegte Laufzeit verronnen ist. Während des Spiels ist dessen Verlauf festzuhalten, um eine spätere Auswertung zu ermöglichen. Dies kann durch schriftliche Protokolle oder Videoaufzeichnungen erfolgen.

Beim außerschulischen Lernen kann das Plan- oder Rollenspiel verschiedene Anwendungen finden, so zum Beispiel als Vor- oder Nachbereitung eines Geländeganges oder als Auslöser für eine außerschulische Suche nach Informationen. Auch als Teil innerhalb der Durchführungsphase kann das spielerische Vorgehen effizient genutzt werden (vgl. hierzu Kapitel 11.2.2).

Vorteile und mögliche Probleme:
Für einen Einsatz von spielerischen Situationen beim außerschulischen Lernen sprechen – neben verschiedenen möglichen Kompetenzerwerben – auch andere Vorteile. Neben vergleichsweise geringen notwendigen Mitteln scheint ihr Einsatz einfacher und weniger gefährlich als zum Beispiel derer verschiedenster Experimente. Sie sind offen konzipiert und fördern das selbsttätige Lernen sowie das vernetzte Denken. Auch das Problembewusstsein sowie strategisches Tun werden geschult, denn genau dies und nicht der Probleminhalt sind von besonderer Bedeutung. Die soziale Kompetenz und Flexibilität wird ebenso geschult wie die Argumentationsfähigkeit und die Gesprächskultur. Die Schüler erfahren eine differenzierte Kenntnis gesellschaftlicher und politischer Strukturen sowie Chancen und Grenzen ihrer Veränderung. Die Methode eignet sich – nach einer entsprechenden Einführung – auch für jüngere Lerngruppen.

7.4 Anmerkungen zur Lehrerrolle

Die Lehrerrolle ist bei den genannten Unterrichtsgestaltungen different: von der lehrenden Person zum Moderator bis hin zum Lernberater – für das außerschulische Lernen stellen sich damit besondere Anforderungen an die Lehrperson. Die Lehrkraft sollte zunächst selbst Interesse an dem Lernort mitbringen. Generell stellt sich damit eine unabdingbare Forderung an den Lehrer, denn dieser sollte vom Sinn und der Ergiebigkeit des außerschulischen Lernens für den Unterricht vehement überzeugt sein, um seine Motivation auf die Schüler übertragen zu können. Darüber hinaus ist es wichtig, dass der Lehrer innerhalb seiner Rolle stets sach- und adressatengemäß vorgeht und sich von seiner sonstigen Rolle im Regelunterricht stark abzugrenzen weiß. Bei allen Lehrformen des außerschulischen Lernens tritt der Lehrer somit zeitweilig als Lehrperson in den Hintergrund und nimmt eine beratende oder moderierende Funktion ein.

Die Lehrerrolle variiert jedoch leicht zwischen den verschiedenen Organisationsformen des Unterrichts vor Ort. Wird zum Beispiel im sogenannten Field Study gearbeitet, in welchem die Schüler beobachten, beschreiben und erklären sollen, muss der Lehrer entsprechende Hilfestellungen geben. Die Arbeit im Projektunterricht vollzieht sich hingegen mit einer stärkeren Einbindung der Schüler und zwar nicht nur in die enge Projektphase, sondern auch in deren Vor- und Nachbereitung. Bestenfalls entscheiden die Schüler über Themenwahl, Zielsetzung, Planungs-, Durchführungs- und Abschlussphase sowie über die Präsentation. In diesem Fall beschränkt sich die Rolle des Lehrers auf die des Organisators, Vermittlers und Impulsgebers. Die Art der Betreuung hängt stark vom Alter der Schüler ab, da zum Beispiel im Primarschulbereich die Aufsichtspflicht noch wesentlich strenger gehandhabt werden muss. Die festzustellenden Fähigkeiten und Fertigkeiten der Schüler, aber auch ihre Erfahrung mit bisherigen außerschulischen Lernorten geben den Grad der Lehrerzentrierung innerhalb der didaktisch-methodischen Umsetzung vor. Abbildung 24 veranschaulicht die Interdependenz zwischen Lehrerlenkung und Kompetenzvermittlung: Je höher der Grad an Steuerung und Lenkung durch die Lehrperson, desto geringer ist der Grad an Selbstständigkeit der Schüler bzw. Kompetenzvermittlung. Demgegenüber führt eine hohe Selbstständigkeit sowie Kompetenzvermittlung des Lernenden zwangsläufig zu einer geringen Steuerung und Lenkung durch die Lehrperson. Während des außerschulischen Lernens sollte der Grad an Steuerung und Lenkung durch die Lehrperson relativ gering gehalten werden. Aus den handlungsorientierten Arbeitsweisen während des außerschulischen Lernens resultieren jedoch eine gewisse Dynamik im Lernprozess sowie ein stetiger Wechsel der Aktions- und Sozialformen, sodass eine gewisse Rotation des dargestellten pädagogischen Pendels wünschenswert ist (vgl. Abbildung 24).

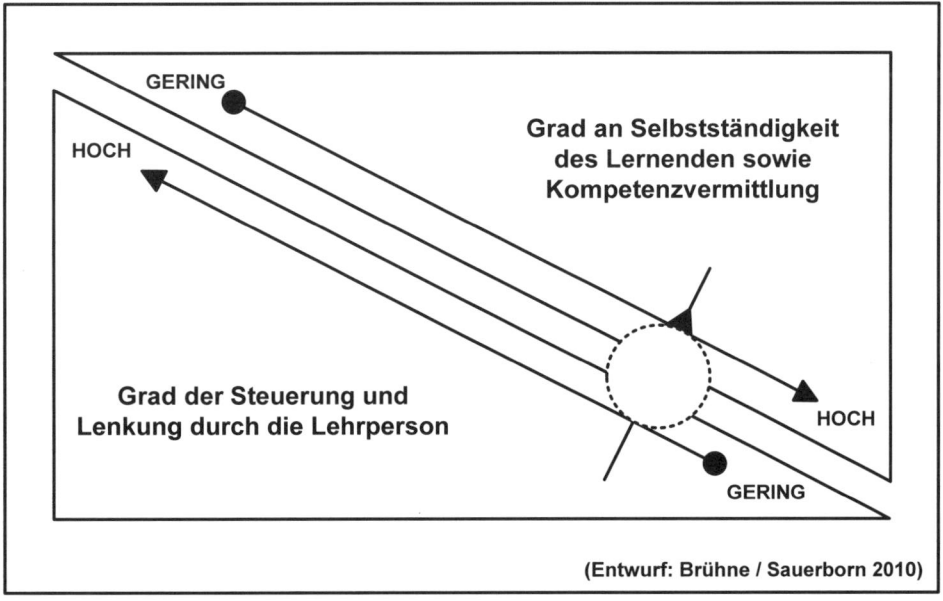

Abbildung 24: Lehrerlenkung und Grad an Selbstständigkeit im außerschulischen Lernen.

8 Vor- und Nachteile außerschulischen Lernens

Unterricht bedeutet immer einen Prozess mit vielen unbekannten Variablen. Eine bedeutende Variable sind die Lernbedürfnisse und Lernvoraussetzungen der Kinder und Jugendlichen. Neben den schulischen Leistungen des Lernenden ist es ebenfalls wichtig zu erfassen, welche zusätzlichen, nicht schulischen Kenntnisse die Kinder mit in den Unterricht bringen können. Lernzielkontrolle und Ergebnissicherung, Leistungsbewertung, Organisation und Logistik, Möglichkeiten im fächerübergreifenden Unterricht sowie Umweltbildung sollen nun im Zusammenhang mit dem außerschulischen Lernen näher betrachtet werden.

8.1 Lernzielkontrolle und Ergebnissicherung

Lernziele erleichtern die Planung und Vorbereitung für den Lehrer erheblich, da sie wichtige Orientierungspunkte in der thematischen Stofffülle sein können. Darüber hinaus helfen sie der Lehrperson, den Unterricht klarer zu strukturieren und sich ihrer eigentlichen Lernintention des behandelten Unterrichtsgegenstands bewusst zu werden. Besonders hinsichtlich der Reflexion von Unterricht und der an deutschen Schulen streng eingeforderten Leistungsbeurteilung von Unterrichtsverläufen stellen Lernziele ein geeignetes Instrument zur Beurteilung von Schülerleistungen bzw. zur Sicherung normativer Richtvorgaben dar. Die Möglichkeiten der Lernzielkontrolle stellen im Zusammenhang mit dem außerschulischen Lernen einen der Kritikpunkte dar. Eine häufig gestellte Frage lautet: „Was lernen die Schüler denn eigentlich?" Die grundsätzlichen Lernmechanismen widersprechen sich beim Unterricht im Klassenzimmer und beim außerschulischen Unterricht maßgeblich. Es bestehen neben den oben genannten Problemen der Organisation und Durchführung auch die Fragen nach einer effektiven Lernkontrolle sowie Ergebnissicherung.

In der typischen Unterrichtsstunde werden Lernresultate einfach in schriftlicher Form festgehalten, um dann später durch die Lehrperson überprüft zu werden. Im außerschulischen Unterricht sollte hingegen eine handelnde Sicherung geschehen. Im Unterricht der Regelschule werden die Ergebnisse des fragend-entwickelnden Unterrichts häufig ausschließlich festgehalten – als Vorbereitung für folgende Stunden. Durch gleichförmige Unterrichtsabläufe unterbleibt jedoch die Reflexion des Handlungsablaufes. Unter Umständen ist für das außerschulische Lernen mehr als die herkömmliche Zensurverteilung zu erwarten, denn die Lehrperson erhält nicht immer den vollen Einblick in das Handeln der Schüler. Die Arbeit mit dem Portfolio ist hier als Beispiel zu nennen. Der entstehende Konflikt der Lehrperson kann für die Schüler von Vorteil sein: durch eine Abnahme des Leistungsdrucks und eine zunehmende Beteiligung der Lernenden in Bezug auf die Zielbestimmung. Damit hier Fairness geboten ist, ist die Qualität der handlungsbezogenen Formen der Ergebnissicherung von entscheidender Bedeutung. So sei erneut darauf hingewiesen, dass die Planung des außerschulischen Lernereignisses dies auch berücksichtigen muss.

GUDJONS (2008) benennt einige Formen, mit denen handlungsorientiertes Lernen und auch eine Zensurvergabe möglich ist. Diese Formen eignen sich in der Regel auch für das außerschulische Lernen. Eine grundlegende Voraussetzung ist die Offenlegung und Transparenz innerhalb der Leistungsfeststellung. Dabei unterscheidet er wie folgt:

- *Expertenbefragung:* Ein oder mehrere Schüler konzentrieren sich auf einen bestimmten Teilaspekt der Fragestellung, zum Beispiel die Klimamessungen während einer geographischen Exkursion.

- *Gemeinsame Entwicklung eines Tests*: Fragen werden von den Schülern notiert und mit Antworten versehen. Der Lehrer kann wichtige Fragen einbringen und erstellt den Test im Anschluss. Die Suche nach einer bestimmten Ortschaft auf dem Weg wäre hier ein Beispiel.

- *Situationstests*: Aufgaben werden in den Kontext des Lernens einbezogen, ein Gegenstand zum Thema wird gereicht oder ein angefangener Aufsatz zum Thema muss zu Ende geführt werden. Die Gesteinsbestimmung im räumlichen Kontext wäre hier ein zu nennendes Beispiel.

- *Lerntagebuch*: Die Schüler fertigen ein Lerntagebuch an. Es werden die aus ihrer Sicht wichtigsten Fakten zum Thema notiert und mit kurzen Erläuterungen und Begründungen versehen. Auch vorherige Vorgaben durch die Lehrperson sind denkbar. Zum Beispiel wäre eine Kartierung von landwirtschaftlichen Nutzungen auf der Wanderung möglich.

- *Gruppennoten*: Einer Gruppe werden kollektive Noten gegeben. So werden die Schüler aktiviert und der Konkurrenzdruck ausgeschaltet.

Während der Identifizierung von Lernzielen wird festgelegt, was an Kenntnissen, Fähigkeiten und Fertigkeiten am Ende des Lernprozesses bei dem Lernenden vorhanden sein soll. Mit anderen Worten soll nach dem Durchlaufen eines Lernvorgangs bei dem Schüler ein neues Verhalten erkennbar sein. Das pädagogisch gewünschte Endverhalten sollte möglichst überprüfbar sein, damit der Lehr-Lernprozess den vorab definierten Lernerfolg mit sich bringen kann. Der Lehrer ist in offenen Lernformen aber nicht in der Lage, alle Lernschritte der Schüler systematisch zu kontrollieren. Im Zusammenhang mit Gruppenarbeit kann es zudem problematisch sein, individuelle Lernerfolge adäquat auszumachen und zu bewerten. Im Rahmen der Lernzielkontrolle sollen die Lernfortschritte der Schüler aufgezeigt werden. Stärken und Schwächen werden ausgewiesen und letztlich wird auch eine Bewertung des erfolgreichen Unterrichtsgeschehens möglich. Hierfür ist jedoch auch eine Zielformulierung zwingend erforderlich. Abbildung 25 zeigt ein Ablaufschema von Zielsetzungen und Prüfungsebenen für den Unterricht.

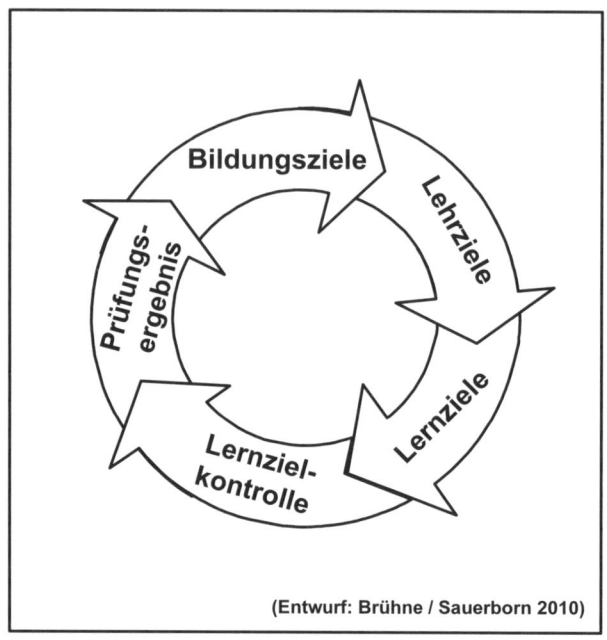

Abbildung 25: Kreislauf der Bildungs- und Prüfungsebenen im Unterricht.

Trotz einiger unterschiedlicher Auffassungen von Abfolge, Bezeichnung oder Hierarchie können auf allen Abstraktionsebenen Lernziele unterschiedliche Bereiche des Lernens betreffen. MAGER (1975, S. 15 ff.) führt hierzu Folgendes an: „Bildung als wünschenswerte menschliche Zuständlichkeit wird in Lehrzielen konkretisiert, die in Prüfungsaufgaben operationalisierbar sind. Die Prüfungsergebnisse beeinflussen als Ausgangslage für weitere Bemühungen die Vorstellungen von möglicher Bildung. Diese verändern die Lehrziele. Lehrziele können aber auch ohne Umweg über die Bildung korrigiert werden, wenn sie noch keine eindeutige Operationalisierung in Aufgaben gestattet haben oder wenn die Ergebnisse zeigen, dass sie zu schwer oder zu leicht waren". Demnach ist die Lernzielkontrolle ein bedeutendes Regulat der Unterrichtskontrolle – auch zum Beispiel für Außenstehende des Lehr- bzw. Lernprozesses wie u.a. die Eltern, die Kollegen und die Schulleitung.

8.2 Leistungsbewertung und Leistungsfeststellung

Die Frage nach der Dokumentation von Lernprozessen und -produkten bzw. der schulischen Leistungsbewertung und -feststellung stellt eine problematische Aufgabe für das außerschulische Lernen dar. Einerseits liegt dem grundsätzlichen Prinzip dieser Lernform eine gewisse Kritik herkömmlicher Leistungsbewertung in der Schule zugrunde. Auf der anderen Seite lassen sich Handlungsprozesse und -produkte nur schwer in einer Klassenarbeit überprüfen. Dennoch bleibt der institutionelle Zwang zu Zensuren oder anderen vergleichbaren Bewertungen der Unterrichtsleistung eines Schülers bestehen. Allgemein kann dieser Problematik Abhilfe verschafft werden, indem sich die Lehrperson grundsätzlich an dem Geleisteten der Schüler vor Ort orientiert. Sinnvoll hierfür erscheinen vor allem vorher festgelegte Kriterien für die Bewertung. Diese können unter Umständen sogar im gegenseitigen Einvernehmen mit den Schülern besprochen werden. Die Bewertung von Handlungsergebnissen auf Basis der Lernzielkriterien erweist sich als weitere Möglichkeit. Auch die Selbsteinschätzung sowie Mitbeurteilung der Schüler stellt eine neue Form angepasster Leistungsbewertung im außerschulischen Lernen dar. Mit dem Lernbegleitbogen und dem Portfolio sind darüber hinaus kreative Ansätze erkennbar, welche allesamt auf ein geändertes schulisches Leistungsverständnis abzielen. WINTER (2010) fordert in diesem Zusammenhang einen Wandel der Lehr- und Lernkultur und argumentiert dies unter Anführung folgender Merkmale:

o   Die Schüler arbeiten insgesamt selbstständiger und erlangen mehr Eigenverantwortung.

o   Lernprozesse samt ihrer Reflexion erhalten eine wachsende Bedeutung.

o   Es besteht die Möglichkeit, verstärkt an komplexen Aufgaben zu arbeiten.

o   Lernen und auch die Bewertungsvorgänge des Lernens werden demokratisiert.

Innerhalb der Didaktik des außerschulischen Lernens existieren bislang noch keine expliziten Vorschläge, um neue Wege einer veränderten Leistungsbewertung zu finden. In den letzten Jahren sind jedoch einige Ansätze zur modernen Leistungsfeststellung innerhalb offener und handlungsorientierter Unterrichtskonzeptionen erkennbar (BOHL 2009; WINTER 2010), welche sich mit der didaktischen Intention des außerschulischen Lernens vereinbaren lassen. Aus diesem Grund wird in Anlehnung an die Literatur zur neuen Leistungsbeurteilung in der Schule ein Vorschlag aus dem Offenen Unterricht (BOHL 2009) modifiziert (vgl. Abbildung 26).

Bewertungsbogen zum außerschulischen Lernort:

Name: Gruppenmitglieder:

Bewertungskriterien	maximale Punkte	erreichte Punkte
Vorbereitung des Lernorts		
Ideen für die Planung	2	
Einholen von Informationen (zum Beispiel Adressen, Flyer und Prospekte)	3	
Mitgestaltung und Vorbereitung von Arbeitsmaterialien (zum Beispiel Arbeitsbögen und -aufträgen)	2	
Mitarbeit am Lernort		
Einbringen in die Gruppe	3	
Kommunikation in der Gruppe	3	
Teilnahme an Diskussionen in der Gruppe	2	
Anzahl der Argumente und Ideen für die Ergebnisse	2	
Sammlung von Informationen vor Ort	3	
Gespräche mit Experten vor Ort	2	
Präsentation und Darstellung		
Sprache und Verständlichkeit (zum Beispiel Lautstärke, Sprechtempo, Wortwahl, freier Vortrag)	3	
Inhaltliche Struktur (zum Beispiel Einleitung, Zusammenfassung und Abschluss)	2	
Fachliche Qualität (zum Beispiel inhaltlicher Umfang)	3	
Sicherung der Informationen		
Gestaltung (zum Beispiel Layout, Grafiken, Ästhetik, Ideen)	4	
Informationsgehalt (zum Beispiel Vielfalt der Informationen)	3	
Fachliche Qualität (zum Beispiel Umfang, Tiefe der Informationen)	3	
Gesamtergebnis	40	
weitere Anmerkungen:		

_____ _____ _____
Note   Datum   Fachlehrer

Abbildung 26: Möglichkeiten der Leistungsbewertung und -feststellung.

Die Unterteilung der Leistungsbewertung in die Sparten Vorbereitung, Prozess-, Präsentations- sowie Produktbewertung in Anlehnung an die Literatur (BOHL 2009) erscheint für das außerschulische Lernen grundsätzlich geeignet und offenbart eine Vielfalt an praktischen Umsetzungsmöglichkeiten. In der Praxis ist es jedoch nicht immer möglich, jeden einzelnen Schüler mit allen Bewertungskriterien zu versorgen, sodass besonders der Aspekt der Präsentationsbewertung durch andere Beurteilungskriterien substituiert werden kann. Eine solche Bewertungskonzeption innerhalb des außerschulischen Lernens sollte auch zuvor mit den Schülern besprochen und teilweise im Vorfeld erprobt werden (zum Beispiel im Rahmen einer einfachen Gruppenarbeit im Klassenraum), damit der Lerngruppe die geplanten Bewertungsformen vor Ort schließlich bekannt und geläufig sind. Durch die zahlreichen denkbaren Kreationen dieses neuen Felds der Leistungsbewertung im außerschulischen Lernen können zuvor festgelegte Kompetenzdimensionen und Erwartungshorizonte jedes einzelnen Schülers individuell erfasst, formuliert und überprüft werden. Daraus resultiert letztlich ein hoher Grad an kompetenzorientierter Binnendifferenzierung – einer Forderung mit zunehmender Bedeutung, welcher im Regelunterricht sonst nur schwer nachzukommen ist.

8.3   Organisation und Logistik

Fragen der Organisation und Logistik haben bei der Vorbereitung, Durchführung und Nachbereitung des außerschulischen Lernens eine besonders große Rolle inne. Hierbei gibt es zunächst Probleme, die ebenfalls in den Lernvoraussetzungen begründet liegen. Neben entstehenden Kosten, die von den Familien getragen werden müssen, spielen auch die Fähigkeit zum freien Lernen und andere soziale Komponenten eine wichtige Rolle.

Ein freies Arbeiten vor Ort ist nur dann möglich, wenn eine gute und präzise Vorbereitung durch den Lehrer erfolgt ist. Diese reicht von der An- und Abreise inklusive logistischen Fragen bis hin zu Fragen zur Verkehrssicherheit, der zeitlichen Planung, des Unterrichtsablaufs, den Inhalten, der didaktischen und pädagogischen Relevanz, den Lernvoraussetzungen der Schüler (insbesondere das Vorwissen der Schüler). Am wichtigsten für den Lehrer ist es, das Ziel zu bestimmen, womit der Untersuchungsraum gemeint ist. Das außerschulische Lernen soll in den Lernkontext passen und allgemeine Lehrziele unterstützen.

Kriterien der räumlichen Zielauswahl sind zum Beispiel:

- o   Die Erreichbarkeit, was vor allem für Schulen in ländlichen Gebieten ein großes Problem darstellen kann, wenn Museen besucht werden, oder aber für Schulen aus Großstädten im Zusammenhang mit Erlebnispfaden in der Natur.

- o   Die Finanzierung, denn durch differente soziale Umfelder können entstehende Kosten ein Problem bei der Planung außerschulischen Lernens darstellen.

- o   Die zeitliche Organisierbarkeit (die vorherrschenden 45-Minuten-Rhythmen und das starre Fachunterrichtprinzip), denn die Möglichkeiten im schulischen Kontext sind begrenzt.

- o   Die thematische und inhaltliche Relevanz bzw. Repräsentanz.

In höheren Klassen der Sekundarstufe ist es möglich, zentrale Teile der Organisation an die Schüler zu übertragen und diese damit gezielt in die Planung und Vorbereitung zu integrieren. Dies kann dazu beitragen, den Grad der Selbstständigkeit der Schüler systematisch zu fördern und wirkt zudem motivationsfördernd bei der Lerngruppe.

8.4 Fächerübergreifende Aspekte

Der Regelunterricht in den traditionellen Schulfächern orientiert sich in erster Linie an den dazugehörigen Fachwissenschaften, woraus eine inhaltliche Einseitigkeit resultieren kann. Außerschulisches Lernen bedeutet in der Regel auch fächerübergreifendes Arbeiten, da die Unterrichtsgegenstände möglichst im erweiterten thematischen Kontext und nicht isoliert betrachtet werden sollen. Viele Lerngegenstände fordern aufgrund ihrer Komplexität regelrecht zu vernetzendes Denken auf. Der Lernende sollte vor Ort unterschiedliche thematische Sichtweisen und Arbeitsformen aufgezeigt bekommen, um auch abstrakte Lerngegenstände später in einen größeren Zusammenhang einbetten zu können. In diesem Zusammenhang kann sich der Schüler von dem Lernen aus Sicht der institutionell vorgegebenen Filterung durch die Schulfächer wieder lösen.

Der Begriff fächerübergreifend soll sich dabei an dem theoretischen Verständnis nach KIRCHBERG (1998) orientieren: KIRCHBERG ist der Überzeugung, dass stets das Einzelfach mit seiner Fachstruktur das fächerübergreifende Vorgehen bestimmen sollte (ebd., S. 5). Davon ausgehend können sich dann Beziehungen zu weiteren Schulfächern oder auch nur eine lockere Kooperation aus dem Einzelfach heraus erschließen, welche vorwiegend inhaltliche und unterrichtsmethodische Zwecke beinhalten. Nach LAUTERBACH (1992) sind verschiedene Formen des fächerübergreifenden Unterrichts auszumachen:

o Fächerübergreifender Unterricht ist Fachunterricht mit gelegentlichen Überschreitungen der Fachgrenzen.

o Fachverbindender Unterricht stellt eine lose, meist zeitliche Verbindung zwischen Inhalten verschiedener Fächer dar.

o Überfachlicher Unterricht strukturiert Fachbeiträge zur Klärung allgemeiner Themen.

o Integrierter Unterricht verknüpft verschiedene Inhalte derart, dass ein neues Ganzes entsteht.

o Projektunterricht ist durch seine methodische Vorgehensweise übergreifend.

Die dargestellten Unterscheidungskriterien stellen den Grad an Interdisziplinarität zwischen den einzelnen Fachstrukturen dar. Der Projektunterricht scheint diese Forderungen aufgreifen zu können und kommt deshalb dem außerschulischen Lernen am ehesten nahe. Fächerübergreifender Unterricht bezieht sich vornehmlich auf alltägliche Lebenssituationen und deren umfassenden Themen und versucht, ihre Komplexität zu erfassen bzw. sichtbar zu machen. Es findet eine Beschränkung des Lernprozesses auf ein bestimmtes Thema statt. Dieses wird mehrperspektivisch im Sinne verschiedener Fächer beleuchtet; jedes Fach trägt mit der eigenen Sichtweise zum Thema bei. So verliert der Unterricht an Eindimensionalität und fachspezifisches Denken wird überwunden. Dies ist ein großer Vorteil, da die Themen durch diese Mehrdimensionalität größeren Realitätsbezug erhalten. Außerdem lernen die Schüler auf diese Weise, dass es keine richtige oder falsche Sichtweise gibt; die Bewertung hängt stets von den Betrachtungsweisen und zu hinterfragenden Situationen ab. Um der Mehrperspektivität sichtbare Bedeutung zu verleihen, kann als Ziel des Unterrichts die Lösung eines komplexen Problems im Vordergrund stehen, welches die verschiedenen Fachaspekte und Sichtweisen miteinander verknüpft.

8.5 Umweltbildung und außerschulisches Lernen

Auch wenn das Arbeiten in und mit der Natur nicht die einzige Möglichkeit des außerschulischen Lernens darstellt, werden Unterrichtsgänge mit umweltrelevanten Fragestellungen in der Regel häufiger damit in Verbindung gebracht.

Umweltbildung hat in der Schule generell das Ziel, den Schülern Umweltbewusstsein und Sensibilität in Bezug auf die Verantwortung für unseren Lebensraum und seine gegenwärtigen sowie zukünftigen Bewohner zu vermitteln. In allen kultusministeriellen Vorgaben der Bundesrepublik Deutschland finden sich heute Hinweise auf die Umweltbildung und -erziehung. Die Umweltbildung in Deutschland stellt kein eigenes Fach, sondern einen integrativen Bestandteil hauptsächlich in Bezug auf naturwissenschaftliche Fächer dar, also in der Biologie, Chemie und Physik – in Bezug auf die wissenschaftliche Fachzuordnung auch in der Geographie. Ihr Anteil lag 1985 bei 78,9 % (vgl. EULEFELD 1985); dieser Wert ist annähernd konstant geblieben. In der heutigen Zeit werden aber auch immer mehr gesellschaftliche Fächer wie Religion, Bildende Kunst, Geschichte und Deutsch dazu aufgefordert, Beiträge für die Vermittlung von Umweltbildung zu liefern, da auch soziokulturell zu betrachtende Aspekte zunehmend wichtiger werden.

Eine konkrete Struktur bei der Zusammenstellung der in Frage kommenden Fächer ist nicht auszumachen. Es wird in den Lehrplänen vielmehr bei einzelnen Inhalten auf andere Fächer verwiesen, die ebenfalls einen Beitrag zur Umweltbildung leisten können. So ergibt sich der Vorteil, dass Umweltbildung in fast jedem Fach angestrebt werden kann. Dadurch, dass die Lehrpläne jedoch zur Umweltbildung nicht konkret auf ein Fach beschränkt sind, führt dies oft zu einer unzureichenden inhaltlichen Gestaltung, was die praktische Umsetzung beeinträchtigen kann (ebd.).

Im Mittelpunkt didaktischer Konzeptionen zur Umweltbildung steht, dass diese durch den engen Bezug auf die Erfahrungswelt der Schüler als Ziel eine Bewusstseinsschaffung für Umweltfragen erwirken und diese zu selbstständigen Situationsveränderungen herausfordern. Um eine Struktur für die Festlegung der entscheidenden Lebenssituationen von Kindern zu finden, können folgende Kriterien angesetzt werden, denn die Situationen müssen:

- für die Schüler gegenwärtig oder in naher Zukunft relevant sein,

- reale Situationen sein, die in den jeweiligen subkulturellen Milieus vorkommen,

- im Rahmen pädagogischer Aktionen beeinflussbar sein, um aufzuzeigen, dass es möglich ist, Einfluss auf eine Lage zu nehmen (vgl. EULEFELD 1985).

Es zeigt sich, dass nur ein Zusammenspiel von Situationsbezug und Handlungsorientierung einen Lernprozess gestaltbar macht. Eigene Betroffenheit kann nur dann erlebt werden, wenn sie aus der eigenen Lebenssituation entspringt oder eng mit ihr korrespondiert. So ergibt sich die Möglichkeit, Auswirkungen des eigenen Handelns zu erproben und zu erfahren. Da Umweltbildung in verschiedenen Fächern thematisiert werden kann, macht der integrative Ansatz des fächerübergreifenden Lernens Sinn; die Perspektiven aus verschiedenen Fächern sind insgesamt notwendig. Der Schüler realisiert, dass die Umwelt alle Bereiche und Situationen seines Lebens beeinflusst; ein Alltagsweltbezug ist somit gegeben. Es werden zudem die Wechselbeziehungen zwischen den einzelnen Aspekten und die Entstehung neuer Einflussfaktoren aufgezeigt. Im Sinne des kritischen Umgangs mit der Wissenschaft zeigt sich: Forschungsergebnisse und Aussagen verschiedener Disziplinen können sich ergänzen – aber auch ausschließen. Es muss der Eindruck vermieden werden, dass es für jede Situation eindeutige wissenschaftliche Handlungsweisen gibt. Der Schüler erlangt ein Verständnis für menschliche Fehlhandlungen und wird angehalten, eigene Ansichten und Ideen einzubeziehen und sich nicht durch scheinbar unwiderlegbare wissenschaftliche Feststellungen bzw. mühsames Arbeiten zur Verbesserung der Umwelt abschrecken zu lassen.

Außerschulische Lernorte sind für die Gestaltung und Nutzung von Umwelt wichtig, da ein bloßes verbales Vermitteln und Analysieren von Fakten nicht ausreicht, um eine Bereitschaft und Erkenntnis zum aktiven problemorientierten Handeln zu erwirken. Bei den außerschulischen Lernorten zur Umweltbildung lassen sich ganz allgemein zwei Kategorien unterscheiden:

- Traditionelle Lernorte: Aufgaben aus der naturwissenschaftlichen Umwelterziehung (zum Beispiel Zoos, botanische und andere Gärten bzw. Parks, Aquarien, Wildgehege, Naturkundemuseen usw.).

- Innovative Lernorte: Verwirklichung und Problematisierung aktueller Umweltaspekte – naturwissenschaftliche, sozialwissenschaftliche, sprachliche und künstlerische Gesichtspunkte (zum Beispiel Umweltzentren, ökologische Stationen, Freilandlabore und Jugendherbergen usw.).

Der Übergang zwischen den beiden Formen außerschulischer Lernorte ist fließend. Prinzipiell wird bei der Ausweisung außerschulischer Lernorte im Kontext der Umweltbildung auf folgende Kriterien geachtet:

Der außerschulische Lernort ist …

- … in einem landschaftlich attraktiven Gebiet gelegen.

- … bietet eine angemessene Ausstattung und ermöglicht so notwendige Arbeitsformen.

- … auf pädagogische Belange ausgerichtet.

- … kooperativ mit Schulen und anderen außerschulischen Einrichtungen.

Die folgende Übersicht (vgl. Abbildung 27) zeigt, welche Arten der Handlungsorientierung an diesen außerschulischen Lernorten geleistet werden sollen.

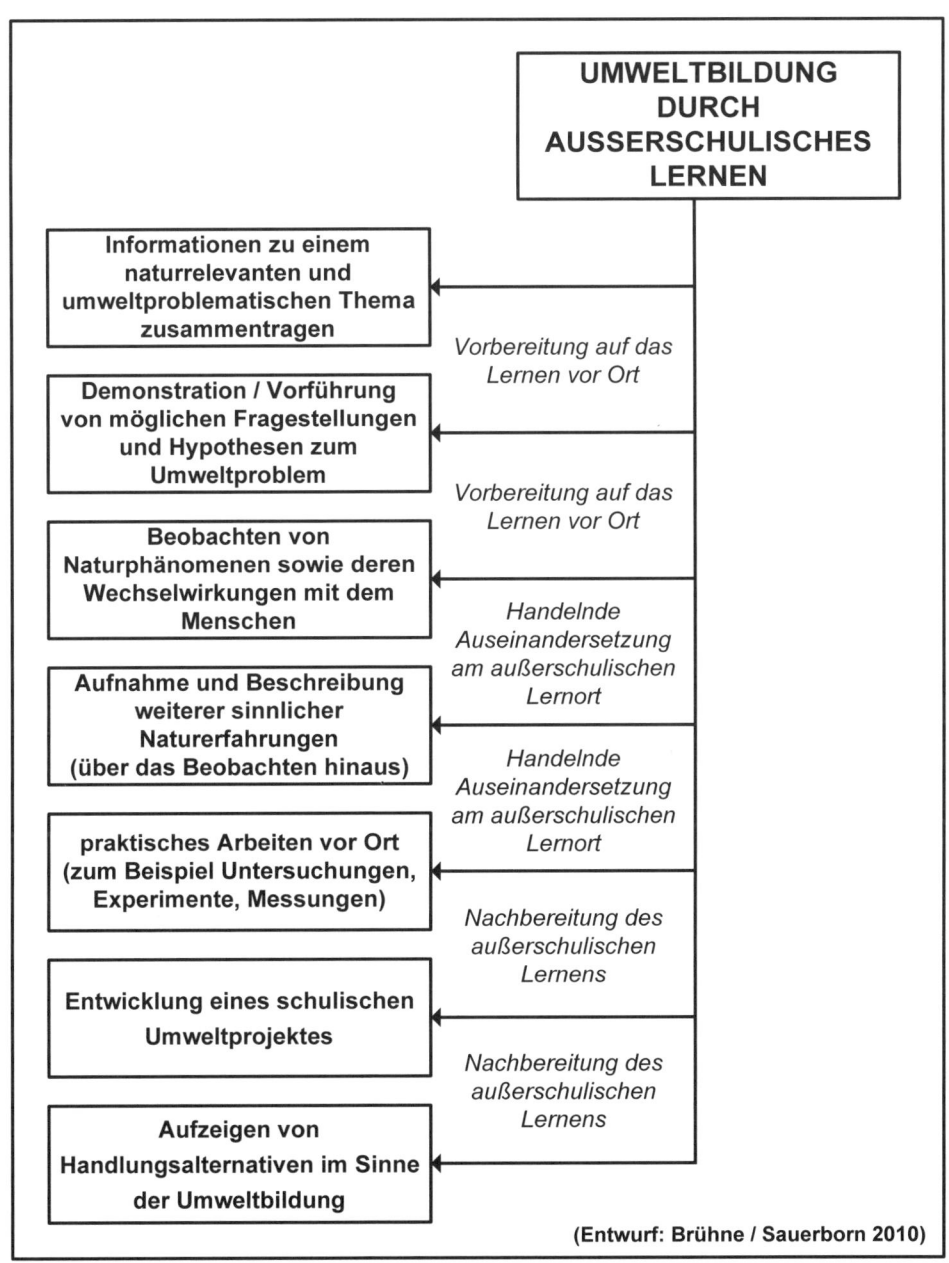

Abbildung 27: Handlungsorientierung und Umweltbildung durch außerschulisches Lernen.

Es bleibt kritisch anzumerken: Die langfristige kollektive Arbeit an einem langfristig angestrebten Umweltprojekt ist schwer realisierbar, da die dafür notwendige Kooperationen zwischen dem besuchten außerschulischen Lernort bzw. der außerschulischen Institution und der Schule problematisch sein kann. Kooperationsmöglichkeiten im Sinne eines schulischen Netzwerkes für außerschulische Umweltarbeit sind dennoch für einige ortsnahe Lernorte interessant.

8.6 Missbrauch von Freiräumen

Ein weiterer Nachteil des außerschulischen Lernens liegt in den durch die Lernstruktur erschaffenen Freiräumen. Dabei droht ein Missbrauch dieser durch die Schüler, die sich durch die Offenheit der Konzeption des außerschulischen Lernens ergeben können. Die Schüler müssen das neue Unterrichtskonzept erst annehmen und den disziplinierten Umgang mit dieser Öffnung des Unterrichts verstehen lernen. Vorher gemeinsam erarbeitete und festgelegte Regeln für den Umgang mit der neuen Lernsituation stellen die Schüler bereits auf das Neue ein und fördern zudem das Interesse an dem Lerngegenstand. Mit der Zeit vollzieht sich eine regelrechte Gewöhnungsphase im Umgang mit der veränderten außerschulischen Lernumgebung und die Probleme reduzieren sich schrittweise.

8.7 Erschwernisse beim Aufsuchen des außerschulischen Lernorts

Die vorangegangenen Aussagen bezüglich der Erschwernisse können durch eine empirische Erhebung verdeutlicht werden. Auch wenn die Ergebnisse (vgl. Abbildung 28) aus dem Jahr 2008 aufgrund der geringen erhobenen Daten nur als bedingt repräsentativ gelten können, so dienen sie dennoch als Orientierung für die zuvor angeführten Problematiken des außerschulischen Lernens. Eine Anzahl von 398 Lehrpersonen sollte mögliche Erschwernisse bei der Durchführung von außerschulischem Lernen nennen. Folgende Ergebnisse wurden ermittelt:

Rang	Erschwernis	Prozentwert* (N = 398)
1	Finanzielle Aufwendungen	61,1
2	Zeitdruck aufgrund des Lehrplans bzw. Curriculums	41,3
3	Entfernung zum Lernort / Distanzüberwindung	32,1
4	Didaktisch-methodische Vorbereitung	24,9
	*Mehrfachnennung möglich (Quelle: Eigene Erhebung 2008)	

Abbildung 28: Erschwernisse für das außerschulische Lernen.

Die Ergebnisse liefern mögliche Hinweise darauf, woraus die größten Problematiken innerhalb des außerschulischen Lernens resultieren können. Sicherlich wussten viele der befragten Probanden nicht, wie diese benannten Erschwernisse innerhalb des außerschulischen Lernortes zu minimieren sind. Die weiteren Ausführungen sowie der in Kapitel 11 dargestellte Praxisbezug legen Möglichkeiten offen, einerseits Kosten und Distanzen zu überwinden sowie andererseits dem institutionellen Lehrplandruck durch effektive Integration von Themen bezüglich des außerschulischen Lernorts gerecht zu werden.

8.8 Fazit

Unter Umständen können die Fülle des Lernstoffs, Lehrplanzwänge, Rechts- und Verwaltungsvorschriften sowie generelle Skepsis bei Kollegen und Eltern kontraproduktiv wirken und das außerschulische Lernen damit erschweren. Dennoch ist zusammenhängend festzustellen, dass sich die Nachteile während des außerschulischen Lernens in der Regel nicht direkt herauskristallisieren.

Der Wissensstand nach einer Frontalunterrichtsreihe kann durch eine Klassenarbeit, einen Test oder eine mündliche Prüfung schnell abgefragt werden; beim außerschulischen Lernen hingegen ist er gegebenenfalls erschwert zu beurteilen. Doch der individuelle Lernfortschritt ist beim außerschulischen Lernen – wenn auch nicht mit traditionellen Methoden abzufragen – um ein gewaltiges Maß höher einzustufen, denn der Schüler hat sich handelnd mit dem Lernort auseinander gesetzt und sich seine Erlebnisse selbst erschlossen.

Bei der Untersuchung der positiven und negativen Aspekte des außerschulischen Lernens ist erkennbar, dass die positiven Auswirkungen die negativen Eigenschaften, wie zum Beispiel hoher Zeitaufwand, anfallende Kosten und die Leistungsbewertung, überwiegen. Ein außerschulischer Besuch vor Ort steigert die Motivation zum schulischen Lernen. Durch die Anschaulichkeit wird der Lernstoff greifbarer und insgesamt auch begreifbarer für den Schüler. Somit ist jeglicher Mehr-Aufwand eines Ausfluges gerechtfertigt. Abschließend soll eine Tabelle (vgl. Abbildung 29) beispielhafte Vor- und Nachteile vergleichend gegenüberstellen.

PRO	KONTRA
o handlungsorientierter Umgang mit mehrperspektivischen Bildungsinhalten	o logistischer und organisatorischer Mehraufwand
o freies und selbst gesteuertes Lernen	o erschwerte Leistungsbewertung
o Alltags- und Lebensweltorientierung	o generelle Gefahren (zum Beispiel Verletzungen, Regelverstöße)
o neue Inhalte, Medien und Methoden werden erschlossen	o veränderte Lernzielkontrolle
o Freiräume der Schüler	o Missbrauch der Freiräume
o Erfahrung von komplexen Zusammenhängen, erfahrbare Ausschnitte der Realität	o Skepsis bei Eltern und Kollegium
o Eigenverantwortliches Handeln	o gegebenenfalls Lehrplanvorgabe
o mehrdimensionale Sinneswahrnehmung	o gegebenenfalls erhöhter finanzieller Aufwand
o gesellschaftliche und kulturelle Teilhabe	o Disziplin und Klassengröße
o das Bild der Schule in der Öffentlichkeit wird verbessert	o die Öffentlichkeit wertet außerschulisches Lernen als reine Spaßveranstaltung ab

Abbildung 29: Beispielhafte Pro- und Kontra-Argumente zum außerschulischen Lernen.

9 Klassifikation von außerschulischen Lernorten

Außerschulisches Lernen und handlungsorientierter Unterricht an außerschulischen Lernorten bieten den Schülern – im Kontrast zum alltäglichen Regelunterricht im Klassenzimmer – die Möglichkeit zur fragenden und forschenden Erschließung der Wirklichkeit. Ebenso wie die meisten didaktischen Modelle setzt auch die Idee des handelnden Aneignens von Wissen an der Basis der subjektiven Erfahrungswelt des Schülers an. Dabei wird von den bereits vorhandenen Vorerfahrungen der Schülerschaft ausgegangen, um aufbauend an außerschulischen Lernorten neue Erfahrungen zu sammeln und zu vertiefen. In der Literatur werden die dafür in Frage kommenden Lernorte unterschiedlich klassifiziert. STOCK (1988) gliedert die Lernorte wie folgt: Lernorte in der Natur, Bauwerke, Betriebe, Behörden, Soziale und kommunale Einrichtungen und Museen. MITZLAFF (2004) unterscheidet nach Lernorten in der Natur, Lernorten in Arbeits- und Produktionsstätten, Öffentliche Einrichtungen und technische Bauwerke. DÜHLMEIER (2010) führt ein sogenanntes Mischmodell an. Außerschulische Lernorte lassen sich auf Basis der existierenden Überlegungen in der Literatur in vier zentrale Elemente gliedern (vgl. Abbildung 30).

Die Natur (belebt und unbelebt)	Die Kulturwelt	Orte und Stätten der menschlichen Begegnung	Die Arbeits- und Produktionswelt

Abbildung 30: Klassifikation der außerschulischen Lernorte.

In der heutigen (von Massenmedien beeinflussten und veränderten) Zeit sind viele dieser daraus resultierenden Lernorte systematisch in den Hintergrund der Wahrnehmung von Kindern und Jugendlichen geraten; so zum Beispiel Elemente aus der Naturwelt (Heiden, Wälder, Flüsse) sowie auch kulturhistorische Objekte (Kirchen, Museen, öffentliche Gebäude) der ortsnahen Kulturwelt. So ist es nicht selten, dass selbst der Besuch in einem kleineren Zoo von den Schülern als langweilig beschrieben wird, da die erwarteten Erlebnisse ausbleiben. Bei näherer Betrachtung des Begriffs Erlebnis wird jedoch Folgendes deutlich: Ein Erlebnis beschreibt einen inneren, mentalen Vorgang, bei dem aufgrund von Wahrnehmung mögliches Vorwissen und erlebbare Stimmung subjektiv zu einem Eindruck verarbeitet werden. Bringt man diese Aussage schließlich in ein pädagogisches Verständnis, so liegt der Bezug zum außerschulischen Lernen im Wald (Naturwelt) oder einer Kirche (Kulturwelt) sehr nahe. Die Natur in das Klassenzimmer zu bringen, ist jedoch nur begrenzt möglich, sodass ein echter und vitaler Naturbezug beim schulischen Lernen nur unter Berücksichtigung von außerschulischen Lernorten ermöglicht werden kann. Als die „einzigen Brücken zur Natur oder mindestens zu sekundären Naturstätten" (HEDIGER 1977, S. 45) sind zum Beispiel zoologische und botanische Gärten unverzichtbar für die Erziehung und Bildung der Schüler. Vergnügungs- oder Freizeitparks als Alternative hingegen können den erlebnispädagogischen Forderungen in keiner Weise nachkommen. Somit bedarf es der Konzeption von modernen (zeitgemäßen) außerschulischen Lernorten, welche einerseits die erlebnispädagogischen Erwartungen der Schüler anspricht und anderseits den lebensnahen Bezug zur Natur und Kulturwelt, zu den Orten und Stätten der menschlichen Begegnung sowie zur Arbeits- und Produktionswelt wieder systematisch herstellen können.

9.1 Die Natur

Der außerschulische oder erlebnispädagogische Lernort ist ein pädagogisch ausgesuchter Lernort, an dem Erlebnisse und damit einhergehende Erfahrungen und Erkenntnisse angeboten werden, welche den Menschen ganzheitlich in seinem emotionalen, sozialen, psychomotorischen und kognitiven Bereich ansprechen und durch welche dieser sich auf all diesen Ebenen weiterentwickeln kann (BERTHOLD & ZIEGENSPECK 2002). Besonders die Natur kann dieser erlebnispädagogischen Forderung innerhalb des außerschulischen Lernens gerecht werden und trägt maßgeblich zum umweltgerechten Wahrnehmen, Wissen und Handeln bei.

Das Begriffsverständnis von Natur pflegt eine lange und kaum überschaubare Tradition (SIEFERLE 1998, S. 100 ff.). Aus naturwissenschaftlicher Sicht bezieht sich der Begriff allgemein sowohl auf Objekte in der Natur (zum Beispiel Steine, Pflanzen, Tiere und Mensch) als auch auf Ereignisse aus der Natur (zum Beispiel Wind, Niederschlag oder eine Naturkatastrophe). Dieses umfassende Verständnis von Natur beinhaltet insgesamt Lerngegenstände der belebten und unbelebten Natur. Als unbelebte Natur deklariert man nicht-lebende Objekte der Natur (zum Beispiel Sterne, Mond, Steine, Wasser, Luft und Rohstoffe (Metalle). Die belebte Natur betrachtet hingegen alle Lebewesen auf der Erde (zum Beispiel Pflanzen, Tiere und Einzeller). Die Natur nimmt innerhalb der außerschulischen Lernorte eine traditionelle Form des Lernens an. Schon vor einem halben Jahrhundert fanden Teile des Unterrichts in der unmittelbaren Naturumgebung der Schule statt. In der Schule des 21. Jahrhunderts kommt der Lernumgebung Natur ein geringer Stellenwert zu. Die belebte und unbelebte Natur ist hinsichtlich des außerschulischen Lernens durch eine relativ offene Lernstruktur gekennzeichnet. Im Großen und Ganzen lassen sich auch hier die einzelnen daraus resultierenden Lernorte nach offener und gebundener Struktur gliedern. Offene Lernsituationen entwickeln sich dabei aus ihrer selbsttätigen und entdeckenden Strukturierung, wie dies beispielsweise an einem Fluss oder in einer Schlucht geschehen kann (BIRKENHAUER 1995, S. 10 ff.).

Außerschulische Lernorte im Bereich der Natur können zum Beispiel sein:

- der Wald
- ein Bach oder Fluss
- Seen, Ufer, Auen und Biotope
- ein Steinbruch oder Felsen
- ein Feld, Acker oder eine Grünfläche

- o   geomorphologische Besonderheiten (Vulkane, Karst usw.)

- o   Wetterstationen

- o   …

9.2 Die Kulturwelt

Kultur wird generell als die Gesamtheit aller menschlichen Erzeugnisse und Leistungen deklariert. In jeder Epoche dokumentieren Objekte dieser Welt die Errungenschaften sowie Ausschnitte aus der Vergangenheit der Menschheit. Auch die Sprache sowie überlieferte Erkenntnisse und Weisheiten bilden wichtige Puzzleteile für den Kulturbegriff. Durch die Begegnung mit der Kulturwelt wird den Schülern ein wichtiges Element von Bildung näher gebracht: die kulturelle Teilhabe.

Innerhalb der Kulturwelt treten besonders solche außerschulischen Lernorte in Erscheinung, welche im Vergleich zur Natur durch eine gebundene Lernstruktur gekennzeichnet sind. Lernorte mit gebundener Struktur, wie zum Beispiel Museen und Lehrpfade, treten insgesamt passiv und belehrend in Erscheinung und weisen Parallelen zur Exkursionsdidaktik auf. Die durch Institutionen teilweise modern aufgearbeitete Kulturwelt offeriert jedoch die Frage, ob sich die eine oder andere gebundene Kulturstätte in Richtung einer offenen Struktur verschieben lässt, was BIRKENHAUER wiederum als Konstruktion einer Art Matrix bezeichnet (1995, S. 11). Gerade moderne Museen, welche heutzutage sehr unter bildungstheoretischem Legitimationsdruck stehen, wie beispielsweise das Schokoladenmuseum in Köln oder das Haus der Geschichte in Bonn (vgl. hierzu auch SCHÄFER 2006), bieten den Erkundern aufgrund ihrer modernen Konzeption viele Möglichkeiten für eine handlungsorientierte Auseinandersetzung mit den ausgestellten Exponaten. Moderne Konzeptionen in den Museen, welche sich mehr und mehr an museumspädagogischen (WESCHENFELDER & ZACHARIAS 1992) und museumspsychologischen Erkenntnissen (SCHUSTER & AMELN-HAFFKE 2006) orientieren, sowie ein erweitertes Medienverständnis für den Menschen tragen ein Stück weit zu dieser Verschiebung in die offene Lernstruktur bei. „Dies wird deutlich bei Kindern und Jugendlichen nicht nur durch Schauen, Betrachten oder stilles Verharren erreicht, sondern durch aktive Erschließung der Museumsinhalte und Schaffung von Möglichkeiten eines entdeckenden Lernens" (KERSTING 2000, S.3). Die gebundene Kulturstätte verliert somit ihren passiven, belehrenden Charakter und verschiebt sich in Richtung offener Differenzierung „durch eine Art selbstbestimmter Identifikation mit dem Kulturort" (WESCHENFELDER & ZACHARIAS 1992, S. 7).

„Heute zeigen viele Museen Konzeptionen, die eindeutig auf handlungsorientiertes Lernen für die Zielgruppe der Kinder und Jugendlichen ausgerichtet sind" (KERSTING 2000, S. 4). Wie KERSTING (ebd., S. 3) orientieren sich die Verfasser dabei an den internationalen Erhebungen der UNESCO und klassifizieren botanische und zoologische Gärten sowie Aquarien ebenfalls zum Gesamtkomplex der Museen und damit zur Kulturwelt. In vielen Praxiserprobungen konnten Studierende sowie Schüler unterschiedlicher Klassen feststellen, dass die eine oder andere Kulturstätte zwar thematisch gebunden sein kann eine kreative didaktisch-methodische Aufarbeitung jedoch Freiräume einräumt und deshalb zu einem offenen Lerncharakter beitragen kann. Viele Museen bieten neuerdings auch angeschlossene museumspädagogische Dienste, Arbeits- und Spielräume für die Schüler sowie selbstständige Handlungs- und Forschungsmöglichkeiten, sodass sich die Lernenden die angebotenen Lerninhalte selbstständig erschließen können. Dadurch erfahren die Schüler einen hohen Erlebnisbezug zur Kulturwelt, finden eigene Lernwege und können diese sogar direkt anwenden (ebd.). Auch das Themenfeld der Erneuerbaren Energien kann zur Kulturwelt gezählt werden. Die Gewinnung von Energie ist eine Errungenschaft der Menschen und damit grundsätzlich ein kulturelles Gut. Die methodischen Überlegungen außerschulischer Lernorte prädestinieren sich sozusagen für das Beispiel Erneuerbarer Energien samt übergeordneter Theorie der dezentralen Energieversorgung. Die originale Begegnung mit dem Objekt fördert die Neugierde und das Fragenwollen der Schüler. So bietet zum Beispiel die Windkraftanlage oder die Photovoltaik-Anlage auf dem Dach einer schulischen oder außerschulischen Einrichtung (z.B. nahe gelegene Stadtwerke) interessante Möglichkeiten für außerschulische Begegnungsformen. Vor Ort kann hier insbesondere exemplarisch der Gedanke einer zukünftigen dezentral-regionalen Energieversorgung aus natürlicher Umgebungsenergie veranschaulicht werden. Die Schüler erhalten Einblick in die Bereiche der Energiegewinnung und -verteilung sowie dem Energiegebrauch unmittelbar vor Ort.

Beispielhafte außerschulische Lernorte der Kulturwelt sind unter anderem:

- Museen
- Kirchen, Dome und Münster
- historische Bauten wie Schlösser und Burgen
- Friedhöfe
- öffentliche Einrichtungen und Bauten
- zoologische und botanische Gärten
- Aquarien
- Marktplätze und Denkmäler
- Windkraft- oder Solaranlagen
- …

9.3 Orte und Stätten der menschlichen Begegnung

Orte und Stätten der menschlichen Begegnung sind zwar eng mit der Kulturwelt in Verbindung zu bringen, doch unterscheiden sich diese Lernorte in einem wesentlichen Aspekt. In einer Kirche oder dem Museum als Teil der Kulturwelt begegnet der Mensch in erster Linie dem Objekt oder ausgestellten Exponat aus der Kulturwelt. Die Menschen können zwar untereinander kommunizieren, besitzen in der Regel aber die Absicht, das eigentliche Objekt oder den Ort als Objekt von Kultur zu besichtigen. Es sind jedoch in erster Linie die Begegnungen mit den Menschen, die zur Förderung der sozial-kommunikativen Kompetenzen beitragen. Solche Begegnungsstätten sind im Gegensatz zu der Kulturwelt all jene Räume, wo sich Menschen unterschiedlicher Gruppierung gemeinsam einfinden und die Intention verfolgen, sich gegenseitig auszutauschen, gemeinsam zu kommunizieren oder handeln zu können. Zwar kann auch hier das Objekt oder eine Sache Mittelpunkt der Thematisierung werden, jedoch stehen in erster Linie die organisierte Begegnung mit dem Mensch sowie die gemeinsame Handlung bestimmend im Vordergrund. Die Schüler können bei dieser Form des außerschulischen Lernens mehrere Sinne gleichzeitig auf sich einwirken lassen. Stätten der menschlichen Begegnung gehen weit über die visuelle Wahrnehmung (zum Beispiel in Form der Beobachtung oder Beschreibung in einem Museum) hinaus und fördern insbesondere die räumliche Wahrnehmung. Die Kinder können unmittelbar als ein Teil der Situation in die Handlung eingreifen und ihr Erleben aktiv mitgestalten, wie dies zum Beispiel bei einer organisierten Veranstaltung oder Demonstration der Fall ist.

Orte und Stätten der menschlichen Begegnungen sind relativ breit gefächert. So reichen sie von Demonstrationen über Fachmessen und Tagungen bis hin zu Spezialveranstaltungen des Sports. Ein Besuch von (Lern-)Orten und Stätten der menschlichen Begegnung ist teilweise schwierig zu realisieren, da mitunter aufgrund der dort zusammenkommenden Menschenmassen ein gewisses Risiko im Hinblick auf die Aufsichtspflicht nicht ausgeschlossen werden kann. Eine Problematik ergibt sich besonders daraus, die Aufsichtspflicht zu bewahren. Diese Sparte der Lernorts kann in ihrer Lernstruktur nach offen und gebunden unterteilt werden. Bieten Fachmessen eine sehr spezielle Vorgabe des Lerngegenstands und sind damit eher gebundener Struktur, so ermöglichen Demonstrationen oder öffentliche Versammlungen ein weitaus offeneres Lernangebot.

Beispiele für Orte und Stätten der menschlichen Begegnung sind:

- o   Messen
- o   Tagungen (von Verbänden, Parteien, Interessengruppen)
- o   Veranstaltungen und Events (Jubiläum, Freiluftkonzert)
- o   Demonstrationen
- o   Initiativen und Bürgerversammlungen
- o   Stadtparks
- o   …

9.4   Die Arbeits- und Produktionswelt

Als letzter Bereich der außerschulischen Lernorte kann die Arbeits- und Produktionswelt angeführt werden, welche zahlreiche Auswahlmöglichkeiten von außerschulischen Lernorten bietet. Besonders Betriebserkundungen als zentrale Makromethode innerhalb dieses Bereichs bilden die Grundlage für praxiskonforme Lernsituationen. Das außerschulische Lernen in der Arbeits- und Produktionswelt ermöglicht schwerpunktmäßig die Vermittlung ausgewählter ökonomischer Lerngegenstände. Bestimmte Wirtschaftszweige und Betriebsarten, regionale Wirtschaftsschwerpunkte oder spezielle Produktfamilien samt ihrer Herstellung können hier eigenständig entdeckt und erkundet werden. Die Arbeits- und Produktionswelt eignet sich für das außerschulische Lernen in erster Linie in höheren Jahrgängen, speziell um Abschlussjahrgänge mit ihrer späteren beruflichen Praxis zu konfrontieren. Der erste Kontakt zur Arbeitswelt zwischen einem Betrieb und der Schule kann darüber hinaus zu einer beständigen Kooperation führen, von denen später beide Seiten profitieren (in Form von Praktika, Ferienjobs oder Ausbildungsplätzen). In jüngeren Klassen können Fragen der Arbeitsteilung in der Gesellschaft oder allgemeine Themen mit Arbeitsweltbezug angesprochen werden. Unter methodischen Gesichtspunkten lässt sich das außerschulische Lernen der Arbeits- und Produktionswelt in zwei unterschiedliche Arten differenzieren: die Betriebserkundung und Betriebsbesichtigung.

Die außerschulische Arbeitsmethode Betriebserkundung ist deutlich von einer Betriebsbesichtigung abzugrenzen. Die Betriebserkundung ermöglicht eine unmittelbare Begegnung mit der Realität, welche vor allem durch das Tätig werden der Schüler - im Gegensatz zur Beobachtung bei der Betriebsbesichtigung - gekennzeichnet ist. Grundsätzlich gibt es bei der Betriebserkundung drei unterschiedliche Vorgehensweisen für die Umsetzung. Bei der Gesamterkundung erkundet die ganze Klasse den Betrieb. Hier eignen sich in erster Linie Betriebe oder auch kleinere mittelständische Unternehmen. Bei der Bereichserkundung hingegen teilt sich die Klasse auf und jede Gruppe erforscht einen bestimmten Bereich innerhalb eines Betriebes oder Unternehmens. Bei dieser Form können durchaus größere Unternehmen der Arbeits- und Produktionswelt in Betracht gezogen werden. Die gemeinsame Nachbereitung führt dann die einzelnen Erlebnisse der Gruppen zusammen, um auch hier die arbeitsteilig gewonnenen Lernergebnisse systematisch zum ganzheitlichen Inhalt zusammenzuführen. Bei der Aspekt-Erkundung als letzte zu nennende Art kann die Erkundung unter verschiedenen inhaltlichen Schwerpunkten vollzogen werden (zum Beispiel technologische Inhalte oder ausgewählte betriebswirtschaftliche Elemente). Bei allen Arten der Betriebserkundung sollte der Planungsdreischritt (vgl. Kapitel 10) stets berücksichtigt werden.

Reine Betriebsbesichtigungen, die „im Rahmen der ökonomischen Bildung eine lange Tradition haben" (KAISER & KAMINSKI 1999, S. 295) unterscheiden sich von der Betriebserkundung in methodischer Hinsicht: Bei der reinen Besichtigung eilen die Schüler oftmals in einer großen Gruppe durch die Produktionsstätte und erhalten im Anschluss einen Vortrag oder spezielle Informationen zum gerade besichtigten Sachverhalt. Zwar wird den reinen Besichtigungen die fehlende Handlung und hohe Informationsflut vorgeworfen, doch lassen sich bestimmte Verfahren und Prozesse aus der Industrie schon aus Sicherheitsgründen kaum auf andere Art und Weise vermitteln. Bei der Betriebserkundung besteht der große Vorteil, dass sich die Schüler der Betriebswirklichkeit auf Basis selbst entwickelter und zielgerichteter Arbeitsaufträge annähern, was bei der Besichtigung oftmals ausbleibt. Oftmals bietet sich eine Kombination aus Betriebsbesichtigung und -erkundung an, um die möglichen Problematiken wie Informationsflut und unsystematische Lernstruktur (ebd., S. 296) zu minimieren und die Lernumgebung für den Schüler attraktiver zu gestalten.

Das außerschulische Lernen in der Arbeits- und Produktionswelt ermöglicht die Integration weiterer mikromethodischer Vorgehensweisen. Besonders die Befragung und das Interview dienen als „ein wesentliches Element der Informationsbeschaffung" (ebd., S. 305). Oftmals steht den Schülern während der Betriebsbesichtigung oder -erkundung ein Experte zur Verfügung, weshalb eine Befragung nahe liegt. In der Literatur sind zwar diese Methoden teilweise als eigenständige Varianten der Unterrichts angeführt; im Kontext des außerschulischen Lernens erscheint eine Integration doch erheblich näher, da das Erkunden (Handeln) über die reine Informationsbeschaffung hinaus wachsen soll. Bei Interviews oder Expertenbefragungen sind die Systematisierung der Fragen sowie gegebenenfalls die Einübung spezieller Fragetechniken in der Vorbereitung unumgänglich. Eine Orientierung für die Vorgehensweise bei einem Interview findet sich in Kapitel 7.1.3.

Eine gute Betriebserkundung ermöglicht den Schülern das Lernen auf Basis mehrerer Kompetenzbereiche. Zum einen soll die Sachkompetenz erweitert werden, indem das erkundete Wissen aus einem Betrieb in Form von Fakten, Begriffen und Definitionen sowie die generellen betrieblichen Zusammenhänge erkannt und beurteilt werden. Aber auch die Kompetenzbereiche des Sozialen und Kommunikativen durch Argumentieren und Diskutieren mit Experten vor Ort können erweitert werden. Letztlich wird die Methoden- und Planungskompetenz durch das eigenständige Planen, Nachschlagen und Organisieren während des Ablaufs der Betriebserkundung angestrebt. Auch das sogenannte Service Learning spielt in diesem Zusammenhang eine wichtige Rolle.

Außerschulische Lernorte der Arbeits- und Produktionswelt sind beispielsweise:

- Betriebe
- Unternehmen
- Konzerne
- Industriestätten
- Dienstleistungssparten
- Vertriebs- und Logistikzentren
- Bauernhöfe
- Medienzentren (Zeitungen, Verlage, Lokalsender)
- …

10 Der methodische Dreischritt des außerschulischen Lernens

Die bereits angedeuteten Phasen der unterrichtlichen Unternehmung (vgl. Kapitel 7.3.3) sollen im Folgenden nun durch den sogenannten Planungsdreischritt für das außerschulische Lernen modifiziert werden. Auch wenn der Planungsdreischritt zunächst banal erscheinen mag, so erweisen sich mehrstufige Phasenabläufe (vier oder fünf Phasen des außerschulischen Lernprozesses) in der Didaktik des außerschulischen Lernens als unvorteilhaft, da diese selten zeitlich realisierbar, zu schwierig in Bezug auf die praktische Umsetzbarkeit sind und damit den Lernprozess gefährden können. Die didaktisch-methodische Aufbereitung eines außerschulischen Lernortes sollte sich stets an dem methodischen Dreischritt bzw. dem Planungsdreischritt (vgl. Abbildung 31) orientieren. Dieser gliedert sich in Anlehnung an BURK & CLAUSSEN (1980) in die klassischen drei folgenden Bereiche.

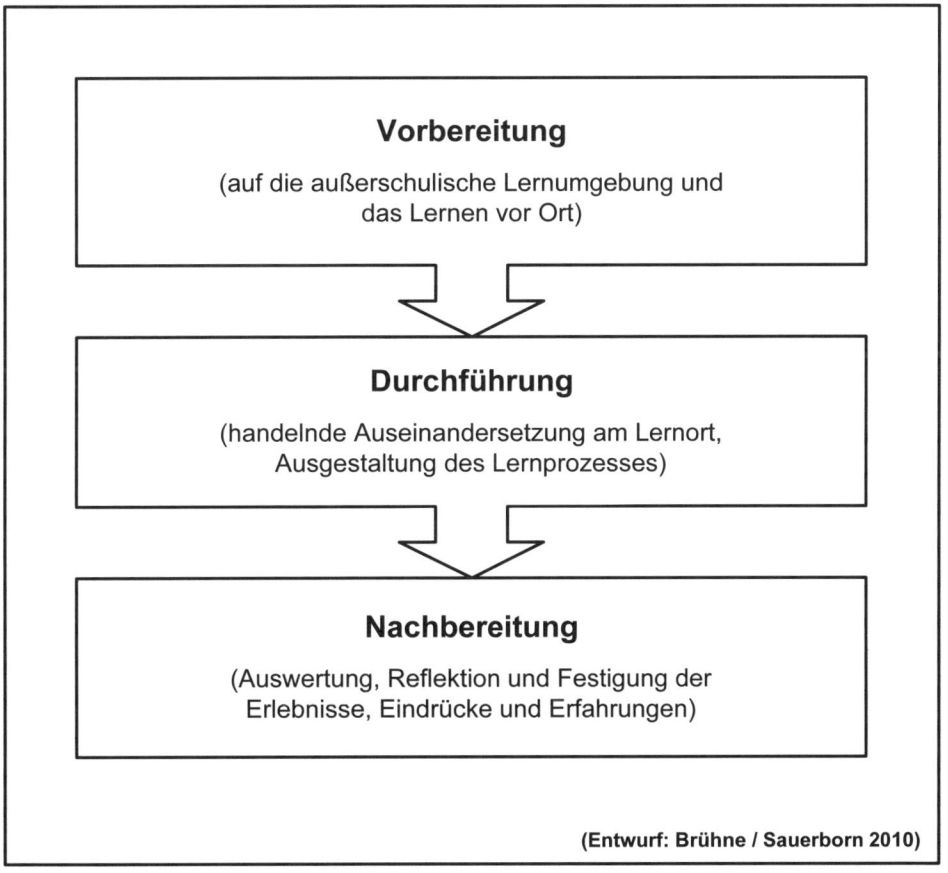

Abbildung 31: Der methodische Dreischritt zur Didaktik des außerschulischen Lernens.

10.1 Die Phase der Vorbereitung

Die Vorbereitungsphase berücksichtigt verschiedene Aspekte des Lernens vor Ort und beschränkt sich in erster Linie auf den Klassenraum. Zum einen geht es um die Entscheidung von organisatorischen Abläufen (Ort, Termin, Zeit, Logistik, Einwilligung durch den Schulleiter oder die Eltern und rechtliche Besonderheiten), zum anderen geht es um die vorpädagogische Sachstrukturanalyse. Mit Hilfe von Informationsmaterialien zum Lernort, möglichen Ansprechpartnern vor Ort oder gegebenenfalls auch Vorexkursionen kann sich die Lehrperson kundig machen und das Thema didaktisch vorbereiten. Sofern der außerschulische Lernort eine Führung durch eine Kontaktperson erfordert, erscheint die Abstimmung mit den Interessen der Schüler sowie der geplanten Lernziele als vordergründig. Besonders schwierig kann dies sein, wenn die Kontaktperson nur geringe pädagogische Qualifikationen oder Erfahrungen hat. Die Planung logistischer Besonderheiten, wie zum Beispiel eine detaillierte Klärung der Hin- und Rückwege, sind mindestens genauso wichtig wie die damit einhergehende Zeit- oder Ablaufplanung. Das Hinzuziehen einer Begleitperson (Eltern, Studenten, Referendare usw.) erweist sich gerade bei längeren oder aufwendigeren Lernorten als eine sinnvolle Lösung dieses Problems, um als Verantwortungsperson stets die Kontrolle über die Lerngruppe behalten zu können. Gerade bei außerschulischen Lernorten im Freien sollte geprüft werden, ob sich ein Rückzugsraum in der Nähe befindet, für den Fall ungünstiger Wetterbedingungen.

Die didaktisch-methodische Vorüberlegung, an deren Beginn die Ermittlung des Vorwissens oder der Vorerfahrungen der Schüler stehen sollte, erfolgt am besten anhand von freien Vorgesprächen oder der Erfassung der Schülervorstellungen zu einer verwandten Thematik. Diese können zum Beispiel in einem Brainstorming ermittelt werden. Der Lehrer strukturiert die Ergebnisse und bündelt diese in seine didaktische Analyse zum außerschulischen Lernort. Die Schüler hingegen freunden sich dadurch schrittweise mit den bevorstehenden Ereignissen an und stimmen ihre Erwartungen an den Sachverhalt sowie deren Originalbegegnung ab. In den meisten Fällen besitzen die Schüler bereits erste Vorerfahrungen, lückenhaftes oder fehlerhaftes Wissen zu einem Thema. Aus der Kombination von Vorerfahrungen, Vorüberlegungen und der im Laufe der Vorbereitungsphase hinzukommenden Informationen kristallisieren sich allmählich erste konkrete Handlungs- und Lernziele heraus. Bei heterogener Schülerverteilung ermöglicht die Vorbereitungsphase darüber hinaus spezielle Differenzierungsüberlegungen im Hinblick auf die Umsetzung der angestrebten Lern- und Kompetenzziele.

Je nach Typ des außerschulischen Lernorts sollten die Schüler im Vorfeld benötigtes Material möglichst selbst erarbeiten, um die reale Begegnung in ihrer Lernwirksamkeit weiter zu steigern. So können Fragen auf Karteikarten oder vertiefendes Anschauungsmaterial entscheidende Vorteile für die gezielte Wahrnehmung der Lernumgebung darstellen. Nicht nur das schriftliche Notieren von Eindrücken und Erlebnissen sollte geplant werden, oftmals bietet sich die Auseinandersetzung mit modernen Aufnahmemedien wie Fotoapparat, Diktiergerät oder Camcorder an. Zur weiteren Einstimmung auf das außerschulische Lernen vor Ort können den Schülern auch durch Medien erste aufbereitete Informationen (Filme oder Plakate) zugeführt werden, welche jedoch in keiner Weise als Ersatz für die originale Begegnung zu betrachten sind. Eine ähnliche Intention haben auch Simulationsspiele (wie Rollen- oder Planspiele, vgl. Kapitel 7.2.4), in denen die Schüler im Vorfeld des Unterrichtsgangs analoge Problemstellungen oder das Hineinversetzen einüben. Ein Planspiel ist besonders dann eine geeignete Unterrichtsmethode, wenn es darum geht, abstrakte menschliche Planungen und Entscheidungen schülergerecht zu vermitteln. Die Überprüfung von Planungsentscheidungen, das Herausarbeiten vielfältiger

Handlungszielvorgaben sowie das spätere Nachvollziehen des Lösungswegs tangieren gleichzeitig mehrere Lernziele und Kompetenzanforderungen.

Die erzieherische Komponente im Vorfeld der Planung ist zudem zu berücksichtigen. Die Schüler sollten wichtige Verhaltensregeln und eindeutige Abmachungen am Ort des Geschehens kennen, akzeptieren und nachvollziehen lernen. Auch Sicherheitshinweise sollten mit der Klasse besprochen werden, um Unfälle oder Verletzungen auszuschließen. Das Internetportal vom Bundesverband der Unfall-Klassen bietet zahlreiche Grundsätze, Sicherheitsratschläge sowie umfangreiche Regelwerke für das außerschulische Lernen. In Frage kommende Hinweise können im Vorfeld durch die Lehrperson gesichtet werden. Bei besonders schwierigen und undisziplinierten Klassen sollten den Schülern mögliche Verbote oder Konsequenzen bekannt sein. Verhaltensregeln für den jeweiligen Lernort sind ein unumgängliches Element der Vorbereitung, können aber auch mit den Schülern oder durch die Schüler selbst erarbeitet werden.

Als planerisches Element für die Phase der Vorbereitung des außerschulischen Lernens hat sich in der Praxis die sogenannte Standort- und Routenplanung bewähren können. Die Standort- und Routenplanung orientiert sich dabei an den theoretischen Grundlagen der Exkursionsdidaktik und wurde durch Praxiserprobungen systematisch an die Didaktik des außerschulischen Lernens angepasst. Die beschreibenden Exkursionen sind oftmals nach streng ausgewählten Standorten für den Exkursionsverlauf gegliedert, um dadurch die Informationsfülle inhaltlich und zeitlich strukturieren zu können. Die Standort- und Routenplanung vereint nun die nach Standorten gegliederte Route bzw. Abfolge des Lernens mit bekannten Elementen aus der Unterrichtsplanung, um dadurch ein Planungsraster für das außerschulische Lernen zu erzeugen. Dabei spielen die Auswahl der unterrichtsplanerischen Elemente Sozial- und Aktionsform sowie Mikromethode eine besondere Rolle, um eine handelnde Auseinandersetzung mit dem Lernort zu konzipieren. Abbildung 32 zeigt die Standort- und Routenplanung als zentrales Planungselement der Vorbereitungsphase.

> **Standort- und Routenplanung zum außerschulischen Lernort**
>
> Thema des außerschulischen Lernens:
>
> Intention / Zielsetzung des außerschulischen Lernens:
>
> Vorgesehener Zeitrahmen:
>
> Vorgesehene Route bzw. Standortabfolge:
>
> Standort 1:
>
> > Ausgewählte Lerninhalte:
> >
> > Formulierte Feinziele:
> >
> > Angestrebte Kompetenzbereiche: (z.B. Kommunikation, Räumliche Orientierung)
> >
> > Ausgewählte Sozialform: (z.B. Partnerarbeit)
> >
> > Ausgewählte Aktionsform: (z.B. darbietend, erarbeitend, entdeckend)
> >
> > Eingesetzte Mikromethoden: (z.B. kartieren, befragen, beschreiben)
> >
> > Ergebnissammlung und -sicherung: (z.B. Kartierungsbogen, Fragebogen)
>
> Standort 2:
>
> > Lerninhalte:
> >
> > ...
>
> (Entwurf: Brühne / Sauerborn 2010)

Abbildung 32: Standort- und Routenplanung für das außerschulische Lernen.

10.2 Die Phase der Durchführung

Sind alle Schritte der Vorbereitungsphase vollzogen, steht die Begegnung mit dem außerschulischen Lernort an. Innerhalb der Begegnungsform lassen sich drei Arten unterscheiden (in Anlehnung an BURK & CLAUSSEN 1980).

(1) Die punktuelle Begegnung

(2) Die intensive Begegnung

(3) Die projektorientierte Begegnung

(1) Bei der punktuellen Begegnung handelt es sich um einen einmaligen bzw. isolierten Kontakt mit dem außerschulischen Lernort. Die Besonderheit liegt darin, dass die Schüler keine weitere Begegnung mit demselben Lernort innerhalb ihres weiteren Schulunterrichts erhalten werden. Dies hat zur Folge, dass die Lern- und Kompetenzziele nicht zu umfangreich und abstrakt ange-

setzt werden sollten. Die einmalige Begegnung mit dem Lernort stellt die gängigste Methode im außerschulischen Lernen dar, da die starren Unterrichtsstunden und -rhythmen sowie der Fachunterricht mitunter intensivere oder mehrmalige Begegnungsformen nicht erlauben. Die Vorbereitung auf das Lernen vor Ort fällt bei diesem Typ in Relation zu den anderen Kontaktformen etwas geringer aus. Diese Form mag jedoch nicht weniger Effektivität oder Intensivierung im Hinblick auf das Lernen oder die Motivation der Schüler bedeuten, sondern spiegelt lediglich den Grad der Begegnung mit dem außerschulischen Lernort wider. Um die Informationsflut in diesem kurzen Zeitrahmen nicht unnötig zu erhöhen, sollte die thematische Auswahl und Reduktion vorher intensiv analysiert werden. Die isolierte Kontaktform des außerschulischen Lernens präferiert in erster Linie eine offene Lernstruktur sowie das freie, geringfügig systematisierte Lernen; strukturiertes Lernen sowie gebundener Lernort sind aber ebenfalls denkbar, erfordern jedoch eine klare Schwierigkeitsanalyse samt didaktisch begründeter Akzentuierung des Lerngegenstands.

(2) Eine weitere Kontaktart im außerschulischen Lernen stellt die intensive Begegnung mit dem außerschulischen Lernort dar, der eine ausführlichere Vorbereitung vorangegangen sein muss. In diesem Fall wird dem Lernort entweder zeitlich länger oder ein weiteres Mal begegnet, um enge Fragestellungen oder spezifizierte Problemstellungen aufarbeiten zu können. Bei dieser Begegnungsform sind auch methodeninterne Integrationen sinnvoll, um das Lernen mit möglichst vielen Sinnen anzustreben. Die Schüler erarbeiten sich durch die Methodenvielfalt am Lernort dabei ihre Lernergebnisse weitestgehend selbst, die Lehrperson fungiert nur als Team- und Organisationsleiter. Im Unterrichtsalltag besteht meist nur selten die Möglichkeit einer intensiven Begegnung, da oftmals organisatorische und logistische Vorkehrungen einen engen Realisationsrahmen abstecken.

(3) Die dritte Möglichkeit, die projektorientierte Begegnung, bezeichnet die mehrmalige Kontaktaufnahme mit einem oder verschiedenen thematisch ähnlichen Lernorten innerhalb einer kurzen Zeitspanne. Schulinterne Projekte, die Projektwoche oder besondere fächerübergreifende Anliegen dienen als Grundlage für diesen Typ der Begegnung. Hier bieten sich besonders komplexe sowie thematisch gebundene Formen des Lernens an, da genügend Spielraum für eine systematische Vorgehensweise und Vermittlung der unterschiedlichen Lerninhalte besteht.

Bei allen Begegnungsformen des außerschulischen Lernens sollte stets die handelnde Auseinandersetzung mit dem Lernort im Vordergrund der Durchführung stehen. Für die Primarstufe eignen sich hier zum Beispiel besonders kurze Befragungen mit eigens vorbereiteten Fragen, das Skizzieren von vorab definierten Räumen, das Sammeln von Objekten aus dem Lernort oder das Fotografieren. In Klassen der Sekundarstufe gewinnt eine weitaus spezifischere methodische Vorgehensweise wie zum Beispiel die Expertenbefragung mit systematischer Betriebserkundung an Bedeutung.

Generell gilt bei der didaktisch-methodischen Gestaltung des außerschulischen Lernens die Prämisse der Methodenvielfalt. Mit dem Offenen Unterricht, der Freiarbeit, dem entdeckenden Lernen, dem Stationen-Lernen, dem erfahrungsbezogenen Unterricht, den Interviews und Kartierungen (um an dieser Stelle nur einige zu benennen) verfügt der Lehrer heute über genügend Bausteine hinsichtlich der angestrebten didaktisch-methodischen Tragweite für die Begegnung mit dem außerschulischen Lernort. Die handelnde Auseinandersetzung mit einem Sachverhalt geht mit der Verknüpfung unterschiedlicher Verarbeitungsprozeduren im Gehirn einher, welche insgesamt ein nachhaltigeres Lernen bedingt (AEBLI 1980 und 1982, SPITZER 2002). Besonders die Benutzung verschiedener Wahrnehmungskanäle wie Hören, Sehen, Fühlen ermöglicht ein ganzheitliches und langfristiges Lernen. Die Reduzierung des kopflastigen kognitiven Lernens durch eigenes Entdecken, Gestalten, Erfinden steigert nicht nur die Motivation und Konzentration bei den Lernenden, sondern leistet zudem noch einen erheblichen Beitrag zum kreativen Lernen. Nur so kann der Mensch sich in dem Maße bilden, „was immer schon in ihm ist" (LENZEN 1999, S. 184).

10.3 Die Phase der Nachbereitung

In der Nachbereitung oder Auswertungsphase geht es darum, die erlebte, erfahrene, beobachtete und damit sinnlich erfassbare oder kommunizierbare Realität durch ein abschließendes Aufgreifen im Unterricht zu rekonstruieren. Ziel dieser Phase ist vor allem, dass die Schüler Erlebtes reflektieren und neu gewonnenes Wissen in ihren bisherigen Erfahrungsstand einordnen. Der Sinn und Zweck des Besuches eines außerschulischen Lernortes sollte spätestens in dieser Phase für jeden Schüler erkennbar sein. Fragen, die sich nach dem Besuch des Lernortes stellen, sollten nach Möglichkeit mit der ganzen Klasse diskutiert werden. Je nach Durchführungstyp der Begegnung kann dies im Klassenzimmer oder am Lernort selbst geschehen. Auf diese Weise fördert man die Aneignung und die Wissensspeicherung des Gelernten. Da sich jeder Schüler aktiv und handelnd mit dem Lernort beschäftigt hat, sind sogar Überleitungen zu komplexeren thematischen Unterrichtsabläufen ein mögliches nachfolgendes Element des außerschulischen Lernens. In einer Nachbereitung im Klassenzimmer fällt den Schülern vermutlich eine Auseinandersetzung mit komplexeren verwandten Themen leichter, da sie bereits im Besitz ihrer eigenen kognitiven Wanderung durch den Lernort sind. Unabhängig davon, ob die Begegnung mit dem Lernort am Anfang, in der Mitte oder am Ende einer Unterrichtsreihe ansteht, sind die Schüler stets in der Lage, diesen Besuch mit den jeweiligen Themen zu verknüpfen, da sie aktiv an ihm teilnehmen durften. Die handelnde Auseinandersetzung der Schüler mit dem gewählten außerschulischen Lernort ermöglicht es, „die Effizienz eines Unterrichts auf das Vier- bis Fünffache zu erhöhen, das heißt einen – dazu noch qualitativ besseren Lerneffekt in einem Bruchteil der Zeit erzielen" (VESTER 1999, S.178).

Wie bei der Methodenvielfalt innerhalb der jeweiligen Begegnungsformen in der Phase der Durchführung existiert hier eine regelrechte Bandbreite an methodischen Möglichkeiten. Generell verspüren die Schüler den Drang, das von ihnen erarbeitete Ergebnis über den Klassenraum hinaus zu präsentieren. Dabei stellen Ausstellungen im Schulgebäude und spezielle Elternnachmittage eine besondere Form der Selbstentfaltung der Schüler dar. Durch große Plakate und Wandzeitungen können die Schüler ihre Auseinandersetzung mit dem Lernort nachskizzieren und tragen damit zugleich der Lernzielüberprüfung und Ergebnissicherung innerhalb des außerschulischen Lernens Rechnung. Eine andere Form stellen die Nachbildung des Lernorts in Modellform, eine kommentierte Fotoreise oder gar ein durch die Klasse erstelltes, eigenes Lerntagebuch dar. Auch die grafische und plastische Nachbildung in Form von Bildern oder Gegenständen sowie das Unterrichtsgespräch und die Projektmappe können ansatzweise auf die Methodenvielfalt für die Nachbereitungsphase hindeuten.

11 Beispiele von außerschulischen Lernorten

Nachdem die theoretischen Aspekte des außerschulischen Lernens umfangreich dargelegt worden sind, sollen ausgewählte Beispiele als Anregungen für die praktische Umsetzung des außerschulischen Lernens dienen. Dabei repräsentiert jedes Beispiel die zuvor beschriebene Klassifikation der außerschulischen Lernorte.

11.1 Der Wald als Lernort der Natur

> *„Glaube mir, denn ich habe es erfahren,*
> *Du wirst mehr in den Wäldern finden als in den Büchern.*
> *Bäume und Steine werden Dich lehren,*
> *was Du von keinem Lehrmeister hörst".*
>
> Bernhard von Clairvaux (1090 - 1153)

Der Wald ist gleichzeitig Lebensraum für Tiere und Pflanzen sowie Erholungsort und Arbeitsplatz für die Menschen. Das Ökosystem Wald ist auf seine einzelnen Elemente angewiesen und von diesen abhängig, womit der Bezug zu ganzheitlichem Lernen sehr nahe liegt. Gefährdet ist der Wald heute durch negative Umwelteinflüsse wie Luftverschmutzung, unüberlegtes Abholzen sowie der großflächigen Brandgefahr bei extremer Trockenheit. Durch Ruhestörungen und Randbebauung kann der Mensch den Lebensraum des Waldes verändern und eingrenzen. Schnell wird ersichtlich, welche unterschiedlichen thematischen Ansätze der Wald als außerschulischer Lernort offenbart.

Den Wald als Lebensraum zu erforschen und handelnd zu erleben, ist für die meisten Kinder heute etwas Besonderes, weil sie die freie Natur oftmals nur aus der Sekundärerfahrung (Medien) kennen. Ein Großteil der Schüler lebt heute in Städten (oftmals fernab der Natur) und die Schule besitzt deshalb eine besondere Aufgabe, den Schülern den Wald und die Natur näher zu bringen. In der Theorie kann man zwar Baum, Tier und Pilzarten behandeln, doch die originale Begegnung mit diesen steigert die Motivation und das Eigenengagement der Kinder vehement. Der große Vorteil des Waldes als außerschulischer Lernort der belebten und unbelebten Natur ist die eindrucksvolle Naturerfahrung, besonders im ländlichen Raum. In der Stadt bieten sich städtische Waldabschnitte oder benachbarte Waldstücke für die Erkundung an. Der Wald als außerschulischer Lernort schafft Zugang zur Natur und erlaubt den Kindern einen Einblick in die Welt der Tiere und Pflanzen; die Begegnung zwischen Mensch und Natur steht hierbei im Vordergrund der pädagogischen Intention.

11.1.1 Vorbereitung

Logistisch betrachtet stellt die Lernumgebung Wald zunächst keine besonders große Herausforderung dar. In ländlichen Gebieten bietet sich eine Wanderung zum einem der Schule nahe liegenden Waldstück an, in der Stadt dienen Grüngürtel und Stadtwälder der Möglichkeit einer zumindest exemplarischen Originalbegegnung. Diese müssen unter Umständen mit öffentlichen

Verkehrsmitteln erreicht werden, teilweise bietet sich deshalb auch gleich eine etwas weitere Fahrt zu größeren Waldstücken in Vororte oder an Stadtränder an. Je nach Größe sollte der Wald in jedem Fall vorher von der Lehrperson erkundet werden. Gerade bei Natur- und Umweltexperimenten oder umfangreichen methodischen Vorhaben sind geeignete Standorte nicht zufällig zu finden. Die nachfolgende Checkliste (vgl. Abbildung 33) fasst die wesentlichen planerischen Elemente zusammen:

Checkliste für das außerschulische Lernen im Wald

- Vorexkursion möglich?
- Rücksprache mit dem Förster oder der örtlichen Behörde
- Eltern und Schulleitung informieren
- Notfallkoffer
- Handy
- Toilettenbesuch einplanen
- wetterfeste Kleidung
- Arbeitsmaterialien
- Fotoapparat
- Sitzunterlagen
- Frühstück
- Den Wald als Ökosystem behandeln!

→ *Eindeutige Regeln sind von großer Bedeutung!*

Abbildung 33: Checkliste für das außerschulische Lernen im Wald.

Für die Erstellung der Regeln kann es hilfreich sein, spezifische Verhaltenserfordernisse vorher mit der Klasse zu besprechen und diese sogar schriftlich festzuhalten (zum Beispiel durch Plakatieren in der Klasse). Der Wald als Lebensraum darf nicht durch den Menschen gestört werden, weshalb ein besonderes Maß an Rücksichtnahme von den Schülern verlangt wird. Es dürfen beispielsweise keine Pflanzen abgerissen oder Kleintiere des Waldes gequält werden. Die Schüler sollten sich bei ihrer Erkundung auch nicht weiter als in dem vorher genau definierten Radius bewegen, um lange Suchaktionen und weitere Gefahren zu vermeiden.

11.1.2 Durchführung

Die Natur ist durch vielfältige Entdeckungs- und Erfahrungsräume gekennzeichnet und fordert vornehmlich das Lernen mit verschiedenen Wahrnehmungskanälen. In den 1980er Jahren erregte eine amerikanische Naturforscherin namens CORNELL (1999) die pädagogische Aufmerksamkeit, als sie das Konzept des Flow Learning nach Europa brachte. Das Flow Learning besteht aus verschiedenen Schritten, die das Interesse der Kinder an der Natur in besonderem Maße steigern sollen:

(1) Neugierde und Begeisterung wecken (Schüler lassen sich auf die Naturerfahrung ein).

(2) Die konzentrierte Wahrnehmung schärfen, denn diese...

(3) ...führt zur genauen Beobachtung.

(4) Über die Erlebnisreflexion und Erfahrungsteilung gelangt der Schüler zur individuellen Wissenserschließung.

In Anlehnung an das naturpädagogische Konzept von CORNELL (1999) bieten außerschulische Lernorte im Bereich der Natur ergänzende Komponenten für das ganzheitliche Lernen. Die angestrebte sinnliche Naturerfahrung nach CORNELL (1999) geht hier vor allem mit zusätzlichen Naturerfahrungen in Form von praktischem, projektorientiertem Arbeiten sowie der selbstständigen Erkundung ganzheitlicher Hintergründe und Inhalte einher. Als ein übergeordnetes Ziel im Lernkonzept des Waldes als außerschulischer Lernort steht darüber hinaus die Erziehung zu umweltgerechtem Verhalten. Diese Zielsetzung kann hier durch die reale Begegnungsform anschauliche erläutert werden, sodass die Schüler die Notwendigkeit zu umweltgerechten Handlungen nachvollziehen können.

Die pädagogische Sachstrukturanalyse richtet sich bekanntermaßen nach dem ausgewählten thematischen Schwerpunkt. Hauptmerkmal des Waldes sind seine Bäume, die den Rahmen für die Lebensgemeinschaft von eingebundenen weiteren Elementen der Flora und Fauna bilden. Bei dem Thema Bäume bietet sich zum Beispiel die Thematisierung des Stockwerkbaus an, welche generell Baumschicht, Strauchschicht, Krautschicht und Moosschicht unterscheidet. Besonders begehrt sind Kartierungen und Zeichnungen des Stockwerkbaus vor Ort. Aber auch die Bodenuntersuchung stellt eine lohnenswerte Unterrichtsmaßnahme dar. Hier werden verschiedene Bodenarten oder -typen untersucht, Bodenprofile aufgenommen und Fragen der Bodenfruchtbarkeit angesprochen. Darüber hinaus bieten sich die Spurensuche und Beobachtung von Tieren an. Hier könnte die Nahrungskette im Wald erarbeitet werden oder das angepasste Verhalten der Tiere an ihr Ökosystem. Die nachfolgende Grafik (vgl. Abbildung 34) gibt einen beispielhaften Einblick in die reichhaltige Lernwelt des Waldes:

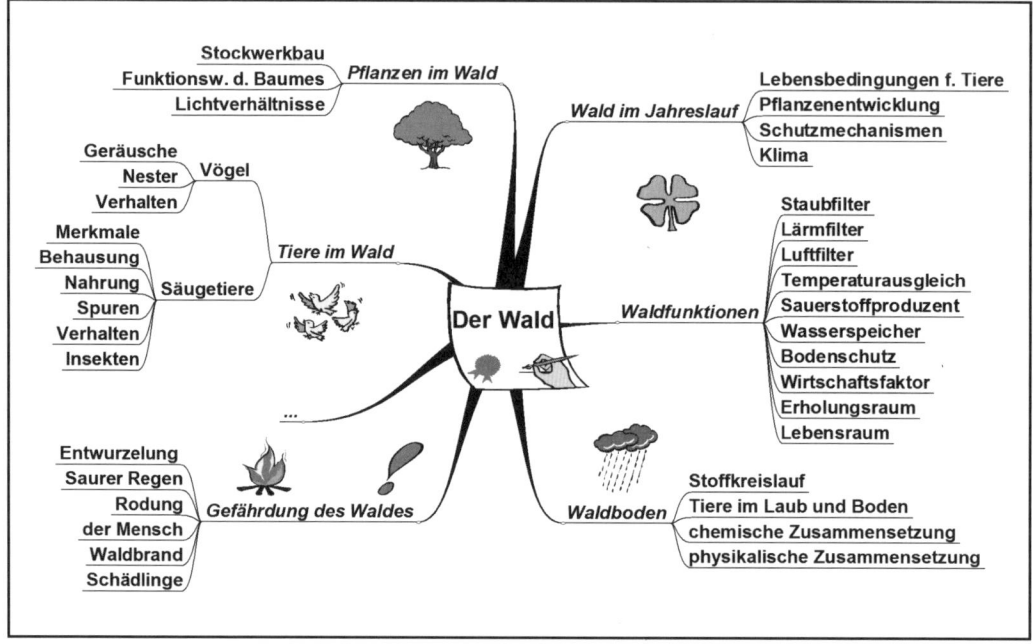

Abbildung 34: Themenkarte für den Wald als außerschulischen Lernort.

Ausgewählte Lernziele und Kompetenzdimensionen für den Wald als außerschulischen Lernort
Im Folgenden werden, in Anlehnung an die Didaktik des außerschulischen Lernens, mögliche Lernziele und ausgewählte Kompetenzdimensionen vorgestellt.

Die Schüler…

- … können den Wald als eigenen geschlossenen ökologischen Lebensraum beschreiben und diesen von ihrem individuellen Lebensraum abgrenzen.

- … erfahren die Komplexität von Abläufen in der Natur.

- … analysieren einzelne Elemente der Natur und erlangen zu der Erkenntnis, dass es sich stets um einander aufbauende Einzelstrukturen eines Gesamtökosystem handelt.

- … können im Sinne der Umweltbildung oder -erziehung naturgerechte und umweltgerechte Verhaltensweisen beschreiben und nachahmen.

- … können von dem Wald als ökologischen Lebensraum auch auf weitere ökologische Lebensräume, wie zum Beispiel das Meer oder die Luft, schließen.

- … können Elemente der Natur aus einer topographischen Karte herauslesen und beginnen sich, räumlich zu orientieren.

- … erweitern ihre Einstellung zur Natur und können diese neu definieren.

- ... können einzelne Tier- und Pflanzenarten bestimmen und analysieren.

- ... entwickeln Interesse am Lebensraum Wald und beschäftigen sich auch außerhalb der Schule mit Fragen der Natur.

- ... kennen spezifische experimentelle Untersuchungen vor Ort und können diese anwenden.

- ... können mit Feldgeräten vor Ort (Lupe, Mikroskop, mobile Wasser- & Bodenlabore) umgehen.

<u>Methodische Anregung:</u>
Nicht zu unterschätzen sind auch die sozialen Fähigkeiten des Schülers, was sich in der Wahl der Arbeitsform niederschlägt. Generell sollte deshalb auf soziale Unterschiede eingegangen werden und diese in das methodische Konzept einfließen. Das außerschulische Lernen im Wald profitiert von der Partner- und Gruppenarbeit, die zum Beispiel in Form eines Lernzirkels oder dem Stationen-Lernen durchgeführt werden. So stellt das Waldspiel als ein mögliches Stationen-Lernen vor Ort (vgl. Abbildung 35) eine besondere Möglichkeit des Lernens mit allen Sinnen dar und eignet sich zudem für unterschiedliche Jahrgangsstufen.

Station 1:	Zwischen Schule und Wald läufst du über unterschiedliche Böden. Was fällt dir auf? Formuliere mögliche Eigenschaften für deine Eindrücke.
Station 2:	Schließe deine Augen und Ohren. Bewege dich jetzt langsam. Was spürst und hörst du unter deinen Füßen?
Station 3:	Fühle den Waldboden mit deinen Händen. Was kannst du auf dem Boden alles ertasten?
Station 4:	Suche dir einen Baum und ertaste die Rinde des Baumes. Welche Merkmale kannst du ertasten?
Station 5:	Suche ein paar Dinge mit unterschiedlichem Geruch. Jetzt soll ein Klassenkamerad mit verbundenen Augen diese Dinge anhand des Geruchs erraten.
Station 6:	Suche dir einen ruhigen Platz im Wald und verhalte dich leise. Achte auf die Geräusche und beschreibe deine Wahrnehmungen.
Station 7:	Nimm herumliegendes Material aus dem Wald mit in die Schule. Erstelle ein Plakat rund um das Fundstück und deine Erlebnisse.

Abbildung 35: Methodische Anregung für den Wald als außerschulischen Lernort.

11.1.3 Nachbereitung

Schüler erwarten an außerschulischen Lernorten wie dem Wald keinen herkömmlichen, alltäglichen Unterricht. Sie möchten vielmehr ...

- o ... ein Gemeinschaftserlebnis mit den Klassenkameraden, was zum Beispiel durch gemeinsame Beobachtung oder Kartierung von Tieren und Pflanzen entstehen kann.

- o ... Fragen stellen, die auf neuen Erfahrungen und Erlebnissen mit der Natur beruhen.

- o ... selbstständig den Lernort durch selbstorganisiertes Lernen erleben und erkunden und eigene planerische Elemente kreieren (fachspezifische Methodenkompetenzen).

Schüler haben grundsätzlich große Freude daran, ihr Vorwissen in den Unterrichtsverlauf zu integrieren. Bei den meisten Themen zum außerschulischen Lernort des Waldes besteht grundsätzlich diese Möglichkeit und die Schüler erlangen auf dem Weg eine Verdichtung von bisherigen Erfahrungen mit Erlebnissen zur ihrer individuellen Wissensaneignung. Der Lebensraum Wald wird die Schüler ganz allgemein auch über den Unterricht hinaus beschäftigen, sodass ein Bewusstsein für die Umwelt bzw. für den Umwelt- und Naturschutz entstehen kann. Dies könnte zu einem allgemeinen Interesse an der individuell-umgebenden Umwelt führen. Weitere Themen im Anschluss an den Wald wären ein Vergleich zu den Lebensräumen Stadt, Wasser oder der Luft. Die Nachbereitung im Klassenzimmer könnte durch eine Ausstellung von gesammelten Gegenständen aus dem Wald vollzogen werden. Die Kinder würden hierbei das erlernte Wissen anhand einer Aufbereitung ihrer Sammlung widerspiegeln. Auch eine Fotodokumentation oder das Aufzeichnen von Tier- und Vogelgeräuschen bieten eine Möglichkeit der Selbstrepräsentation im Kontext des zuvor Wahrgenommenen.

11.2 Der Marktplatz als Lerngegenstand der Kulturwelt

Marktplätze gelten schon seit jeher als lebhafte Handels- und Versammlungszentren für die Menschen und stellen hinsichtlich der Kulturwelt einen zentralen Anlaufpunkt dar. In der Vergangenheit nutzten die Menschen den Marktplatz in erster Linie für den Handel – Käufer und Verkäufer trafen hier aufeinander und gingen ihren unterschiedlichen Handelsinteressen nach. Im Mittelalter trug diese Art des Handels auf den frei zugänglichen Geländen innerhalb einer Ortschaft wesentlich zum Aufschwung des Städtewesens bei. Im Zeitalter der Stadtbildung dienten die Marktplätze mehr und mehr als zentrale Orte der Versammlung, sodass viele geschichtliche Ereignisse auf diese Plätze zurückgehen.

Die meisten Marktplätze werden heutzutage seltener für den Handel genutzt, besitzen jedoch in der Regel klare Persistenz-Spuren, welche die gesellschaftliche Entwicklung anschaulich repräsentieren. So bieten beispielsweise Denkmäler, Rathäuser, Kirchen, Tore und Mauern in unmittelbarer Nähe des Marktplatzes die Möglichkeit, die Vergangenheit ein Stück weit lebendig werden zu lassen. Historisch betrachtet reichen Marktplätze in Deutschland bis in das 10. Jahrhundert zurück und zeigen zahlreiche Möglichkeiten für das außerschulische Lernen auf. Besonders fächerübergreifende Anliegen der Fächer Geographie, Wirtschaftslehre, Geschichte, Bildende Kunst und Religion bieten sich bei den Marktplätzen als außerschulische Lernorte an.

11.2.1 Vorbereitung

Nahezu jedes größere Dorf besitzt einen zentralen Platz, welcher in der Vergangenheit als Marktplatz genutzt wurde. In der Stadt sind Marktplätze in der Regel imposanter und meist durch angrenzende historische Bebauungen und/oder öffentliche Einrichtungen in direkter Nähe gekennzeichnet. Wird ein Marktplatz als solcher noch für den Handel genutzt, so bietet sich ein Unterrichtsgang am Tage des stattfindenden Wochen- oder Tagesmarktes an, sofern dieser auf einen Schultag fällt. Dadurch können die Schüler einen Einblick in die regionalen oder lokalen Handelswaren erhalten.

Die Erreichbarkeit stellt weniger logistische Erfordernisse dar, denn in der Regel können Marktplätze mit dem öffentlichen Nahverkehr erreicht werden. Generell ist die Begegnung mit diesem außerschulischen Lernort nach seinen vorhandenen Waren- und Dienstleistungsangeboten zu differenzieren, womit sich gleichzeitig die thematische Auseinandersetzung erklärt. Dabei gilt es zunächst, folgende Arten von Marktplätzen zu unterscheiden:

o   Marktplätze mit aktivem Marktgeschehen (Wochen- und Tagesmärkte)

o   Marktplätze mit Persistenz-Spuren (Rathaus, Kirche)

o   Marktplätze mit besonderem geschichtlichem Hintergrund (Denkmäler, historische Spuren).

Nach dieser Differenzierung richtet sich auch der Grad des Waren- und Dienstleistungsangebotes vor Ort, wobei auch Marktkombinationen existieren. Ein Marktplatz, der alle Kriterien erfüllt, findet sich nur in großen Mittelzentren oder Oberzentren vor. In Großstädten wie Bonn, Münster oder Köln kann der Marktplatz in die Klassifikation der menschlichen Begegnungsstätten fallen (vgl. Kapitel 9.3), da dieser über seine Funktionen hinaus auch als Ort der Versammlung und Veranstaltungsdarbietung gekennzeichnet ist.

In der Regel sind Marktplätze ohne Marktgeschehen mit kleineren angrenzenden Bauten wie Kirchen oder Rathäusern aufzufinden. In jedem Fall sollte der Marktplatz vor dem Besuch auf sämtliche thematische Möglichkeiten hin geprüft werden, wobei eine Begehung (Vorexkursion) nur bei größeren Marktplätzen in Städten als zwingend notwendig erscheint. Die Checkliste für den Marktplatz (vgl. Abbildung 36) fasst die zentralen vorbereitenden Elemente zusammen.

Checkliste für den Marktplatz als außerschulischen Lernort

- Beim Besuch öffentlicher Einrichtungen gegebenenfalls Rücksprache mit den Verantwortlichen halten
- Verkehrsanbindung durch den ÖPNV
- Eltern und Schulleitung informieren
- wetterfeste Kleidung (sofern keine öffentlichen Einrichtungen in der Nähe)
- Arbeitsmaterialien und Medien
- Fotoapparat / Digitalkamera
- Regeln richten sich nach Größe und Art des Angebots vor Ort
- Bei Kirchenbesuch oder Besuch anderer öffentlicher Einrichtungen besondere Verhaltensregeln (Ruhe)

Abbildung 36: Checkliste für den Marktplatz als außerschulischen Lernort.

11.2.2 Durchführung

Generell ist der Marktplatz als außerschulischer Lernort durch seine Vielseitigkeit und den zahlreichen thematischen Verknüpfungsmomenten gekennzeichnet (fächerübergreifender Unterricht). Bietet der Marktplatz öffentliche Bebauungen in direkter Umgebung, so lässt sich im Geschichtsunterricht beispielsweise eine Erkundung durchführen, um die Gebäude auf ihre historischen Ereignisse hin zu untersuchen. Hier kann auch die Methode der Spurensuche oder des Spurenlesens (HARD 1995) praktische Anwendung finden. Durch das zielgerichtete Suchen und Beobachten können sich die Schüler in die Vergangenheit hineinfinden – anhand von Reflexion und Hinterfragung des Erfahrenen wird zudem ein Stück aspektbezogenes Erlernen gefördert.

Im Kunstunterricht widmet man sich am besten den jeweiligen Stil- und Architekturrichtungen. Der Marktplatz als zentraler Dreh- und Angelpunkt des gesellschaftlichen Lebens mit seinen Kirchen, Toren, Mauern und öffentlichen Einrichtungen liefert darüber hinaus viele Hinweise auf die unterschiedlichen Raumnutzungsstrukturen. Auch wirtschaftsgeographische Aspekte in Form von Modellen (zum Beispiel Marktmodelle) sowie ausgewählte Standortfaktoren fördern durch die handelnde Auseinandersetzung vor Ort das Denken in Modellen. Abbildung 37 gibt einen Überblick möglicher Themenfelder und strukturiert den außerschulischen Lernort des Marktplatzes.

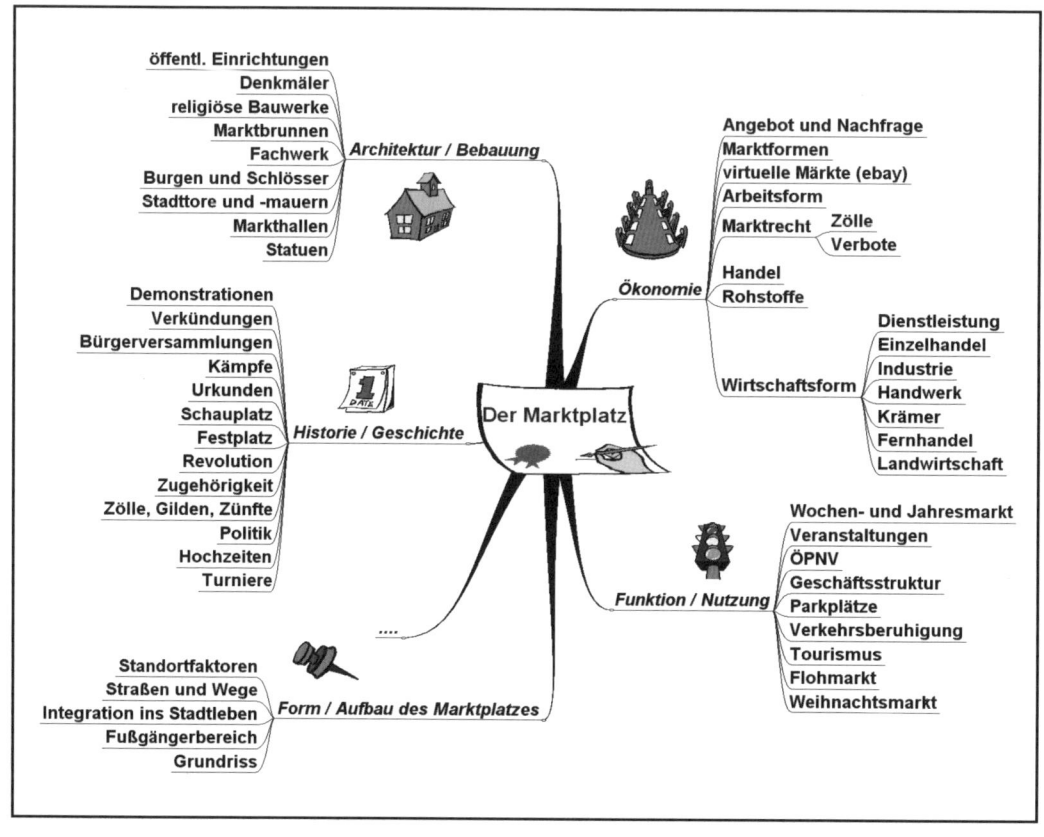

Abbildung 37: Themenkarte für den Marktplatz als außerschulischen Lernort.

Ausgewählte Lernziele und Kompetenzdimensionen für den Marktplatz als außerschulischen Lernort

Im Folgenden werden, in Anlehnung an die Didaktik des außerschulischen Lernens, mögliche Lernziele und ausgewählte Kompetenzdimensionen vorgestellt.

Die Schüler …

o   … können den Marktplatz in seinen unterschiedlichen Nutzungsformen beschreiben.

o   … können den funktionalen Zusammenhang zwischen dem Marktplatz und einer Siedlung / Stadt erläutern und aufzeigen.

o   … können belebte von unbelebten Marktplätzen differenzieren.

o   … suchen und entdecken historische Spuren und können diese richtig deuten.

o   … kennen den Wandel in den Nutzungsformen eines Marktplatzes.

- ... können einen Stadtplan oder eine topographische Karte lesen.
- ... erheben Daten zum Passantenfluss.
- ... befragen Händler zu ihrem Angebot sowie Passanten zu ihrem Einkaufsverhalten.
- ... nehmen den Marktplatz als Teil des gesellschaftlichen Prozesses wahr und können sich dadurch eine lebenspraktische Bedeutung für die individuelle Nutzungsform erschließen.
- ... können die unterschiedlichen menschlichen Lebensweisen zu bestimmten Zeiten und in bestimmten historisch-bedeutenden Kontexten erläutern.
- ... können die Merkmale der Zentralität des Markplatzes darstellen.
- ... erkennen den Wochen- oder Tagesmarkt als Teil des Systems Wirtschaft.
- ... können auf andere Märkte (zum Beispiel Großhandel oder virtuelle Märkte) schlussfolgern.
- ...entwickeln weiterführendes Interesse am Marktplatz samt seinen Geschehnissen.
- ... erlangen ein spezifisches Kulturverständnis und können dieses inszenieren, indem sie zum Verhältnis Mensch und Kultur Stellung nehmen.
- ... entwickeln anhand der Besonderheiten der Kunst- und Architekturgeschichte ein ästhetisches Grundverständnis für Kulturelemente, um den eigenen Geschmack und Blick auf sonstige ästhetisch-kulturelle Wahrnehmungen weiter auszubauen.
- ... erkunden und besichtigen angrenzende Bebauungsobjekte und vertiefen die Methodik der Spurensuche.
- ... können mit Hilfe der Beschreibung und Erläuterung von Persistenz-Spuren historische Momente rekonstruieren.

<u>Methodische Anregung:</u>
Hauptmerkmal des Marktplatzes ist seine Handelsfunktion. Im Zuge der ökonomischen Bildung bietet sich somit die Thematisierung des Lerngegenstands Marktformen an (vgl. Abbildung 38). Die Schüler können beispielsweise durch ein geplantes oder situatives Rollenspiel vor Ort die Thematik Markt und Marktformen sehr handlungsorientiert erfahren.

Rollenspiel am Marktplatz

(1) Intention

Das Rollenspiel wendet sich der Darstellung der drei verschiedenen Marktformen Monopol, Oligopol und Polypol zu. Die Schüler sollen die Marktteilnehmer mit ihren unterschiedlichen Strukturen und Erscheinungsformen direkt am Marktplatz spielerisch erleben.

Dabei verfolgt das Spiel vor Ort folgende Ziele:

- Begegnung und Erfahrung des Marktplatzes samt seiner Funktion
- Wahrnehmung unterschiedlicher Interessen von Käufern und Verkäufern und ihrer Wirkung auf die unterschiedlichen Märkte
- Erfassung der Einteilungskriterien für Marktformen
- Kennenlernen der Begriffe Angebot und Nachfrage
- Auseinandersetzung mit Erscheinungsformen der unterschiedlichen Konkurrenzen (Marktbeherrschung und vollkommene Konkurrenz)
- Erkenntnis, welchen Einfluss die unterschiedlichen Marktformen auf die Preise haben

(2) Ablaufplanung - Spielleiterkarte

Situationserfassung

I. Problematik: Korbverkäufer als einziger Korbanbieter → MONOPOL
Darauf folgt die Benennung der Rollen → 1 Korbverkäufer und 3 Käufer mit unterschiedlichen Wünschen.

Vorbereitung des Spiels: Aufteilen der Rollen auf die Klasse, Festlegen von Beobachtern, Erstellen von Rollenkarten.

Spielablauf: Spielen der Rollen und Beobachtung des Spielgeschehens.

Diskussion: Auswertung der Ergebnisse und der Beobachtungen; weitere Informationen durch die Lehrperson dienen dem besseren Verständnis.

II. Problematik: Verschiedene Wurst- und Käseverkäufer → OLIGOPOL
Darauf folgt die Benennung der Rollen → 3 Verkäufer mit gleichen Wurst- und Käseangeboten und 9 Käufer mit unterschiedlichen Kaufinteressen.
Vorbereitung des Spiels, Spielablauf und Diskussion: s.o.

III. Problematik: Mehrere Obststände → POLYPOL
Darauf folgt die Benennung der Rollen → 5 Obstverkäufer mit identischem Angebot und 5 Käufer mit unterschiedlichen Preisvorstellungen.
Vorbereitung des Spiels, Spielablauf und Diskussion: s.o.

(3) Spielnachbereitung

Ergebnisse: Diskutieren der unterschiedlichen Spielverläufe; Erstellen einer Tabelle mit einem, wenigen und vielen Anbietern; Eintragung der unterschiedlichen Spielsituationen I, II, III; Erarbeitung der drei Begriffe Monopol, Oligopol und Polypol und tabellarische Einordnung; Ergebnissicherung durch Überleitung auf weitere Praxisbeispiele.

Anmerkung: In einer nachfolgenden Unterrichtsstunde könnte auf die Begriffe Angebot und Nachfrage und damit einhergehend auf die Preisbildung hingearbeitet werden.

Abbildung 38: Methodische Anregung für den Marktplatz als außerschulischen Lernort.

11.2.3 Nachbereitung

Die Nachbereitung des Marktplatzes als außerschulischer Lernort kommt in der Regel der Vertiefung der Ergebnisse zugute, da vermutlich die zahlreichen angrenzenden Objekte das besondere Interesse der Schüler geweckt haben. Hier gilt es deshalb, zunächst eine Systematik in die Erfahrungen und Erlebnisse zu bringen. Ergebnisse der Spurensuche im mehrdimensionalen Raum sollen dabei in ihren historischen Kontext eingebettet werden. Auch die erneute Begegnung mit der Kulturwelt durch eine weitere Besichtigung, zum Beispiel von einem Rathaus oder einer Kirche, stellt ein wichtiges Lernelement für die Nachbereitung dar.

Grundsätzlich sollten die Schüler ihre emotionalen Erlebnisse zum Ausdruck bringen, indem sie ihren Wissensstand plakatieren oder gar einen großen Marktplatz am Schulhof nachbilden. Auch ein Projekt mit Markthandel von eigenen hergestellten Dingen auf dem Schulhof bietet eine lukrative Möglichkeit der Ergebnissicherung und bessert dabei gleichzeitig die Klassenkasse auf. Im Zuge der Raumverhaltenskompetenz (KÖCK in BÖHN 1999, S. 128) gilt es, den Schülern die zentrale Eigenschaft des Marktplatzes strukturiert zu vermitteln (oder zu sichern). Besonders eminent für die Wissensaneignung könnte sich hier die Darstellung unterschiedlicher Nutzungsformen des Markplatzes in Modellform zeigen. Dieses Modell könnte in der Schule präsentiert bzw. längerfristig ausgestellt werden.

11.3 Messen als menschliche Begegnungsstätten

Deutschland als weltweit führender Standort der Messewirtschaft bietet jährlich ein Angebot von ca. 160 überregionalen bzw. internationalen Messen in verschiedenen Städten. Dabei treffen ca. 9,6 Millionen Besucher auf ca. 160.000 Aussteller aus aller Welt (AUMA 2005). Die Messe als Ort der menschlichen Begegnung findet dabei nicht nur in internationalem Rahmen statt, auch die über 150 Messen mit regionalem Einzugsgebiet bieten potentielle Möglichkeiten für das außerschulische Lernen.

Die Messe als zeitlich begrenzte, regelmäßig wiederkehrende Veranstaltung spiegelt das zentrale Waren- oder Dienstleistungsangebot eines oder mehrerer Wirtschaftszweige wider und bietet den Besuchern einen Einblick in das wesentliche Spektrum unterschiedlicher Wirtschaftszweige (AUMA 1996). Die reine Messe grenzt sich von ihrer Definition her von der Ausstellung ab, welche generell nur ein repräsentatives Angebot wiedergibt und funktional der Information anstelle der Transaktion dient. Entsprechend nehmen Besucher von Ausstellungen eine passive Rolle ein. Für den Erfolg einer Messe ist jedoch die aktive Interaktion der Messebesucher mit den Ausstellern entscheidend, um so als Plattform für den Aufbau und die Pflege von Geschäftsbeziehungen zu dienen (ebd.). Dieses Charakteristikum macht die Messe auch für das außerschulische Lernen interessant. Darüber hinaus unterscheiden sich Messen und Veranstaltungen auch in Bezug auf ihr Zielpublikum. Während letztere mit ihrem Schaucharakter verstärkt auf die breite Öffentlichkeit abzielt, sprechen Messen in erster Linie direkt Fachbesucher an. Allerdings ist eine zunehmende Öffnung auch von Fachmessen für Privatbesucher erkennbar, indem durch unterschiedliche Tages- oder Zeitspannen bis hin zu sogenannten Publikumsmessen ein diversifizierter Besucherrahmen gesteckt wird (KIRCHGEORG 2003). Aufgrund von zahlreichen Überschneidungen lässt sich in der Praxis jedoch nicht jede Veranstaltung anhand der genannten Kriterien eindeutig katalogisieren.

Messen lassen sich unter anderem unterscheiden nach:

- o geographischer Herkunft der Beteiligten (regionale, überregionale, nationale, internationale Messen)

- o Art des Angebots (Konsumgüter-, Industriegüter-, Dienstleistungsmessen)

- o Breite des Angebots (Universal-, Spezial-, Branchen-, Mono- sowie Fachmessen)

Generell ist jede Messe durch eine persönliche Kommunikationsebene zwischen Unternehmen (oder Betrieben) und Besuchern gekennzeichnet. Die Messe ist direkt, birgt emotionale Lernaspekte in sich und erlaubt Interaktion und Kommunikation auf engstem Raum und in kürzester Zeit mit den verschiedensten Menschen. Damit sind Messen ein exemplarisches Beispiel für Stätten der menschlichen Begegnung.

11.3.1 Vorbereitung

Große Messen finden vor allem in Städten statt und sollten hinsichtlich eines Besuchs über einen längeren Zeitraum geplant werden. Hierbei gilt es, genaue An- und Abfahrtswege mit öffentlichen Verkehrsmitteln oder Bussen sowie Eintrittspreise in Erfahrung zu bringen. Viele überregionale Messen bieten für Schulklassen die Möglichkeit von Vergünstigungen oder Freikarten, eine Anfrage lohnt in jedem Fall. Größere Messen sollten in der Regel von älteren Klassen besucht werden. Hier ergibt sich die Notwendigkeit einer Beschränkung auf eine oder wenige vorab ausgewählte Messehallen, um die kurze Zeit möglichst sinnvoll nutzen zu können. Dabei sollte die Schulklasse in Kleingruppen aufgeteilt werden, welche dann mit Hilfe von studentischen Begleitpersonen durch die riesigen Hallen geführt werden.

Messen mit regionalem Einzugsgebiet gestalten sich in der Umsetzung vergleichsweise einfacher, da sich die Präsentation des Angebots meist nur auf kleinere Messehallen beschränkt und hier die Einhaltung der Aufsichtspflicht einfacher zu realisieren ist. Es bietet sich die Einteilung in Partnergruppen an. Die Orientierung an genaue Zeitvorgaben und Regeln sind bei sämtlichen Messebesuchen unumgänglich, denn die Zeit in den Hallen kann sehr schnell verstreichen. Unabhängig von Messetyp und -größe stellen die meisten Aussteller schon im Vorfeld umfangreiches Informationsmaterial bereit. Dieses gilt es zu sichten und für das außerschulische Lernen didaktisch aufzubereiten. Die didaktische Aufbereitung kann dabei auch gemeinsam mit den Schülern geschehen. Bild- und Anschauungsmaterial zu den Exponaten wird dabei mit kurzen Texten versehen, und die Schüler erstellen sich so zum Beispiel ihren eigenen Messeführer.

Die folgende Checkliste (vgl. Abbildung 39) gibt einen Überblick der organisatorischen Besonderheiten für die Messe als außerschulischen Lernort:

Checkliste für die Messe

o   An- und Abfahrtswege sowie Zeiten ermitteln (gegebenenfalls Bus anmieten)

o   Eintrittskarten bestellen (auf Vergünstigungen und Freikarten achten)

o   Eltern und Schulleitung informieren

o   Informationsmaterial der Aussteller bestellen und didaktisch selektieren

o   Arbeitsmaterialien (eigener Messeführer, Arbeitsaufträge vor Ort)

o   Regeln aufstellen für den Messebesuch

o   Bei größeren Messen Begleitpersonen einbeziehen

Abbildung 39: Checkliste für die Messe als außerschulischen Lernort.

11.3.2 Durchführung

Grundsätzlich sollen einzelne Stände und Aussteller in Form von Gruppen- oder Partnerarbeit besucht und erkundet werden. Im Bereich der ökonomischen Bildung bietet sich hier vor allem das Experteninterview mit einem vorher erstellten Fragenkatalog an. Durch das Interview ist es den Schülern möglich, einen speziellen Einblick in die Welt der Wirtschafts- und Produktionsabläufe zu gewinnen. Im Rahmen eines Projektes können beispielsweise spezielle Produkte samt Herstellungsverfahren ausführlich thematisiert werden. Die Schüler sammeln durch Gespräche an den Messeständen und den dort ausgegeben Materialien sowie eigenen Fotos gängige Informationen, um einen für sie verständlichen Produktkatalog zu konstruieren.

In der Geographie ist besonders die Raumnutzung von Interesse, sodass einzelne Bereiche der Messe kartiert werden können. Auch der Aufbau einzelner Messestände (vgl. Abbildung 39) und die Untersuchung im Hinblick auf ihre funktionale Gliederung sind interessante Möglichkeiten für die Erfahrungssammlung und Auseinandersetzung mit dem Raum. Generell gelten Messen als Orte der menschlichen Begegnung, sodass als weiterer Aspekt ein Aufgabenteil auf die Verhaltensweise innerhalb der Begegnung liegen könnte: Wie gehen die Aussteller auf den Besucher ein? Oft dienen abgetrennte Bereiche der Separierung der Kunden vom passierenden Publikum. Hier können die Schüler Vermutungen äußern, was wohl in der geheimnisvollen Welt hinter den Messewänden und Abtrennungen geschehen könnte. Auch Besucherzählungen in vorgegebenen Zeiträumen sind mögliche Elemente der handlungsorientierten Auseinandersetzung. Durch Hochrechnungen und Schätzungen kann vor allem das mathematische Denken gefordert und systematische Schlussfolgern gefördert werden. Für die Geographie ist zum Beispiel auch eine kurze Beobachtungsstudie über das Verhalten der Besucher während ihres Rundgangs interessant. Dabei könnte auf das Raumverhalten der Menschen geschlussfolgert werden, und der Schüler erlebt die Stätte als menschliche Begegnungsform. Auch die Distanzermittlung zwischen den Messeständen sowie die Distanzüberwindung für einzelne Aussteller samt ihrer logistischen Abwicklung sind weitere Möglichkeiten geographischer Raumerfahrung.

Im Bereich des Kunst- und Darstellungsunterrichts können Gestaltung, Design und Farbspiel der Messestände analysiert werden. Dabei gilt es, das jeweilige angedeutete Konzept des Ausstellers zu hinterfragen und die gewonnenen Erkenntnisse in den Kontext des ausgestellten Produkts oder Logos zu stellen. Abbildung 40 liefert einen Überblick möglicher Themen für die Messe als außerschulischen Lernort.

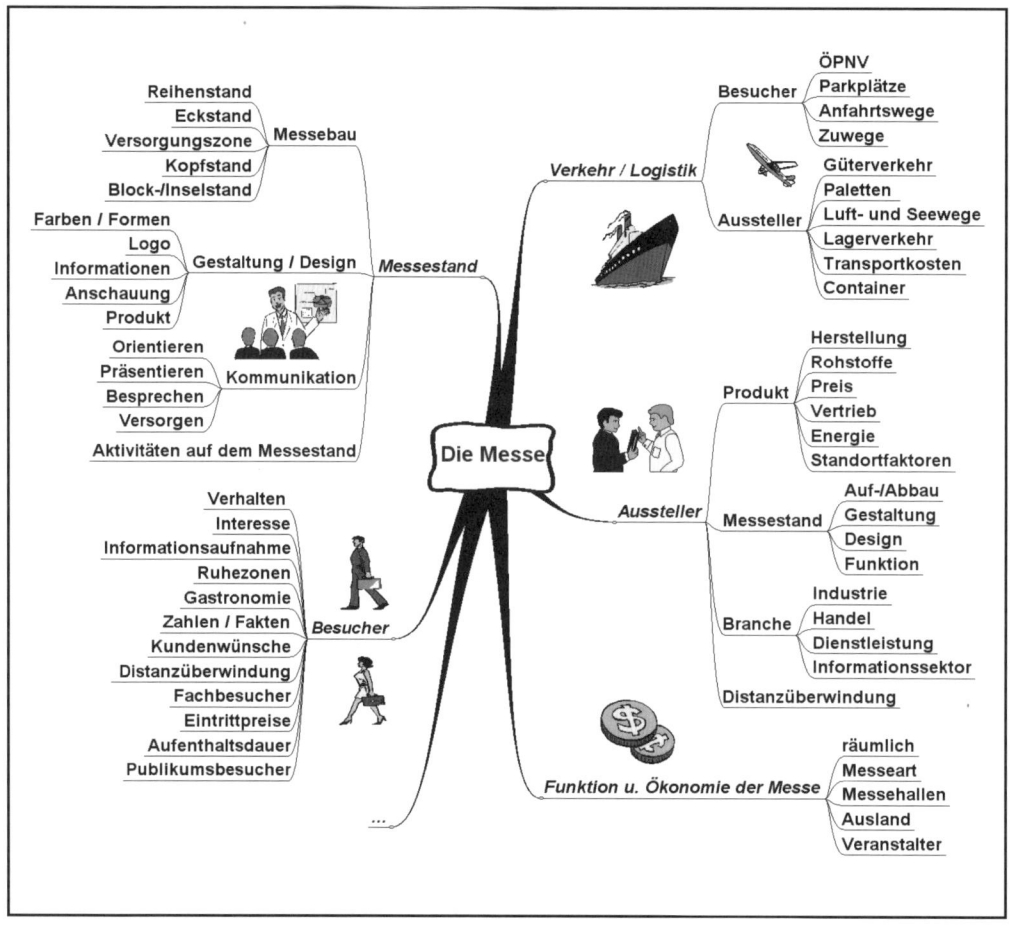

Abbildung 40: Themenkarte für die Messe als außerschulischen Lernort.

Ausgewählte Lernziele und Kompetenzdimensionen für die Messe als außerschulischen Lernort
Im Folgenden werden in Anlehnung an die Didaktik des außerschulischen Lernens mögliche Lernziele und ausgewählte Kompetenzdimensionen vorgestellt.

Die Schüler …

- o   … kennen durch den Besuch einer Messe eine repräsentative Stätte der menschlichen Begegnung und können die Intention der Besucher erläutern.

- o ... können die Menschen auf der Messe einer bestimmten Interessengruppe (Aussteller, Fachbesucher und öffentliches Publikum) zuordnen.

- o ... nehmen kritisch Stellung zu dem vordergründig ausgestellten Leitthema der Messe.

- o ... betrachten neue mediale Präsentations- und Inszenierungsmöglichkeiten und können diese später nachahmen.

- o ... können den Aufbau unterschiedlicher Messestände beschreiben.

- o ... kennen die Messe als komplex organisiertes Gebilde und können den dahinter verbergenden menschlichen Planungsvorgang schildern.

- o ... erlangen Fachinformationen zu ausgewählten Produkten durch Befragungen.

- o ... erstellen eine eigene didaktische Themenkarte zu den Ausstellern und/oder Produkten.

- o ... kennen den Standort der Messe als einen Indikator einer Wirtschaftsregion.

- o ... erfahren Informationen über die technischen Möglichkeiten audio-visueller Darbietungen von Produkten.

- o ... erlangen Kompetenzen im Bereich des Designens und Gestaltens von Produkten.

- o ... erhalten Einblick in Produktionsprozesse und Projekte aus der Arbeitswelt und können diese anhand eines Produktes darstellen.

Methodische Anregung:
Bei der Messe können die Schüler zum Beispiel die Messestände kartieren und dadurch die Messehallen räumlich erfassen. Das nachfolgende Arbeitsmaterial (vgl. Abbildung 41) dient als methodische Anregung für die Messe als außerschulischen Lernort.

Aspekte der Gestaltung eines Messestands

- Funktionszonen (Orientierungs-, Präsentations-, Besprechungs-, Versorgungs-)
- offene vs. geschlossene Standgestaltung (Grad der Einsehbarkeit)
- Standarten

Welche Messestände gibt es?

- Reihenstand (auf einer Seite geöffnet)
- Eckstand (zwei Standfronten)
- Kopfstand (drei Standfronten, formt Abschluss von zwei Standreihen)
- Block-/Inselstand (Alleinstellung innerhalb der Gehzone)

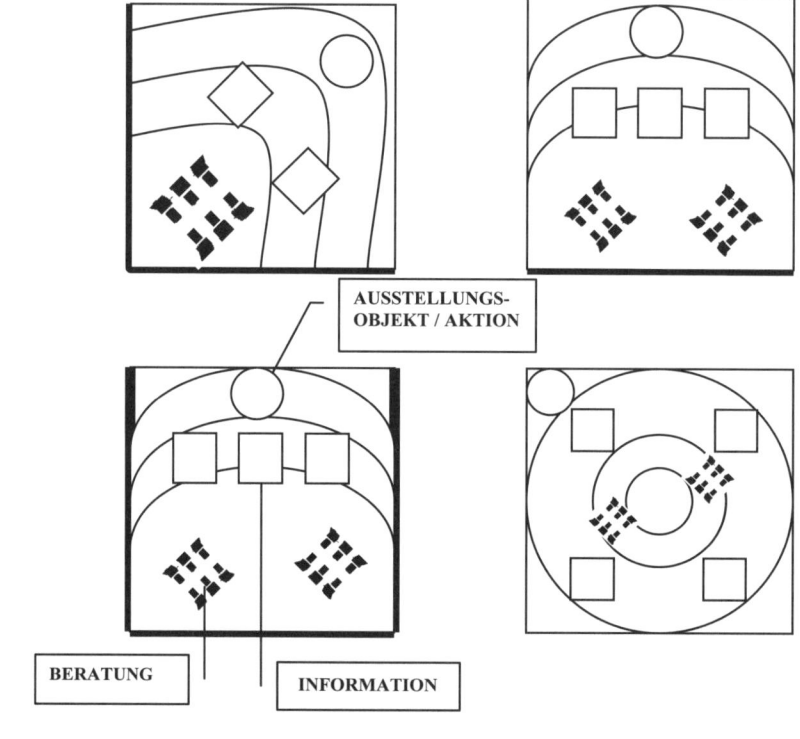

Abbildung 41: Methodische Anregung für die Messe als außerschulischen Lernort.

11.3.3 Nachbereitung

Für die Nachbereitung des Messebesuchs bietet sich in erster Linie die Strukturierung der durch die Schüler aufgenommenen Informationsfülle an (Selektion von Wichtigem und Unwichtigem). Ein bereits in der Vorbereitungsphase erstellte Messeführer, welcher der räumlichen Orientierung diente, kann nun durch Informationsaufarbeitungen aus dem Besuch seine Erweiterung finden. Haben einzelne Produkte oder Produktverfahren das besondere Interesse der Schüler geweckt, so bieten sich auch weitere Unterrichtsstunden zu speziellen ausgewählten Thematiken an. Darüber hinaus kann durch einen zielgerichteten Fragenkatalog (vgl. Abbildung 42) ermittelt werden, welche spätere Berufsmöglichkeiten für die Schüler von Relevanz sein könnten. Die Frage nach der Entscheidung ob Ausbildung oder Studium sollte dabei auch anhand der Erlebnisse und der Ergebnisse aus den Expertengesprächen gemeinsam mit den Schülern diskutiert werden. Schlussfolgerungen der Kartierung sind auf einen großen übersichtlichen Messeplan zu übertragen, welcher im Klassenzimmer ausgestellt wird. Auch eine eigene Planung und Durchführung einer Messe in der Schule mit unterschiedlich gestalteten Messeständen in den Klassenräumen kann die vielseitigen Erfahrungen der Schüler vertiefen. Viele Messeveranstalter bieten im Internet Anregungen und Orientierungen zum Aufbau der jeweiligen Messe (Messeplan, Verzeichnis usw.).

Welcher Beruf ist für dich besonders geeignet?

o Gibt es Themen, die dich besonders interessiert haben?

o Entscheide dich für drei Themen oder Bereiche der Messe: Welche Aussteller gab es hierzu?

o Welche Angebote machen diese und sprechen dich diese Angebote an?

o Mit welchen Ausstellern hast du Kontakt aufgenommen bzw. würdest du im Nachhinein noch weiteren Kontakt aufnehmen (Email und Briefe)?

o Welche Informationen benötigst du von deinen Lieblingsausstellern, wenn du dich dort für einen Job interessierst?

o Wie siehst du deinen Werdegang und deine Zukunft?

o Welche Fähigkeiten könntest du in den Bereich einbringen?

o Welche Informationen benötigst du noch?

o Recherchiere im Internet: Welche Jobs gibt es bei diesen Ausstellern und welche Voraussetzungen werden erwartet?

Abbildung 42: Fragenkatalog für die Ermittlung möglicher Berufsinteressen der Schüler.

11.4   Die Lokalzeitung als Lernort der Produktions- und Arbeitswelt

Eine effektive Möglichkeit außerschulischen Lernens in dem Bereich der Arbeits- und Produktionswelt stellt die Begegnung mit Medienzentren dar. Von lokalen Zeitungen über Verlage bis hin zum Lokalsender kann den Schülern dabei ein realistisches Bild der Informations- und Medienwelt vermittelt werden. Durch die Erkundung in einem Verlagshaus oder einer Zeitungsdruckerei wird den Schülern schnell deutlich, wie Informationen zusammengestellt werden und diese letztlich ihren Weg in die privaten Haushalte finden. Auch Verzerrungen, Verfälschungen oder Manipulationen der Informationsketten können thematisiert werden und verhelfen ein Stück weit aus der bereits erwähnten Misere der Beeinflussung durch die Massenmedien. Durch die gezielte Auseinandersetzung mit exemplarischen Lerninhalten sollen die Schüler ein erweitertes Medienbewusstsein erlangen und dazu befähigt werden, ihnen bekannte Massenmedien auf der Basis ihrer fachlichen und methodischen Qualifikationen kritisch zu hinterfragen. Dabei lernen sie zugleich die Risiken und Gefahren ihres eigenen Medienkonsums kennen und werden somit systematisch an die Urteilsbildung herangeführt. Die Problematik einer verzerrten Wirklichkeitswahrnehmung bringt aber auch Vorteile mit sich: Die Schüler verfügen über eine hohe Medienkompetenz (Medienkompetenz als Begriff im erweiterten Sinne), welche gezielt in die außerschulische Lernsequenz integriert werden kann, um die daraus resultierenden lebenspraktischen Vermittlungsbezüge gemeinsam gestalten zu können. Da sich die Schüler heute generell mit einem hohen Konsum der Massenmedien identifizieren, ist ein reges Interesse an diesen Themen zu erwarten.

Medien dienen in erster Linie als Kommunikationsmittel der Menschen. Als Vermittlungsträger von Informationen assoziiert man heute vor allem den umgangssprachlichen Begriff der Massenmedien mit der ursprünglichen Bezeichnung von Medien. Zur Herausbildung dieses Phänomens trugen vor allem ihre Medienträger selbst bei. So erscheinen heute Zeitung, Zeitschrift, Hörfunk, Internet und Fernsehen mit einem unüberschaubaren und regelrecht erschlagenen Angebot an Informationsfülle. Dies liegt in erster Linie an den hochtechnisierten Mitteln der Vervielfältigung. Insbesondere in Zeiten der Globalisierung wächst der Wunsch und Bedarf an überschaubaren Informationen, wie sie oftmals nur die Lokalzeitung liefern kann (VDL 2005).

Bei aller Euphorie über Neue Medien und den Informationsfluss über die Datenautobahnen des Internets darf die gedruckte Zeitung als wichtigstes Medium zur Informationsbeschaffung nicht vernachlässigt werden. Generell lässt sich die Lokalzeitung nach dem Erscheinungsdatum unterscheiden. So gibt es Tageszeitungen oder Wochenzeitungen, die sich in erster Linie mit der Berichterstattung von Nachrichten, Sport und Veranstaltungsgegebenheiten sowie mit Kleinanzeigen aus der Region befassen. Nahezu jede kleinere Stadt besitzt eine Lokalzeitung, die oftmals in kleineren Auflagen (ca. 2.000 bis 10.000) gedruckt wird. Der überregionale Teil der Lokalzeitung, der sogenannte Mantel, wird meist von einer großen Regional- oder Tageszeitung bezogen. Damit schließen die Lokalzeitungen die Lücke zu den überregionalen Berichterstattungen der großen Zeitungen (vgl. VDL 2005).

11.4.1 Vorbereitung

Lokalzeitungen sind einfach zu ermitteln, besitzen eine relative geringe Distanzüberwindung und lassen sich relativ leicht erreichen. Im ländlichen Gebiet bietet die nächstgelegene Kleinstadt mit Sicherheit ein annehmbares Redaktions- oder Druckhaus, welches mit dem öffentlichen Nahverkehr ohne größere Probleme zu erreichen sein sollte. Für die größere Stadt eignen sich vor allem die unterschiedlichen Angebote der Stadtteilzeitungen. Das Internetportal (http://www.rhein-main-presse.de/tageszeitungen/) gibt beispielsweise einen Einblick in mögliche Regional- und Lokalzeitungen des Rhein-Main-Gebietes und zeigt die dezentrale Verteilung der Zeitungshäuser. Die Suche nach Zeitungen und Redaktionen in der Region stellt demnach kein Problem dar.

Das Informations- und Themenangebot für das außerschulische Lernen der Lokalzeitung erklärt sich oftmals von selbst: Eine Zeitung gibt erste Einblicke in die Möglichkeiten und Grenzen. Spezifische Informationen zum Druck- und Pressestandort sind darüber hinaus teilweise im Internet einzusehen und ermöglichen damit weitere Strukturierungen hinsichtlich didaktisch-methodischer Vorüberlegungen. Darüber hinaus bietet der Verband der Deutschen Lokalzeitungen einige interessante Informationen rund um die Themen lokale Presse und Zeitungen.

Für die Lokalzeitung als außerschulischen Lernort bietet sich in erster Linie die Betriebserkundung an. Idealerweise kann die Betriebserkundung mit ihrem handlungsorientierten Charakter durch eine reine Betriebsbesichtigung der Druck- und Produktionsstätte ergänzt werden. Im Vorfeld sollte die Lehrperson bei der Zeitung anrufen und einen Besichtigungstermin erfragen. Die Lokalzeitungen sind in der Regel sehr interessiert daran, eine Schulklasse zu empfangen, denn der frühe Kontakt verschafft den Zeitungen ein besseres Bild in der Öffentlichkeit und retuschiert damit das negative Bild der Massenmedien. Darüber hinaus betrachten die Zeitungsverlage die Schüler als ihre künftigen Kunden, was zusätzlich die Chance auf einen kostenlosen Besuch mit Führung erhöhen wird.

Im Zuge der pädagogischen Sachstrukturanalyse empfiehlt es sich, die Schüler bereits im Vorfeld nach Zeitungen stöbern zu lassen. Dies kann zu Hause geschehen oder gemeinsam in Form von Teamarbeit im Klassenzimmer. Hier gilt es vor allem, erste Vorerfahrungen zu den Medien im Allgemeinen und zur Zeitung im Besonderen festzustellen und systematisch zu kategorisieren. Besondere Interessen werden dabei schnell erkennbar und die Schüler steigern ihre Motivation im Hinblick auf die spätere reale Begegnung mit der Lokalzeitung. Auch das Erstellen eines kurzen Artikels zu einem selbst erfundenen Thema dient als guter Einstieg für den außerschulischen Lernort der Lokalzeitung. Die Checkliste (vgl. Abbildung 43) für den Besuch einer Lokalzeitung fasst die wesentlichen Besonderheiten zusammen.

Checkliste für die Lokalzeitung als außerschulischen Lernort

- Sichtung des Angebots (Welche Zeitung kommt in Frage?)
- Terminabsprache mit der Zeitung (gleich mehrere Termine vorschlagen!)
- An- und Abfahrtswege sowie Zeiten ermitteln
- Eltern und Schulleitung informieren
- Informationsmaterial über die Zeitung auf der Homepage
- Zeitungen besorgen für die Schüler
- Arbeitsmaterialien (Arbeitsaufträge vor Ort)
- Experteninterviews planen
- gegebenenfalls Gruppen vorher einteilen
- eindeutige Regeln aufstellen für den Verlagsbesuch

Abbildung 43: Checkliste für die Lokalzeitung als außerschulischen Lernort.

11.4.2 Durchführung

Eine Lokalzeitung lässt sich – thematisch betrachtet – relativ einfach durch den Aufbau einer Zeitungsausgabe einteilen. Dabei deuten die unterschiedlichen Bereiche wie beispielsweise internationale, nationale und regionale Tagesnachrichten, Anzeigenmarkt und Sport auf verschiedene Schwerpunkte der Erkundung hin. Vor Ort bietet sich diesbezüglich ein Experteninterview an, bei dem Schüler in Gruppen auf die einzelnen Bereiche der Zeitung (Pressestelle, Redaktion, Verwaltung, Gestaltung und Design usw.) zugeteilt werden, um vorab überlegte Informationen fragend zu entwickeln und handelnd herauszufinden. Die gewonnen Informationen können dann später im Klassenzimmer an alle Schüler weitergegeben und vertieft werden.

Für den Kunstunterricht bieten sich vor allem der Themenbereich der Gestaltung und des Designs der Zeitung sowie das jeweilige Druckverfahren an. Eine Betriebsbesichtigung der Druckerei dient der Anschauung der verwendeten Druckverfahren und gibt Auskünfte über den Grad der Reproduzierbarkeit eines Mediums. Für den Geschichtsunterricht können ausgewählte historische Etappen aufgearbeitet werden. Auch die kleine Lokalzeitung mit ihrer eigenen Entwicklung und den noch existierenden Spuren der Vergangenheit liefert anschauliche Hinweise dafür. Die Schüler versetzen sich dabei gleichzeitig in die Wurzeln der Pressegeschichte. Im Bereich der politischen Bildung eignet sich die Darstellung der Massenmedien als eigenes Thema, welches im Kontext einer Lokalzeitung sinnvoll aufgearbeitet werden kann. Hier dient die Erkundung der Informationsverarbeitung und -verzerrung in Form von gezielten Beobachtungen und Befragungen mit den Herausgebern als ein erster möglicher Ansatz. Auch die Thematisierung des Grundgesetzes mit seinem Recht auf freie Meinungsäußerung und der Presse- und Informationsfreiheit ist möglich. Im Deutschunterricht kann der Bereich der Redaktion von großem Interesse sein, denn die Lokalzeitung fungiert neben ihrer Informationsvermittlungsrolle gleichzeitig als ein Überbringer von Sprache und Sprachkultur. Befragungen in der Redaktionsarbeit zum Thema Entwicklung und Veränderung von Sprache geben einen guten Einblick in das aktuelle Sprachbild samt dessen Bedeutung sowie die damit verbundenen gesellschaftlichen Sprachprozesse im Allgemeinen. Darüber hinaus kann ein Wort- und Lesespiel vor Ort das Thema etwas auflockern. Für den Geographieunterricht ist besonders der dezentrale Gedanke der Informationsverteilung interessant. Standortwahl der Zeitung sowie Streuung von Abonnenten im Raum fördern das räumliche Denken. Generell geben die Daten der Leserschaft Hinweise auf demographische Besonderheiten im Raum. Auch logistische Fragen sind nicht uninteressant, so kann der Weg einer Information ab dem Geschehnis bis zur Verbreitung an die Haushalte am besten in dem Zeitungshaus vor Ort rekonstruiert werden. Des Weiteren lassen sich Wege, Strecken und Verkettungen von Informationen relativ gut in Distanzmodellen darstellen. Dies fördert wiederum das Denken in Modellen in erheblichem Maße.

Bereits an diesen ausgewählten Beispielen kristallisiert sich das besondere fächerübergreifende Arbeiten für diesen außerschulischen Lernort heraus. Die handelnde Auseinandersetzung mit der Lokalzeitung führt ausnahmslos zu fächerkooperierenden Maßnahmen vor Ort. Die nachfolgende Abbildung gibt einen Einblick in die Themenvielfalt für die Lokalzeitung als außerschulischen Lernort (vgl. Abbildung 44).

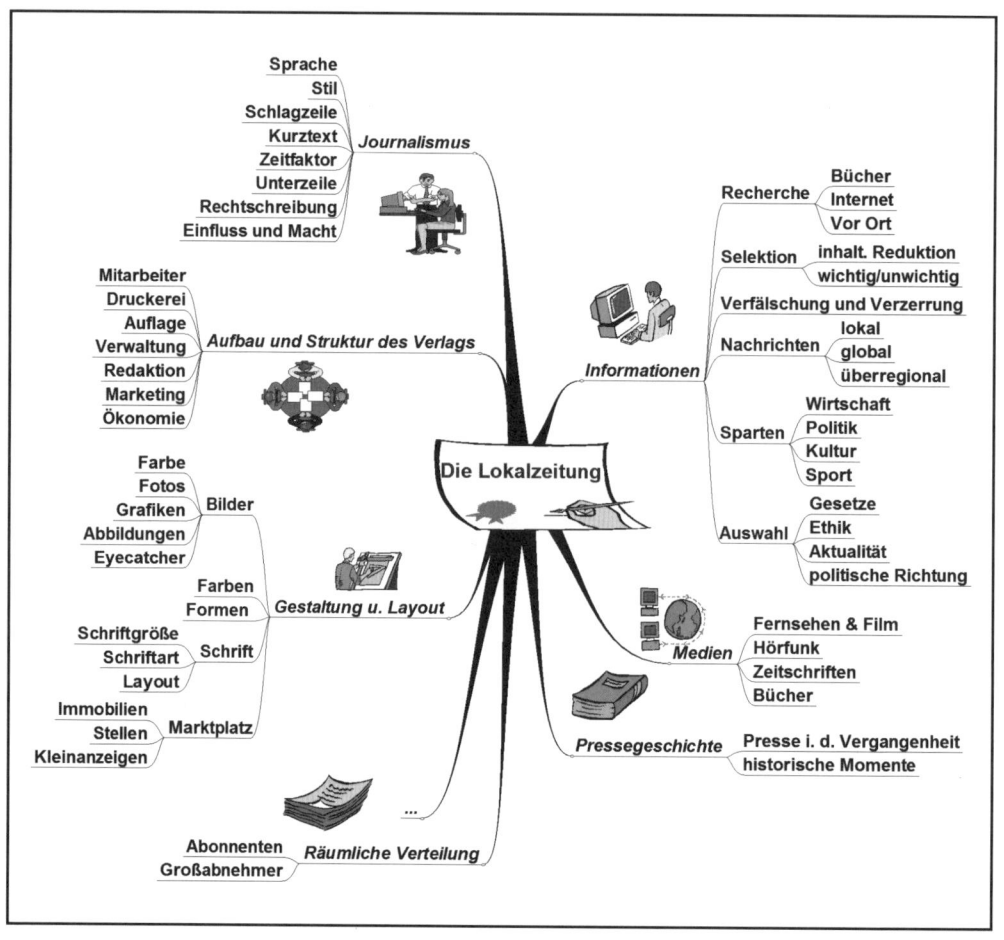

Abbildung 44: Themenkarte für die Lokalzeitung als außerschulischen Lernort.

<u>Ausgewählte Lernziele und Kompetenzdimensionen für den Lokalzeitung als außerschulischen Lernort</u>
Im Folgenden werden, in Anlehnung an die Didaktik des außerschulischen Lernens, mögliche Lernziele und ausgewählte Kompetenzdimensionen vorgestellt.

Die Schüler …

- … können verschiedene Zeitungsarten beschreiben.

- … erhalten einen Einblick in die Welt der Medien.

- … kennen den Weg von einer Nachricht zum Rezipienten und können diesen darstellen.

- … können den Unterschied zwischen einer Nachricht und einem Kommentar erläutern.

- … wissen um die Gefahr der Manipulation der Menschen durch Massenmedien.
- … interessieren sich für gedruckte Texte.
- … können den Aufbau einer Tageszeitung beschreiben und kennen die wichtigsten Gestaltungselemente.
- … können journalistische Tätigkeiten beschreiben.
- … können redaktionelle Prozesse der Tageszeitung erläutern.
- … sind in der Lage, sich gezielte Informationen zu beschaffen, zu vergleichen und zu beurteilen und das eigene Handeln an ihnen zu orientieren.
- … können die Lokalzeitung als eine Betriebsform mit ihrer Arbeitsteilung auf weitere betriebswirtschaftliche Arbeitsstätten überleiten.
- … ordnen unterschiedliche Kommunikationswege und -formen richtig ein und können diese auf andere Bereiche der Medienwelt transferieren.
- … erfahren Informationen über die freie Meinungsäußerung und die Pressefreiheit und können diese mit dem Grundgesetz in Einklang bringen.
- … versetzen sich in die Lage eines Journalisten oder Medienexperten und werden durch den enormen Zeitdruck emotional berührt.
- …. Können sich ein eigenes Urteil über die Bedeutung von Medien für die Gesellschaft bilden.
- … können Kriterien einer Textanalyse wiedergeben.
- … bauen durch die Begegnung ihre Fähigkeiten und Fertigkeiten im Umgang mit Medien aus; dies sind vor allem die Recherche und das Verfassen von Informationen sowie die Vervielfältigung durch verschiedene Medien.
- … fertigen einen eigenen Artikel an und kennen die Methode Inhaltsreduktion und -selektion.
- … können an der Zusammenstellung einer eigenen Schülerzeitung die Teamarbeit erlernen.
- … verbessern ihre literarisch-stilistischen Kompetenzen durch die Erstellung eines Artikels.

Methodische Anregung:
Bei einem Verlagshaus oder einer Lokalzeitung bietet sich zum Beispiel für die handelnde Form der Betriebserkundung die Arbeitsmethode eines Experteninterviews an. Die Schüler lernen durch das gezielte Befragen eines Experten, dass sie auf diese Weise insgesamt schneller an ihre vorher definierten Informationen und Daten gelangen. Die folgenden Leitfragen (vgl. Abbildung 45) für ein Experteninterview dienen somit als methodische Anregung für die Lokalzeitung als außerschulischen Lernort.

Leitfragen für ein Experteninterview

- Wie recherchiert man grundsätzlich (Internet, Bücher, vor Ort)?
- Welche Bücher bzw. Quellen unterstützen die Informationsaufnahme besonders?
- Welche Struktur besitzen Zeitungstexte?
- Wie unterschiedlich behandeln überregionale Zeitungen ein und dasselbe Thema?
- Welche journalistischen Tipps und Tricks gibt es?
- Wo erlernt man journalistisches Schreiben?
- Welchen Aufbau hat eine Wochen- bzw. Tageszeitung?
- Wie funktioniert der deutsche Zeitungsmarkt?
- Wie arbeitet eine Druckerei?

Abbildung 45: Methodische Anregung für die Lokalzeitung als außerschulischen Lernort.

13.4.3 Nachbereitung

Seit Mitte der 1990er Jahre begannen die Verlage von Zeitungen und Zeitschriften damit, ihre gedruckten Exemplare auch im Internet als Online-Artikel in Form von sogenannten e-paper (elektronisches Papier) anzubieten. Für die Nachbereitung könnte ein Einblick in die Welt der Online-Zeitungen vertiefende Informationen in journalistische Möglichkeiten oder die Welt der Massenmedien gewähren. Generell sollten in diesem Kontext weitere Medienformen diskutiert und verglichen werden, um einen übergeordneten Zusammenhang zu dem Thema herzustellen. Medien knüpfen dabei stets an die Alltags- und Lebenswelt der Schüler an und haben für die Schüler unterschiedliche lebenswirkliche Bedeutungen, welche so aufgegriffen werden können.

Eine kreative Möglichkeit bietet die Erstellung einer eigenen Klassen- oder Schülerzeitung, die anschließend in der Schule verkauft wird (vgl. Abbildung 46). Während der realen Begegnung ermöglicht beispielsweise die Gruppen- oder Partnerarbeit in den jeweiligen Abteilungen der

Lokalzeitung tiefe Einblicke in das zu entdeckende Berufs- und Arbeitsfeld. Dies kann dann in der Rolle eines Experten nachgestellt werden: vom Journalist über die Redaktion bis hin zum Drucker und Verkäufer. Die Lernenden können somit ihre bereits gemachten Erlebnisse noch einmal am eigenen Körper erfahren, indem sie diese durchspielen und eine eigene Zeitung ins Leben rufen.

SCHÜLERZEITUNG

der

IGS MUSTERMANN

Themen:

o **Interview mit dem Direktor**

o **das Schulfest in der letzten Woche**

o **der ewige Streit um die defekten Kopiergeräte**

o **3. Auflage des außerschulischen Lernens erschienen!**

(Entwurf: Brühne / Sauerborn 2010)

Abbildung 46: Anregung für die Gestaltung einer Schülerzeitung.

12 Virtuelle Exkursionen

12.1 Virtuelle Exkursionen und Online-Exkursion

Außerschulisches Lernen bedeutet stets handlungsorientiertes, erkundendes oder entdeckendes Lernen vor Ort, dennoch sei im Folgenden ein aktueller didaktischer Trend erläutert: die sogenannten virtuellen Exkursionen bzw. die Online-Exkursionen. Im engeren Sinne der Arbeitsdefinition (vgl. Kapitel 2.3) gehören diese beiden Formen nicht unmittelbar in den Bereich des außerschulischen Lernens, da sie die außerschulische Lernumgebung lediglich simulieren können. Durch Simulation der Realität wird dabei das allgemeine Problem zunehmender unkontrollierbarer Sekundärerfahrungen verschärft, was sich wiederum kaum effektiv auf die beschriebene entwicklungspsychologische Determinante des Lernenden auswirken kann. Für die kindliche und jugendliche Entwicklung und den lebenslangen Erhalt primärer Erfahrungen vor Ort sind diese Ansätze grundsätzlich kontraproduktiv – aber wie viele andere Medienangebote symptomatisch für die heutige Zeit. Virtuelle oder Online-Exkursionen dienen deshalb als eine Art Notfallplan, sofern das außerschulische Lernen ausfallen und auf einen kurzfristigen spontanen Unterrichtsersatz für die Realbegegnung vor Ort zurückgegriffen werden muss (zum Beispiel bei extremen Wetterbedingungen oder kurzfristiger Erkrankung des Lehrers).

Es existieren zwei Möglichkeiten, mit einer Klasse einen außerschulischen Lernort im Internet aufzusuchen: zum einen virtuelle Exkursionen, bei denen die Schüler eine Internetseite besuchen, die „eine reale Exkursion simuliert" (SCHLEICHER 2004a, S. 57), und zum anderen die Online-Exkursionen, bei denen eine Exkursion von einer externen Personengruppe durchgeführt wird. Bei der virtuellen Exkursion besteht beispielsweise die Möglichkeit, einen weit entfernten Bauernhof zu besuchen, eine Fahrt in eine abgelegene Braunkohlegrube zu simulieren oder einen hohen Berg zu besteigen, ohne auch nur einen Fuß vor die Schultür gesetzt zu haben.

Das Internet bietet mittlerweile ein breit gefächertes Angebot dafür; gerade wenn es aus Kostengründen nicht möglich ist, mit den Schülern einen Vulkan oder See zu besuchen. Durch die virtuelle Begegnung im Internet erhalten die Schüler dennoch interessante Einblicke in weit entfernte außerschulische Lernorte – ohne sie jedoch unmittelbar erlebt oder erkundet zu haben. Die Simulationen aus dem Internet in Form von virtuellen Exkursionen sind in der Regel sinnvoll didaktisch aufbereitet und mit Anschauungsmaterial in Form von Abbildungen und Begleitinformationen ausgestattet. Insgesamt bieten die visuell aufbereitenden Materialien den Schülern damit zumindest sekundäre Sinneswahrnehmungen (teilweise auch durch animierte Sprach- und Tonaufzeichnungen). Im Sinne einer Unterrichtsreihe oder dem projektorientierten Unterricht können virtuelle Exkursionen auch dazu verwendet werden, außerschulisches Lernen oder eine Kurzexkursion vor- oder nachzubereiten (SCHLEICHER 2004a, S. 57). Die Schüler stellen sich so zum Beispiel auf Besonderheiten bezüglich erforderlicher Verhaltensweisen vor Ort ein. Auch im Sinne einer gezielten Informationsaufnahme und -verarbeitung können durch das Internet neue Fragestellungen entwickelt und diese dann vor Ort geklärt werden. Des Weiteren bieten sich auch Vergleiche von Informationsangeboten an. Dabei kann beispielsweise der Frage nachgegangen werden, ob während des außerschulischen Lernens die gleichen Informationen gesammelt werden können wie durch die vorherige Internetrecherche. Innerhalb einer sammelnden und sichernden Nachbereitungsphase können zwei unterschiedliche Schülergruppen ihre Informationsrecherche sowie die Informationen vor Ort gegenüberstellen.

Die zweite Möglichkeit für außerschulisches Lernen in der Welt der vernetzten Computersysteme sind die sogenannten Online-Exkursionen. Hierbei wird die tatsächliche Exkursion von einer schulexternen Gruppe durchgeführt (Studenten oder Wanderer), die dann ihr selbst erarbeitetes Material für externe Benutzer zeitgleich im Internet zur Verfügung stellt. Die Vorbereitung bei dieser Form der virtuellen Exkursion gestaltet sich als sehr aufwendig und kann eigentlich nur dann funktionieren, wenn die Institutionen (zum Beispiel Universität und Schule) eng miteinander kooperieren. Bei Bekanntgabe einer Exkursionsroute oder eines außerschulischen Lehrpfades kann der Lehrer mit seinen Schülern die Lernumgebung oder das Exkursionsgebiet im Unterricht explizit behandeln. Dies betrifft vor allem vorbereitete Fragestellungen der Schüler, welche dann wiederum von der Exkursionsgruppe vor Ort beantwortet und im Anschluss an die Schülerschaft per E-Mail zurückgesendet werden.

Die Studenten führen ihre Exkursion oder ihre Begegnung im Sinne des außerschulischen Lernens durch und stehen durchweg in direktem Kontakt zu den Schülern. So kann zum Beispiel eine Schulklasse einen außerschulischen Lernort in einem fremden Land nachverfolgen und dadurch ihren Wissensdurst nach weit entfernten Orten stillen – das direkte Erlebnis bleibt den Schülern jedoch vorenthalten und somit findet das Lernen nur aus zweiter Hand statt. Die Klasse kann im Unterricht mittels E-Mail oder telefonischer Kontaktaufnahme die Studenten erreichen und gezielte Informationen von ihnen erhalten. Die Schüler können anhand von Fotos und Karten den genauen Aufenthaltsort ihrer Lerngruppe bestimmen. Darüber hinaus kann die Beobachtung universitärer Veranstaltungen zum wissenschaftspropädeutischen Arbeiten genutzt werden. Wenn die Exkursion schließlich beendet ist, „bleibt das Material im Internet stehen – somit wird die Online-Exkursion zu einer virtuellen Exkursion" (SCHLEICHER 2004a, S. 57).

12.2 Auswirkungen des Interneteinsatzes im Unterricht und Ausblick

Der Interneteinsatz im Unterricht ist heute in den Schulen noch nicht die Regel. Als mögliche Gründe hierfür sind exemplarisch die fehlende Ausstattung der Schulen, mangelndes Wissen im Umgang mit dem Internet sowie Vorurteile in Bezug auf die Vor- und Nachteile des Lernens im Internet zu nennen. Trotzdem kann der Einsatz des Mediums Internet die Aufmerksamkeit der Schüler durchaus gezielt lenken und vor allem das zuvor Gelernte vertiefen. Lehrer können zudem das Internet gezielt einsetzen, besonders was den Bezug zu speziellen oder komplexen Themenvorhaben angeht. Aus dem Einsatz im Unterricht resultiert als positiver Nebeneffekt, dass das Interesse der Schüler an dem Medium Internet geweckt bzw. aufgegriffen wird. Zudem können sich die Schüler vor oder nach einer Lerneinheit zum außerschulischen Lernen mit einem Thema vertiefend auseinandersetzen.

Darüber hinaus bietet das Internet auch für die Lehrperson verschiedene Anwendungsmöglichkeiten: Sie kann eigene Informationen und Vorträge mittels des Internets vorbereiten oder am Computer (zum Beispiel durch Projektion mit einem Projektor) präsentieren. Auch die Empfehlung von zuvor geprüften Internetseiten bietet eine sinnvolle Möglichkeit des Einsatzes im Unterricht, sodass sich die Schüler generell weitere Informationen zu einem Thema beschaffen können. SCHLEICHER spricht in diesem Kontext sogar von einem Ab- oder Vergleich zwischen Schulbuch- und Internetinformationen (2003, S. 58). Das Medium Computer bietet dem Lehrer oftmals die Chance einer anschaulichen Unterrichtsgestaltung, zum Beispiel durch Computersimulationen, die mit „3-D Ansichten und mit Zeitverzögerungstechnik[en] ablaufende Prozesse dynamischer und anschaulicher" (ebd., 2004b, S. 16) darstellen können.

Von Seiten der Schüler besteht teilweise ein hohes Interesse am Umgang mit dem Internet. Laut einer Studie von 2001 besuchen Schüler im Internet vermehrt geographische Websites, obwohl sie nicht explizit vom Lehrer dazu aufgefordert wurden (ebd., S. 17). Die Schüler gaben als Gründe dafür vor allem an, das Internet für weiterführende oder aktuelle Informationsbeschaffung zu nutzen.

Ob diese modernen Ansätze virtueller Exkursionen oder Online-Exkursionen an den Lernerfolg von erkundendem Lernen vor Ort anknüpfen können, ist zu hinterfragen, denn das Herausgehen (excursio bedeutet im lateinischen auslaufen: ex = „aus" + currere = „laufen") aus dem Schulgebäude ist hierfür nicht zwingend notwendig und erreicht somit auch nicht die erwünschte didaktische Intention außerschulischen Lernens. Insgesamt lässt sich festhalten, dass das Internet eine Vielfalt an Möglichkeiten für eine effektive Nutzung im Unterricht bietet. Die auf dem Internet basierenden Exkursionen ermöglichen es den Klassen, eigene Fragestellungen selbst zu erforschen und mehr Informationen zu erhalten, als ihnen zum Beispiel manches veraltete Lehr- oder Schulbuch zu einem Thema bieten kann. Lehrer sollten die Chance nutzen und das Interesse der Schüler für die Benutzung des Internets aufgreifen. Im Anschluss soll eine kommentierte Auswahl von Internetadressen das Thema Onlinebegegnungen oder virtuelle Exkursionen abrunden.

12.3 Kommentierte Internetadressen für virtuelle Exkursionen

o http://www.lfs-koeln.de/projekte/protag1998/suedturm/index.htm

> Die Seite besitzt einen großen Heimatbezug. Die Verlinkung ist unglücklich gewählt, da man immer zur Startseite zurückkehrt. Eine Integration des Textes auf der Startseite mit den einzelnen Beiträgen wäre wünschenswert. Die Fotos und die schematische Darstellung der einzelnen Stationen macht die Seite aber durchaus sehenswert. Insgesamt ließe sich diese Seite gut zur Vorbereitung einer eigenen Dom-Besteigung nutzen.

o http://www.therocks.com/multilingual/german/virtual_tour.html

> Auf dieser (englischsprachigen) Seite kann man mittels Videos, Webcams und Bildergalerien einen authentischen Eindruck der Hafengegend Sydneys gewinnen. Über die Kategorie Discover gelangt man zur Auswahl der virtuellen Touren. Empfohlen wird diese Seite von http://www.vdr-bund.de/VDR-Zeitschrift/PDF/Heft_1-2005/Australien.pdf. Diese Broschüre über Australien im Internet liefert viele weitere Links zu interessanten Seiten über diesen Kontinent, die für den Einsatz im Erdkundeunterricht der Realschule geeignet sind.

o http://www.bundestag.de/bau_kunst/virtuelle_rundgaenge/index.html

Der virtuelle Rundgang durch das Parlamentsviertel in Berlin ist vor allem für ältere Jahrgänge interessant, die sich einen Ausflug nach Berlin nicht leisten können. Man kann sich alle Gebäude von innen und außen ansehen, wodurch man sogar näher an Einrichtungen heran kommt als ein Vor-Ort-Besucher. Bei der eigentlich einfachen Steuerung verliert der Benutzer allerdings leicht die Übersicht, da jedes Bild eine weitere Möglichkeit des Anklickens bietet. Außerdem ist jedes Bild mit einer Erklärung versehen.

o http://www.zdf.de/ZDFde/inhalt/0/0,1872,2390112,00.html

Über die Seite des ZDF gelangt man über einen Link zum virtuellen Rundgang durch die Dresdner Frauenkirche. Diese professionell gestaltete Seite ist mit dramaturgischer Musik hinterlegt, wird begleitet von Audiokommentaren und ist mit guten Animationen ausgestattet. Eine gelungene Seite für einen anspruchsvollen und anschaulichen Unterricht.

o http://www.uni-giessen.de/~g81183/

Hier gibt es eine Online-Exkursion in die Türkei zu begutachten sowie eine Exkursion nach Griechenland. Anders als zum Beispiel bei den Südostasien-Exkursionen der Uni Erlangen hat man hier auch ohne vorherige Anmeldung Zugriff auf die Karten und Materialien der Exkursion. Des Weiteren gibt es zu jedem Standort der Exkursion ausführliche Inhaltsangebote.

o http://www.swisseduc.ch/stromboli/virtual-excursions/index-de.html

Die Schweizer Internetseite bietet eine gute Möglichkeit für eine geomorphologische Exkursion. Von Russland über Italien bis nach Hawaii stehen dem Benutzer 10 Exkursionen zur Verfügung. Jede Exkursion bietet sehr ausführliche Informationen zu unterschiedlichen Themenfeldern. Das Menü ist klar strukturiert – besonders die virtuelle Besteigung des Strombolis ist ein echter Geheimtipp.

Im Folgenden noch ein paar interessante Internetadressen, die nicht nur für Exkursionsvor- und -nachbereitung von Nutzen sind, sondern auch die Möglichkeit bieten, den allgemeinen Geographieunterricht interessanter zu gestalten (GRÖNE 2004, S. 13 ff.):

o Satellitenbilder zum aktuellen Wetter:
(http://www.wetter.com/home/)

o Aktuelle Informationen über weltweite Erdbeben:
(http://neic.usgs.gov/neis/bulletin/bulletin.html)

- Das Flood forecasting and warning centre (Bangladesch) vermittelt Informationen zur Wassersituation (Niederschlag, Hydrographie, Überschwemmungsgebiete, Flutstatistik usw.) in Bangladesch während der Monsunzeit:
    (http://www.ffwc.net/)

- Landsat Satellitenbilder dokumentieren den Grad der Abholzung des tropischen Regenwaldes in Amazonien und zeigen die Wirklichkeit des tropischen Regenwaldes hinter den Atlaskarten:
    (http://www.grid.inpe.br/grid2/quick-looks.html)

- Glaziale Landschaftsformen lassen sich durch eine virtuelle Begehung des Morteratschgletschers kennen lernen:
    (http://www.kzu.ch/fach/gg/feld/virtualmorteratsch/Morteratsch.html)

- Das Ruhrgebiet lässt sich auf Routen mit unterschiedlichen thematischen Schwerpunkten virtuell bereisen:
    (http://www.route-industriekultur.de/routen/route.htm).

13   Fazit zur Didaktik des außerschulischen Lernens

> *„Nichts ist verblüffender als die Wahrheit, nichts exotischer als unsere Umwelt, nichts phantastischer als die Wirklichkeit."*
>
> Egon Erwin Kisch (1885 - 1948)

Um den Schülern den Unterricht so motivierend und spannend wie möglich zu gestalten, sollte der Lehrer darauf achten, nicht nur theoretische Grundlagen im Unterrichtsalltag zu vermitteln, sondern ebenso der handlungsnahen Praxis eine angemessene Rolle im Lernen zukommen zu lassen. Diese geforderte Praxis kann innerhalb der Klassenzimmer zum Beispiel durch Spiele (Rollen- oder Planspiele) oder projektorientierte Schülerarbeiten (Plakate und Modelle) herbei geführt werden. Wesentlich effektiver ist jedoch das außerschulische Lernen an außerschulischen Lernorten, denn hier verzahnen sich Theorie und Praxis bestmöglich ineinander. Besonders im Rahmen der heute zunehmenden Ganztagsangebote von Schulen oder in Projektphasen bietet das außerschulische Lernen die Chance, neue Lernperspektiven zu entwickeln, gemeinsame Lernformen zu erproben und im Unterricht Gelerntes in authentischen Situationen anzuwenden.

Im Pädagogik-Lexikon findet sich unter dem Stichwort *Lernort* folgende Erläuterung: „Als Lernort gelten neben der Schule noch solche Orte oder Institutionen, an denen institutionalisiertes Lernen stattfindet, etwa Betrieb, Lernwerkstatt oder Studio. Das Lernangebot wird durch die Pluralität der Lernorte differenziert. Ebenso werden aber auch solche Orte als Lernorte bezeichnet, die ursprünglich nicht für das Lernen vorgesehen sind, an denen aber gleichwohl gelehrt und gelernt werden kann und die etwa im Rahmen von Projekten oder Exkursionen besucht werden können" (REINHOLD et al. 1999, S. 367). Die Ausführungen in diesem Buch zeigen, dass die innovative Form des außerschulischen Lernens beiden Aspekten ausnahmslos gerecht werden kann.

Durch das außerschulische Lernen wird die Institution Schule schrittweise nach außen geöffnet. Wenn das Ziel schulischer Bildung lauten soll „Nicht für die Schule lernen wir, sondern für das Leben", dann müsste demnach in Bezug auf das außerschulische Lernen ergänzt werden: „Nicht nur für das Leben lernen wir, sondern auch durch das Leben". Das bedeutet nicht zuletzt: in lebenswirklichen Situationen und nicht aus der theoretischen Vermittlung. Wenn Schule und Unterricht auf die Lebenswirklichkeit und die sich ständig ändernden Bedingungen und Anforderungen unserer Gesellschaft vorbereiten sollen, sollte durch das Klassenzimmer kein abgegrenzter Schonraum entstehen, indem Wissen aus zweiter Hand vermittelt wird. Die schulische Öffnung kann dabei auf zwei Ebenen betrachtet werden:

- Raus aus der Schule im Sinne des außerschulischen Lernens, um Erkenntnisse und Erfahrungen aus erster Hand zu erhalten.

- Rein in die Schule durch das Hereinholen und Integrieren von Experten – im Sinne einer Vor- und Nachbereitung des außerschulischen Lernens.

Die intensive Auseinandersetzung mit der Didaktik des außerschulischen Lernens zeigt, welche vielfältigen Gründe für das Aufsuchen eines außerschulischen Lernortes sprechen können. Nicht nur aus lernpsychologischer Sicht kommt dem außerschulischen Lernen eine immense Bedeutung zu. Es können auch wichtige Prinzipien eines alltags- und lebensweltorientierten Unterrichts umgesetzt werden. Insbesondere beim projektorientierten Unterricht und beim entdeckenden bzw. erkundenden Lernen ist es unverzichtbar, ausgewählte außerschulische Lernorte als festen Bestandteil in die Unterrichtsplanung zu integrieren. Zusätzlich bietet sich auch das fächerübergreifende oder -kooperierende Lernen an, um zeitlich-personelle Prämissen des außerschulischen Lernens zu überwinden. Die außerschulische Begegnung verhilft in erster Linie dazu, dass die Schüler den Lerngegenstand stets in seiner Gesamtheit und mit möglichst vielen Sinnen wahrnehmen können. Lernende entwickeln im Kontext des außerschulischen Lernens damit Fähigkeiten und Kompetenzen, für die im Regelunterricht oftmals der Bezugsrahmen fehlt, da die Wirklichkeit umständlich veranschaulicht werden muss. So stellt das außerschulische Lernen eine gute Möglichkeit für die Individualisierung von Lernprozessen dar und kommt damit zugleich der Pluralisierung der Lebensformen unserer postmodernen Gesellschaft nahe.

Mit Hilfe des hier dargelegten didaktischen Ansatzes sollte es fortan möglich sein, einerseits gängige bekannte Orte oder Institutionen (zum Beispiel Wald oder dem Betrieb) als außerschulische Lernorte zu thematisieren, aber auch solche Gegebenheiten zu berücksichtigen, die ursprünglich weniger für den Schulunterricht vorgesehen sind (zum Beispiel Marktplatz und Messen). Die Differenzierung in gebundene und offene Formen der Lernstruktur sowie die vorgestellte Klassifikation in die verschiedenen Bereiche der Alltags- und Lebenswelt geben Einblick in die umfangreiche Welt des außerschulischen Lernens und bieten zudem viele Anregungen und Hilfestellungen für die Praxis. Durch die Orientierung an dem methodischen Dreischritt (dem sogenannten Planungsdreischritt) kann jeder Leiter, Er(d)kund(l)er oder Lehrer einen frei wählbaren Lernort für die außerschulische Begegnung mit seiner Gruppe oder Klasse gestalten. Auch wenn einige außerschulische Lernorte gewisse Besonderheiten aufweisen und mit erhöhtem Mehr- und Materialaufwand verbunden sein können, kann die Effektivität der Lernergebnisse um ein Vielfaches gesteigert werden. Die Schüler begegnen den Objekten ihrer Welt im Original und verbinden damit eine gesteigerte Motivation an ihrem schulisch initiierten Lernprozess. Der pädagogischen Psychologie ist die vorrangige Stellung der Motivationsförderung bereits lange bekannt, über die sich dann systematisch das Interesse abzeichnen kann und letztlich auch jene kognitionspsychologischen Abläufe im Gehirn, die für das Lernen und die Wissensverankerung ihre Hauptverantwortung tragen (BRUNER 1974). Die handelnde Auseinandersetzung vor Ort bzw. das handelnde Erleben mit einer realen Begegnung wirkt dabei wie ein Katalysator und fördert das langfristige Lernen vehement. Um Schülern mit unterschiedlichem Wissenstand auf einen gemeinsamen Nenner zu bringen und Kindern bzw. Jugendlichen mit geringen Primärerfahrungen Chancengleichheit zu ermöglichen, sollte in jeder Schulform außerschulisches Lernen stattfinden, denn die Vielzahl der außerschulischen Lernorte bietet mehr Möglichkeiten der Binnendifferenzierung als traditionelle Unterrichtsstile innerhalb des Klassenraums.

Ein besonders wichtiges Argument für das außerschulische Lernen scheint die Tatsache zu sein, dass die veränderten Erfahrungsgegebenheiten und Sozialisationseffekte der Kinder und Jugendlichen kompensiert werden müssen. Es wurde unter anderem gezeigt, dass das außerschulische Lernen eine lange und breite erziehungswissenschaftliche Tradition pflegt und es sich hierbei um keine pädagogische Neuerfindung handelt. Auch wenn sich die Denkstrukturen und die

Speicherung von Wissen der Menschen nicht grundlegend geändert haben, so kristallisiert sich trotz alledem ein feiner Unterschied zwischen dem Schüler des 16. und 21. Jahrhundert heraus. In der Vergangenheit ging es noch vornehmlich darum, bei den außerschulischen Lernorten die lebendige Anschauung aufzusuchen. Im 21. Jahrhundert tritt diesem Aspekt nun ein weiterer Grund hinzu: Ein Großteil der Kinder und Jugendlichen sammelt heute während ihrer Entwicklung ein vergleichsweise geringes Maß an Primärerfahrungen (MEISSNER 1996). Die Schule sollte sich diesem Problem stellen und einer solchen defizitären Gesellschaftsentwicklung entgegenwirken. Das außerschulische Lernen, das reale Lernen vor Ort und nur die Begegnung mit dem Original besitzt das größtmögliche Potential der Vermittlung möglicher fehlender Primärerfahrungen, welche so immens wichtig sind für die kindliche Entwicklung und den Weg in die Mündigkeit.

14 Ausblick zur Didaktik des außerschulischen Lernens

Erlerntes, welches heute noch aktuell erscheint, ist morgen schon wieder überholt. Wie soll da Wissen vermittelt werden, welches in zehn Jahren noch Gültigkeit hat? Seitdem die Frage nach der Verbesserung des Unterrichts im Zuge der Entwicklung einer allgemeinen, aber auch einer fachspezifischen Didaktik auftauchte, wurden einige Versuche unternommen, welche genau diese Verbesserungen anzustreben versuchen: zum Beispiel die theoretische Entwicklung von didaktischen Modellen, welche den Unterricht in Bezug auf langfristiges Lernen steigern und qualitativ verbessern sollen. Da sich gerade in neuerer Zeit der Trend dahingehend zeigt, dass das Lernen mit Kopf, Hand und Herz (J. H. PESTALOZZI 1746 - 1827) gerade diejenige Lernmethode ist, welche die effizientesten Lernerfolge und -resultate erzielt, wird das handelnde Erschließen der Wirklichkeit für den Schüler und damit auch für den Lehrer von fundamentaler Bedeutung.

Das außerschulische Lernen ist seit einiger Zeit durch eine steigende Beliebtheit gekennzeichnet und findet dementsprechend verstärkten Eingang in die theoretischen Diskussionen des Bildungssektors. An einzelnen Universitäten werden seit einigen Jahren die Möglichkeiten und Grenzen des außerschulischen Lernens systematisch erprobt und empirisch erforscht: Studenten erarbeiten neue Themen und bereiten Lerngegenstände auf, Hochschuldozenten zerbrechen sich den Kopf über Lerntheorien und -konzeptionen und in Blockpraktika oder schulpraktischen Studien trifft die ganze Rezeptur dann auf das eigentliche Bezugsobjekt: den Schüler. In den groß angelegten didaktischen Forschungen führt das außerschulische Lernen dennoch oftmals ein isoliertes Dasein, woraus gravierende Forschungsdesiderate resultieren. Zudem deutet sich in der Literatur eine steigende Begriffsvielfalt für das außerschulische Lernen an, was auf eine theoretische Fragmentierung der didaktisch-methodischen Konzeption hindeutet. Die unterschiedlichen Begriffe und Konzepte fußen in der Regel auf differenten wissenschaftstheoretischen Forschungsansätzen und führen häufig zu wissenschaftlichen Diskussionen, welche für die Praxis uninteressant sind und zudem noch kaum nachvollziehbar erscheinen.

Für die Praxis ergibt sich daraus die Problematik, dass das ursprüngliche Konzept des außerschulischen Lernens in einer Masse von unstrukturierten Ideen (vielmehr Ideologien, da nicht selten ideologisch geprägt) untergeht. Davon profitiert der eigentliche Bezugspunkt dieses ursprünglichen pädagogischen Konzepts – nämlich die Schule, der Unterricht und vor allem die Kinder und Jugendlichen – reichlich wenig. Dabei ist von Seiten der praktischen Unterrichtsforschung erkennbar, dass engagierte Lehrer oder interessierte Lehramtsanwärter solche ewigen Diskussionsstränge grundsätzlich als ermüdend oder verwirrend aufnehmen und diesen nicht selten ablehnend gegenübertreten. Aus diesem Grund stehen die verschiedenen fachdidaktischen Ausrichtungen vor einer schwierigen Aufgabe: einer Akzeptanz und Konsensfindung für das außerschulische Lernen an außerschulischen Lernorten. Ein erster Ansatzpunkt für die Überwindung der angedeuteten Problematik könnte die Tatsache sein, dass mehrheitlich Einigkeit darüber herrscht, dass außerschulische Begegnungsformen handelndes oder aktives Lernen fördern, womit dem bereits vorliegenden Konzept der Handlungsorientierung (GUDJONS 2008) viel zu verdanken ist.

Im Zuge sich verändernder Lebensbedingungen von Schülern und Jugendlichen, integrationspädagogischer Diskussionen, Bildungsstandards, Gewaltprävention, massenmedialer und technologischer Errungenschaften in der Welt, zunehmender sozialer Problematiken eignet sich das außerschulische Lernen besonders für den teilweise tristen Unterrichtsalltag im Klassenzimmer, welcher nicht selten problembehaftet in Erscheinung tritt. Durch diese offene Lernmethode innerhalb des außerschulischen Lernens wird der Mensch mit seinen Sinneswahrnehmungen auf ganzheitlicher Ebene gefördert. Dabei stehen kein besonderen pädagogischen Zaubermittel zur Verfügung, sondern didaktisch-methodische Grundüberlegungen, die sich schon seit Jahrhunderten bewähren konnten, dennoch über die Jahre untergraben werden zu drohten. Galt es in der Vergangenheit für den Lehrer als eine Selbstverständlichkeit, seine exemplarischen Bildungsvorhaben und Lerngegenstände den Schülern vor Ort anschaulich zu präsentieren, so neigt der Lehrer des 21. Jahrhunderts heute eher dazu, diese didaktische Maßnahme durch den Einsatz modernster Medien und Materialien zu substituieren. Paradoxerweise werden bei der Legitimation nach dem bestmöglichen Grad an Anschaulichkeit nur verschiedene didaktische Medien und Materialien untereinander verglichen; mögliche Realobjekte und -begegnungen vor Ort werden kaum in Betracht gezogen. Der ausschließliche Einsatz von Materialien und Medien im Unterricht könnte sich jedoch für die Zukunft als eine deutliche Fehlentwicklung bewahrheiten, da dies die Gefahr zunehmender Sekundärerfahrungen innerhalb des Lernprozesses in sich birgt. Deshalb sollte das außerschulische Lernen eine Renaissance erleben, anstatt in pädagogischen Schubladen zu verstauben oder jahrelangen theoretischen Diskussionen nachzueifern.

Besonders die Orientierung an der Lebens- und Alltagswelt, hervorgerufen durch das außerschulische Lernen vor Ort, bietet zahlreiche Möglichkeiten, Zugänge zu den Schülern des 21. Jahrhunderts zu errichten. Dabei wird lediglich die Grundintention von Bildung aufgegriffen: Schule soll dem Lernenden auch Freude bereiten und kein lästiges Hindernis auf dem Weg in das Erwachsenenalter darstellen. Wichtig für das außerschulische Lernen ist die Prämisse, dass außerschulisches Lernen keine Absage an den herkömmlichen Unterricht bedeutet, sondern vielmehr ein wichtiger Bestandteil von Unterrichtswirklichkeit sein kann (oder zumindest sollte). „Gerade in der Ergänzung von erfahrungsbezogenem Lernen und systematischer Vermittlung liegt die Chance für eine qualifizierte Bildung" (BASTIAN 1992, S.50). Die Thematisierung eines außerschulischen Lernorts ist deshalb unter keinen Umständen als isolierter Sonderunterricht zu betrachteten, sondern immer eine integrierende Makromethode innerhalb eines schülerorientierten Gesamtkonzepts von Bildung – als fester Bestandteil der zu entscheidenden Implikationszusammenhänge von Unterrichtsprozessen. Bei dieser klassischen und doch innovativen Lehr- und Lernform handelt es sich stets um ein sich selbst ergänzendes Methodenrepertoire. Durch die Orientierung an den einzelnen methodischen Schritten zeigt sich diese Tatsache besonders, denn die Vorbereitung auf das Lernen vor Ort findet ihren Ursprung stets im Klassenzimmer und die Nachbereitung führt am Ende des außerschulischen Lernens auch dorthin zurück.

Pädagogisch-psychologische Theorien zur Lernmotivation (vgl. DECI & RYAN 1993, KRAPP 1989, 1999 und 2001, LEWALTER 2002, RHEINBERG 2008), der Naturwissenschaftsdidaktik sowie der Museumspädagogik können bei der Neu- bzw. Wiederentdeckung des außerschulischen Lernens unterstützend wirken, so zum Beispiel Konzepte zum situationalen Interesse und die Selbstbestimmungstheorie von DECI & RYAN (1993). Diese Konzepte gehen davon aus, dass Lernumwelten, die dem Lernenden eine hinreichende Befriedigung der drei grundlegenden psychologischen Bedürfnisse (basic needs) nach Kompetenz, Autonomie und sozialer Eingebundenheit ermöglichen, das Auftreten einer vermehrt selbstbestimmten Motivation während des Lernprozesses erleichtern. Auch aktuelle museumspsychologische Forscher auf dem Gebiet der Besucherforschung sind ständig auf der Suche nach Möglichkeiten der Wahrnehmungs- und Motivationssteigerung (Flow Experience) (vgl. SCHÄFER 2006, S. 54 f.). Erste Ergebnisse sind unter anderem die emotionale Berührung des Besuchers durch Kontextualisierung der Exponate. Auch der erfolgreiche Einsatz von interaktiven Medien steigert hier den Erlebens- oder Erlebnisgrad während des außerschulischen Lernens im Museum (ebd., S. 57 ff.). Damit sind beispielhaft auch die Zukunftsaussichten für den außerschulischen Lernort Museum als vielversprechend zu bewerten.

Außerschulische Lernorte haben einen Markt, denn die Nachfrage scheint zu steigen – betrachtet man alleine die Auswahl an kommerziellen Umweltbildungseinrichtungen. Da bekanntlich die Nachfrage das Angebot lenken kann, sollte Schule auch einen geeigneten Anforderungskatalog aufstellen, damit sich die angrenzende Bildungslandschaft wie zum Beispiel Schulbuchverlage, Fachdidaktik und Landesmedienstellen zeitnah auf das außerschulische Lernen einstellen können. Zudem kann die Öffnung von bestimmten Einrichtungen auch Akzeptanz bedeuten und so zum Beispiel mögliche negative Einstellungen und Vorurteile zu Einrichtungen wie der Schule abbauen.

Mit Hilfe der Didaktik des außerschulischen Lernens kann unter anderem aufgezeigt werden, dass sich die Entwicklung der didaktischen und fachdidaktischen Diskussion bis in ihre jeweils aktuellste Phase durch die Etablierung neuer Leitmotive nachskizzieren lässt. Genannt seien an dieser Stelle exemplarisch das Globale Lernen, die Umweltbildung und die sogenannte Bildung für eine nachhaltige Entwicklung. Durch die teilweise kurzen methodischen Hinweise der damit verbundenen fachdidaktischen Diskussionen und mit Hilfe unterschiedlicher punktueller Anregungen aus den Leitbildern erheben viele Verfasser den Anspruch, ein grundsätzliches didaktisch-methodisches Konzept neu erfunden zu haben. Bei genauer Prüfung auf praxistaugliche Umsetzung fällt jedoch auf, dass diese Beiträge und Leitbilder entweder thematisch isoliert dargestellt werden müssen oder generell als ihren eigenen Lösungsvorschlag, ein sich ständig wiederholendes Spektrum an Tätigkeits- bzw. Handlungsmustern aus bereits bekannten pädagogischen Elementen der Vergangenheit, zu etablieren versuchen. Dabei fällt vordergründig eine Vernachlässigung auf, welche in der Umweltbildung schon seit Ende der 1980er Jahre als Dilemma betitelt wurde (KUCKARTZ & RHEINGANS-HEINTZE 2006): die Diskrepanz zwischen Umweltwissen und Umwelthandeln. Dadurch, dass Wissen aufgezeigt und vermittelt wird, entsteht noch lange nicht das daraus zu erwartende anwendbare Wissen bzw. Handeln eines Menschen. Außerschulisches Lernen setzt an dieser Tatsache an und fordert grundsätzlich keine neuen pädagogischen Leitmotive und keine neuen fachdidaktischen Leitbilder, sondern vielmehr effektive didaktisch-methodische Aufbereitungen von möglichen außerschulischen Lernorten, welche sich wiederum an der lebenspraktischen Wirklichkeit des Schülers bestmöglich zu orientieren versuchen. Außerschulisches Lernen bedeutet vorwiegend eine lebendige Auseinandersetzung an authentischen Orten. Dabei geht es um die Darstellung und Durchführung von Unterrichtsinhalten an außerschulischen Lernorten, welche somit die tatsächliche Operationalisierung bildungspolitischer Wunschvorstellungen sind.

In der sich ständig wandelnden Gesellschaft bleibt die Sinnesorientierung zunehmend ein individueller Prozess. Demnach müssen Schüler selbst eine Identität herstellen und selbstständiger planen, verstehen, entwerfen und sich wiederum dynamisch der jeweiligen Situation anpassen lernen. Insgesamt stellt das außerschulische Lernen eine gute Möglichkeit für die Individualisierung von Lernprozessen dar. Hierin liegt mit Sicherheit eine große Chance, gemeinsam mit dem Schüler seinen Bildungsweg zu bestreiten, der ihn am Ende zu individuellen Wertvorstellungen und damit einhergehenden autonomen Handlungsmotiven geleiten wird. In zahlreichen empirisch evaluierten Praxiserprobungen hat sich das außerschulische Lernen über die Jahre bewähren können. Nun ist die Zeit gekommen, in der auch die Kinder und Jugendlichen von dieser alternativen Unterrichtsmethodik profitieren sollen. Das aktive Lernen an außerschulischen Lernorten bietet dem Bildungssystem bedeutende Möglichkeiten einer systematischen Neuorientierung, um vielleicht auf lange Sicht die ernüchternde Erkenntnis der Evaluationsergebnisse von Vergleichsstudien (zum Beispiel IGLU, PISA und TIMMS) entgegen zu wirken. Dennoch sind solche offen ausgerichteten Unterrichtsformen kein vollständiger Ersatz für den realen Schulalltag mit seinen vielfältigen Unterrichtsstunden. Deshalb tritt die Didaktik des außerschulischen Lernens nach wie vor als eine Besonderheit im Unterrichtsalltag auf, welche jedoch immer auf ganzheitliche Lernstrukturen und -prozesse des Menschen ausgerichtet sein sollte, um kontinuierlich die Wahrnehmung mit allen Sinnen zu fördern: mit Kopf, Herz und Hand.

Literatur

ACKERMANN, P. (Hrsg.) (1988): Politisches Lernen vor Ort. Außerschulische Lernorte im Politikunterricht. Stuttgart.
ACKERMANN, P. et al. (1994): Politikdidaktik kurz gefasst. Planungsfragen für den Politikunterricht. Schwalbach.
AEBLI, H. (1980): Denken: Das Ordnens des Tuns (Bd. 1). Stuttgart.
AEBLI, H. (1981): Denken: Das Ordnens des Tuns (Bd. 2). Stuttgart.
AEBLI, H. (2006): Zwölf Grundformen des Lehrens. Stuttgart.
ALY, M. (1999): Das Sorgenkind im ersten Lebensjahr. Berlin & Heidelberg.
ANTOR, G. & U. BLEIDICK (2000): Behindertenpädagogik als angewandte Ethik. Stuttgart u.a..
[AUMA] AUSSTELLUNGS- & MESSE-AUSSCHUSS DER DEUTSCHEN WIRTSCHAFT (Hrsg.) (1996): AUMA-Leitsätze zur Typologie von Messen und Ausstellungen. Berlin.
[AUMA] AUSSTELLUNGS- & MESSE-AUSSCHUSS DER DEUTSCHEN WIRTSCHAFT (Hrsg.) (2005): Die Messewirtschaft. Bilanz 2004/2005. Berlin.
BAACKE, D. et al. (1998): Jugendliche im Sog der Medien. Opladen.
BAACKE, D. (2004): Die 6-12jährigen. Weinheim (Neubearbeitung).
BAACKE, D. (2003): Die 13-18jährigen. Weinheim (8 Aufl.).
BAIER, H. et al. (Hrsg.) (1999): Umwelt, Mitwelt, Lebenswelt im Sachunterricht. Probleme und Perspektiven des Sachunterrichts (Bd. 9). Bad Heilbrunn.
BASTIAN, J. (1992): Schülerorientierung. Ein kritischer Rückblick nach vorn. In: geographie heute (H. 100), S. 45 - 52.
BASTIAN, J. (1995): Offener Unterricht. In: Padogogik (H. 12), S. 6 - 11.
BERTHOLD, M. & J.W. ZIEGENSPECK (2002): Der Wald als erlebnispädagogischer Lernort für Kinder. Lüneburg.
BIRKENHAUER, J. (Hrsg.) (1995): Außerschulische Lernorte. Nürnberg (= HGD Symposium Benediktbeuren, 1993).
BIRKENHAUER, J. (Hrsg.) (1997): Didaktik der Geographie – Medien: Systematik und Praxis. München.
[BLK] BUND LÄNDER KOMMISSION FÜR BILDUNGSPLANUNG UND FORSCHUNGSFÖRDERUNG (Hrsg.) (1999): Bildung für eine nachhaltige Entwicklung - Gutachten zum Programm von G. De HAAN et al.. Materialien zur Bildungsplanung und zur Forschungsförderung Heft 72. Bonn.
BLOOM, B. S. (1973): Taxonomie von Lernzielen im kognitiven Bereich. Weinheim & Basel (2. Aufl.).
BOHL, T. (2009): Prüfen und Bewerten im Offenen Unterricht. Neuwied (4 Aufl.).
BÖHN, D. (Hrsg.) (1999): Didaktik der Geographie – Begriffe. München.
BREITINGER, M. & D. FISCHER (1993): Intensivbehinderte lernen leben. Würzburg.
BRUNER, J. (1974): Entwurf einer Unterrichtstheorie. Berlin.
BRUNER, J. (1980): Der Prozess der Erziehung. Berlin (5. Aufl.).
BUDKE, A. & M. WIENECKE (Hrsg.) (2009): Exkursion selbst gemacht: innovative Exkursionsmethoden für den Geographieunterricht. Potsdam (= Praxis Kultur- und Sozialgeographie, Bd. 47).

BULSCHO, D. & H. SEYBOLD (1996): Umweltbildung und ökologisches Lernen. Berlin.

BURK, K. & C. CLAUSSEN (1980): Lernorte außerhalb des Klassenzimmers I: Didaktische Grundlegung und Beispiele. Frankfurt/Main (= Beiträge zur Reform der Grundschule, Bd. 45).

BURK, K. & C. CLAUSSEN (1981): Lernorte außerhalb des Klassenzimmers II: Methoden - Berichte - Hintergründe. Frankfurt/Main (= Beiträge zur Reform der Grundschule, Bd. 49).

BURK, K. et al. (2008): Schule außerhalb der Schule. Lehren und Lernen an außerschulischen Lernorten. Frankfurt/Main.

BUSSMANN, M. (2002): Zusammenarbeit mit außerschulischen Experten. In: Pädagogik (H. 11), S. 28 - 30.

CAPAUL, R. (2001): Planspiele mit Erfolg einsetzen. In: KREKAU, C. & J. SIEGERS (Hrsg.): Handbuch der Aus- und Weiterbildung (Bd. 137). Köln, S. 1 - 18.

CLAUSSEN, C. (2004): Lernorte außerhalb der Schule. In: Lernchancen (H. 40), S. 4 - 5.

CORNELL, J. (1999): Mit Kinder die Natur erleben. Mülheim.

DECI, E.L. & R. M. RYAN (1993): Die Selbstbestimmungstheorie der Motivation und ihre Bedeutung für die Pädagogik. In: Zeitschrift für Pädagogik (39), S. 223 - 238.

DEUTSCHE SHELL (Hrsg.) (2002): Jugend 2002. Frankfurt/Main.

DEUTSCHE SHELL (Hrsg.) (2004): Jugend 2004. Frankfurt/Main.

DEUTSCHE SHELL (Hrsg.) (2006): Jugend 2006. Frankfurt/Main.

[DGFG] DEUTSCHE GESELLSCHAFT FÜR GEOGRAPHIE (Hrsg.) (2007): Bildungsstandards im Fach Geographie für den Mittleren Schulabschluss. Berlin (4. Aufl.).

DÜHLMEIER, B. (2008): Außerschulische Lernorte in der Grundschule. Baltmannsweiler.

DÜHLMEIER, B. (2010): Mehr Außerschulische Lernorte in der Grundschule. Baltmannsweiler.

FERCHHOFF, W. (2007): Veränderte Erziehungs- und Sozialisationsbedingungen in Familie, Schule, Beruf, Freizeit und Gleichaltrigengruppe. Wiesbaden.

FLATH, M. & J. SCHOCKMÖHLE (Hrsg.) (2009): Regionales Lernen - Kompetenzen fördern und Partizipation stärken. Weingarten (= Geographiedidaktische Forschungen, Bd. 45).

FOURNÉS, A. (2008): Lernen an außerschulischen Orten. Oder: Zur Verbindung innerschulischen Lernens mit der „Welt da draußen". In: Grundschule Sachunterricht (H. 39), S. 2 - 5.

FRÖHLICH, A. et al. (1997): Basale Stimulation. Neue Wege in der Intensivpflege. München.

FRÖHLICH, A. & T. HERINGER (1997): Selbstverletzendes Verhalten von Schülern mit geistiger Behinderung - eine Studie an Sonderschulen in Rheinland- Pfalz. In: Sonderpädagogik in Rheinland- Pfalz 27, Heft 2, S. 22 - 40 und Heft 3, S. 15 - 30.

GROBER, U. (2003): Modewort mit tiefen Wurzeln. Kleine Begriffsgeschichte von „sustainability" und „Nachhaltigkeit". In: Generationengerechtigkeit (1), S. 11 - 14

GRÖNE, L. (2004): Das Internet im Erdkundeunterricht. In: SCHLEICHER, Y. (Hrsg.): Computer, Internet & Co. im Erdkundeunterricht. Berlin, S. 13 - 17.

GUDJONS, H. (2003): Frontalunterricht neu entdeckt. Bad Heilbrunn.

GUDJONS, H. (2008): Handlungsorientiert Lehren und Lernen. Schüleraktivierung. Selbsttätigkeit. Projektarbeit. Bad Heilbrunn (6. Aufl.).

HÄCKER, T. (2006). Portfolio: ein Entwicklungsinstrument für selbstbestimmtes Lernen. Eine explorative Studie zur Arbeit mit Portfolios in der Sekundarstufe 1. Baltmannsweiler.

HARD, G. (1995): Spuren und Spurenleser. Osnabrück (= Osnabrücker Studien zur Geographie, Bd. 16).

HAUBRICH, H. (2006): Geographie unterrichten lernen – Die neue Didaktik der Geographie konkret. München (2. Aufl.).

HEDIGER, H. (1977): Zoologische Gärten. Gestern, heute, morgen. Bern.
HEIMANN, P. et al. (1965): Unterricht - Analyse und Planung. Hannover.
HEINEN, N. (2003): Überlegungen zur Didaktik mit Menschen mit schwerer Behinderung. In: Ders. et al. (Hrsg.): Schulentwicklung – Gestaltungs(t)räume in der Arbeit mit schwer behinderten Schülerinnen und Schülern. Düsseldorf, S. 121 - 143.
HELLBERG-RODE, G. (2004): Außerschulische Lernorte. In: KAISER, A. & D. PECH (HRSG.): Basiswissen Sachunterricht. Bd. 5: Unterrichtsplanung und Methoden. Baltmannsweiler, S. 145 - 150.
HENNINGER, S. (2009): Außerschulischer Lernort – Eine Handreichung. In: Koblenzer Geographisches Kolloquium (31 Jg.), S. 43 - 54.
HENNINGS, W. et al. (Hrsg.) (2006): Exkursionsdidaktik - innovativ!? Erweiterte Dokumentation zum HGD - Symposium 2005 in Bielefeld. Weingarten (= Geographiedidaktische Forschungen, Bd. 40).
HEYN, E. (1973): Lehren und Lernen im Geographieunterricht. Exempel zur Theorie und Praxis. Paderborn.
HOPF, A. (1992): Schulen öffnen sich - Beispiele und Wege. Frankfurt/Main.
HOPF, A. (1993): Grundschularbeit heute. Didaktische Antworten auf neue Lebensverhältnisse. München.
[ISB] STAATSINSTITUT FÜR SCHULPÄDAGOGIK UND BILDUNGSFORSCHUNG (Hrsg.) (1995): Handreichungen zur Exkursionsdidaktik – Erdkunde am Gymnasium. Donauwörth.
JANK, W. & H. MEYER (2002): Didaktische Modelle. Berlin.
KAISER, A. (2008): Neue Einführung in die Didaktik des Sachunterrichts. Baltmannsweiler (2. Aufl.).
KAISER, F.-J. & H. KAMINSKI (1999): Methodik des Ökonomieunterrichts. Bad Heilbrunn (3. Aufl.).
KERSTING, R. (2000): Museen im Erdkundeunterricht. In: geographie heute (H. 182), S. 2 - 7.
KESTLER, F. (2002): Einführung in die Didaktik des Geographieunterrichts. Bad Heilbrunn.
KIRCHBERG, G. (1998): „Fächerübergreifender" Geographieunterricht. Zu den Möglichkeiten, Formen und Grenzen des fachoffenen Lernens. In: Geographie und Schule (H. 114), S. 2 - 8.
KIRCHGEORG, M. (2003): Funktionen und Erscheinungsformen von Messen. In: DERS. et al. (Hrsg.): Handbuch Messemanagement. Wiesbaden, S. 51 - 72.
KLAFKI, W. (1985): Neue Studien zur Bildungstheorie und Didaktik. Weinheim u.a..
KLAFKI, W. (1997): Zukunftsfähiges Deutschland - zukunftsfähige Schule. Didaktische Überlegungen. In: Landesinstitut für Schule und Weiterbildung des Landes Nordrhein-Westfalen (Hrsg.): Die Zukunft denken – die Gegenwart gestalten. Weinheim u.a., S. 14 - 17.
KLIEME, G. et al. (2007): Zur Entwicklung nationaler Bildungsstandards – Expertise. Bonn & Berlin. (= hrsg. vom Bundesministerium für Bildung und Forschung, Bonn).
KLINGER, U. (2005): Mit Bildungsstandards Unterrichts- und Schulqualität entwickeln. In: BECKER, G. et al. (Hrsg.): Standards, S. 130 - 143 (= Friedrich Jahresheft XXIII).
KLIPPERT, H. (1994): Methodentraining. Weinheim u.a. (2. Aufl.).
[KMK] KULTUSMINISTERKONFERENZ (2006): Vereinbarung über die Schularten und Bildungsgänge im Sekundarbereich I. Berlin (= hrsg. vom Sekretariat der Ständigen Konferenzen der Kultusminister der BRD).

[KMK] KULTUSMINISTERKONFERENZ (2009): Konzeption der Kultusministerkonferenz zur Nutzung der Bildungsstandards für die Unterrichtsentwicklung. Berlin (= hrsg. vom Sekretariat der Ständigen Konferenzen der Kultusminister der BRD).

[KMK] KULTUSMINISTERKONFERENZ (2010): Förderstrategie für leistungsschwächere Schülerinnen und Schüler. Berlin (= hrsg. vom Sekretariat der Ständigen Konferenzen der Kultusminister der BRD).

KNIRSCH, R. R. (1979): Die Erkundungswanderung. Paderborn.

KÖCK, H. (1992): Der Geographieunterricht - ein Schlüsselfach. In: Geographische Rundschau (H. 3), S. 183 ff.

KÖCK, H. (1999): Raumverhaltenskompetenz. In: BÖHN, D. (Hrsg.): Didaktik der Geographie: Begriffe. München, S. 128.

Krapp, A. (1998): Entwicklung und Förderung von Interessen im Unterricht. In: Psychologie, Erziehung, Unterricht (H. 44), S. 185 - 201.

KRAPP, A. (1999): Intrinsische Lernmotivation und Interesse. Forschungsansätze und konzeptuelle Überlegungen. Zeitschrift für Pädagogik (H. 4). S. 384 - 403.

KRAPP, A. (2001): Interesse. In: ROST, D. (Hrsg.): Handwörterbuch Pädagogische Psychologie. Weinheim (2. Aufl.), S. 286 - 294.

KREMB, K. (1984): Betriebserkundung: Begegnung mit der Arbeitswelt. In: Praxis Geographie (H. 1), S. 4 - 6.

KROSS, E. (1992): Von der Inwertsetzung zur Bewahrung der Erde. In: geographie heute (H. 100), S. 57 - 62.

KROSS, E. (1996): „Bewahrung der Erde" - das neue Leitbild für den Geographieunterricht. In: Internationales Jahrbuch der Erwachsenenbildung (24), S. 85 - 102.

KROSS, E. (2003): Globales Lernen als Aufgabe des Geographieunterrichts. In: DERS. (Hrsg.): Globales Lernen im Geographieunterricht – Erziehung zu einer nachhaltigen Entwicklung. Nürnberg, S. 5 - 24. (= Hochschulverband für Geographie und ihre Didaktik, Eichstätt).

KUCKARTZ, U. & A. RHEINGANS-HEINTZE (2006): Trends im Umweltbewusstsein. Wiesbaden.

KULTURMINISTERIUM NORDRHEIN-WESTFALEN (Hrsg.) (1977): Die Schule in Nordrhein-Westfalen. – Schule für Lernbehinderte (Sonderschule). Richtlinien und Beispielplan Geographie.

LAMERS, W. & F. JANZ (2003): Alle Kinder alles lehren! – Aber wie?. In: DERS. et al. (Hrsg.): …alle Kinder alles lehren! – Aber wie? Düsseldorf, S. 17 - 36.

LENZEN, W. (1999): Orientierung Erziehungswissenschaft. Was sie kann, was sie will. Reinbek/Hamburg.

LEWALTER, D. (2002): Emotionales Erleben und Lernmotivation. München (= unveröffentl. Habilitationsschrift der Universität der Bundeswehr München).

MAGER, R. F. (1974): Lernziele und Unterricht. Weinheim.

MALL, W. (2004): Kommunikation ohne Voraussetzungen bei Menschen mit schwersten Beeinträchtigungen. Heidelberg (5. Aufl.).

MATTES, W. (Hrsg.) (2002): Methoden für den Unterricht. 75 kompakte Übersichten für Lehrende und Lernende. Paderborn.

MEISSNER, K. (1996): Ein traditionsreiches didaktisches Konzept: Unterricht außerhalb des Schulgebäudes. In: Berliner Institut für Lehrerfort- und -weiterbildung und Schulentwicklung. BIL: Grundschule Konkret - Außerschulische Lernorte. Berlin (H. 11), S. 5 - 20.

MEYER, H. (2004): Was sind Unterrichtsmethoden. In: Pädagogik (H. 1), S. 12 -15.
MEYER, H. (2005): Was ist guter Unterricht? Berlin.
MIGGELBRINK, J. (2002): Der gezähmte Blick. Zum Wandel des Diskurses über „Raum" und „Region" in humangeographischen Forschungsansätzen des ausgehenden 20. Jahrhunderts. Leipzig (= Beiträge zur Regionalen Geographie, Bd. 55).
MITZLAFF, H. (2004): Exkursionen im Sachunterricht - Der Königsweg zu den „Sachen"? In: KAISER, A & D. PECK (Hrsg.): Basiswissen Sachunterricht. Bd. 5: Unterrichtsplanung und Methoden. Baltmannsweiler, S. 136 - 144.
[MSJK 2003] MINISTERIUM FÜR SCHULE, JUGEND UND KINDER (Hrsg.): Richtlinien und Lehrpläne für die Grundschule in Nordrhein-Westfalen. Düsseldorf.
MÜHL, H. (1982): Handlungsbezogener Unterricht mit Geistigbehinderten – Materialien zur Planung und Organisation des Unterrichts. Bonn (4. Aufl.).
NEBEL, J. (1997): Freiarbeit im Geographieunterricht. In: Praxis Geographie (H. 12), S. 4 - 7.
OERTER, R. & L. MONTADA (2002): Entwicklungspsychologie. München & Weinheim (5. Aufl).
PETERSSEN, W. H. (2000): Handbuch der Unterrichtsplanung. München (9. Aufl.).
PETERSSEN, W. H. (2001): Lehrbuch allgemeine Didaktik. München (6. Aufl.).
PLICKAT, D. (2004): Zur Realbegegnung - Prinzipien, Potentiale und Probleme des Lernens mit und durch die Sache selbst. In: KAISER, A & D. PECK (Hrsg.): Basiswissen Sachunterricht. Bd. 5: Unterrichtsplanung und Methoden. Baltmannsweiler, S. 156 - 160.
RAMAKERS, G. (1977): Feldstudien im Erdkundeunterricht Großbritanniens und der USA. In: Geographie und ihre Didaktik (5 Jg.), S. 47 - 57.
REINHARDT, S. (2005): Politik Didaktik. Stuttgart.
REINHOLD, G. et al. (Hrsg.) (1999): Pädagogik-Lexikon. München u.a..
REYER, U. (Hrsg.) (1998): Lernen außerhalb des Klassenzimmers. München.
RHEINBERG, F. (2008): Grundriss der Psychologie: Motivation: Band 6: Motivation. Stuttgart (7. Aufl.).
RHODE-JÜCHTERN, T. (1999): „Handlungsorientierung" – Zur Handhabung eines Schlüsselbegriffs der modernen Geographie und ihrer Didaktik. In: GW-Unterricht (H. 76), S. 1 - 11.
RHODE-JÜCHTERN, T. (2009): Eckpunkte einer modernen Geographiedidaktik. Seelze-Velber.
ROBINSOHN, S. B. (1967): Bildungsreform als Revision des Curriculum. Neuwied & Berlin.
ROTH, H. (1973): Die originale Begegnung- als methodisches Prinzip. In: Ders. (Hrsg.): Pädagogische Psychologie des Lehrens und Lernens. Berlin, S. 109 ff..
RINSCHEDE, G. (1997): Schülerexkursionen im Erdkundeunterricht. In: PREISLER, G. et al. (Hrsg.): Schülerexkursionen im Erdkundeunterricht II: Empirische Untersuchungen und Exkursionsbeispiele. Regensburg (= Regensburger Beiträge zur Didaktik der Geographie, Bd. 2), S. 7 - 80.
RINSCHEDE, G. (2007): Geographiedidaktik. Paderborn u.a. (3. Aufl.).
SALZMANN, C. et al. (Hrsg.) (1995): Theorie und Praxis des Regionalen Lernens. Umweltpädagogische Impulse für außerschulisches Lernen - Das Beispiel des Regionalen Umweltbildungszentrum Lernstandort Noller Schlucht. Frankfurt/Main.
SCHÄFER, H. (2006): Besucherforschung und Psychologie. In: SCHUSTER, M. & H. AMELN-HAFFKE (Hrsg.): Museumspsychologie. Göttingen u.a., S. 49 - 60.
SCHLEICHER, Y. (2003): Mehrwert durch Interneteinsatz im Geographieunterricht. Welche Effekte sind bekannt? In: Praxis Geographie (H. 9), S. 57 - 58.

SCHLEICHER, Y. (2004a): Computer, Internet & Co. im Erdkundeunterricht. Berlin.
SCHLEICHER, Y. (2004b): Internet und e-learning – Was motiviert Schüler? In: Geographie und Schule (147), S. 16 - 22.
SCHNEEWIND, K.A. et al. (1983): Eltern und Kinder. Stuttgart.
SCHNEEWIND, K.A. et al. (2008): Sozialisation in der Familie. In: Hurrelmann, K. et al. (Hrsg.): Handbuch Sozialisationsforschung. Weinheim, S. 256 - 273.

SCHOCKEMÖHLE, J (2009): Außerschulisches regionales Lernen als Bildungsstrategien für eine nachhaltige Entwicklung. Entwicklung und Evaluierung des Konzeptes „Regionales Lernen 21+". Weingarten (= Geographiedidaktische Forschungen, Bd. 44).
SCHÖPKE, H. (2003): Erlebnisorientierter Geographieunterricht. Donauwörth.
SCHIRMER, B. (2003): Reizüberflutung, mangelnde Reizselektion, Fehlinterpretation und fehlender Handlungsfluss. Strukturierter Unterricht als Lernhilfe für Kinder mit veränderter Wahrnehmung. In: lernen konkret (22), S. 16 – 23.
SCHRÖDER, U. (Hrsg.) (2005): Lernbehindertenpädagogik. Grundlagen und Perspektiven der Lernhilfe. Stuttgart (2. Aufl.).
SCHUSTER, M. & H. AMELN-HAFFKE (Hrsg.) (2006): Museumspsychologie. Göttingen.
SENNETT, R. (2006): Der flexible Mensch: Die Kultur des neuen Kapitalismus. Berlin
SIEFERLE, R. P. (1998): Was ist Natur? In: HABERL, H. et al. (Hrsg.): Technologische Zivilisation und Kolonisierung von Natur. Wien u.a., S. 100 - 103.
SPECK, O. (2003): System Heilpädagogik. München (5. Aufl.).
SPITZER, M (2002): Lernen. Gehirnforschung und die Schule des Lebens. Heidelberg.
STOCK, H. (1988): Außerschulische Lernorte. Zu ihrer Bedeutung in Erziehung und Unterricht. In: Pädagogische Welt (H. 2), S. 50 - 54.
[VDL] VERBAND DEUTSCHER LOKALZEITUNGEN (Hrsg.) (2005): Die Zeitung der Zukunft. Berlin.
VESTER, F. (2001): Denken, Lernen, Vergessen. München (überarbeitete Neuausgabe).
VETTERMANN, G. (2005): Hallentechnik, Standgestaltung und Messebau. In: DELFMANN, W. et al. (Hrsg.): Kölner Kompendium der Messewirtschaft. Das Management von Messegesellschaften. Köln, S. 475 ff..
WARDENGA, U. (2002): Alte und neue Raumkonzepte im Geographieunterricht. In: Geographie heute (H. 200), S. 8 - 13.
WEICHHART, P. (2008): Entwicklungslinien der Sozialgeographie. Von Hans Bobek bis Benno Werlen. Stuttgart (= Sozialgeographie kompakt, Bd. 1).
WEINERT, F. E. (2001): Vergleichende Leistungsmessung in Schulen – eine umstrittene Selbstverständlichkeit. In: DERS. (Hrsg.): Leistungsmessungen in Schulen. Weinheim & Basel, S. 17 - 31.
WEISSENO, G. (1996): Methoden des Politikunterrichts: Erkundung. In: Wochenschau-Methodik (47. Jg.), S. 1 f..
WEITZ, B.-O. (1998): Handlungsorientierte Methoden und ihre Umsetzung I. Bad Homburg.
WEITZ, B.-O. (2000): Handlungsorientierte Methoden und ihre Umsetzung II. Bad Homburg.
WESCHENFELDER, K. & W. ZACHARIAS (1992): Handbuch Museumspädagogik. Orientierungen und Methoden für die Praxis. Düsseldorf (3. Aufl.).
[WHO] WORLD HEALTH ORGANISATION (Hrsg.) (2005) : Internationale Klassifikation der Funktionsfähigkeit, Behinderung und Gesundheit. Genf (= ICF - Deutsche Übersetzung vom Deutschen Institut für Medizinische Dokumentation und Information).

WINKEL, F. et al. (2006): Lernpsychologie. Paderborn.
WINTER, F. (2010): Leistungsbewertung – eine neue Lernkultur braucht einen anderen Umgang mit Schülerleistungen. Baltmannsweiler (4. Aufl.).
WOCKEN, H. (1998): Gemeinsame Lernsituationen. Eine Skizze zur Theorie des gemeinsamen Unterrichts. In: HILDESCHMIDT, A. & I. SCHNELL (Hrsg.): Integrationspädagogik. Auf dem Wege zu einer Schule für alle. Weinheim, S. 37 - 52.
ZOCHER, U. (2000): Entdeckendes Lernen lernen. Donauwörth.

Bruno P. Kremer / Horst Bannwarth

Pflanzen in Aktion erleben

100 Experimente und Beobachtungen zur Pflanzenphysiologie. 2008. II, 316 Seiten. Kt.
ISBN 9783834003645. € 19,80

Experimente und Experimentieren sind in der naturwissenschaftlichen Forschung unverzichtbar. Auch in Ausbildung und Unterricht müssen sie einen festen Platz einnehmen: Experimentalveranstaltungen sind gleichsam die Königsklasse des Lehrbetriebs.

Pflanzen in Aktion erleben berührt die Basisphänomene des Lebendigen. Ausgewählte Experimente mit Blütenpflanzen, die im Unterschied zu Tierversuchen unproblematisch sind, führen zielgenau zu Einsichten in Zusammenhänge von grundsätzlicher Bedeutung. Zu Recht sind sie daher ein integraler Bestandteil aller Ausbildungsgänge in den Biowissenschaften und außerdem in den curricularen Vorgaben für den Biologieunterricht in allen Schulformen fest verankert.

Pflanzen in Aktion erleben bietet eine umfangreiche Themen-, Versuchs- und Methodensammlung mit fertigen Bausteinen zur Verdeutlichung grundlegender Struktur- und Funktionsbeziehungen. Mehr als 100 Einzelversuche regen zur Bearbeitung besonders eindrucksvoller und experimentell einfach zugänglicher Phänomene aus der pflanzlichen Bewegungs-, Entwicklungs- sowie Öko- und Stoffwechselphysiologie an.

Pflanzen in Aktion erleben folgt mit seinen einzelnen Projekten dem Basisbauplan der typischen höheren Landpflanze. Aktionsort sind deren jeweilige Grundorgane. So unternimmt das Buch eine spannende praktisch-experimentelle Erkundung von der Wurzel über Sprossachse und Blätter bis zu den Blüten und schließlich zu den Früchten sowie Samen – auf der gesamten Bandbreite von sehr einfach bis etwas anspruchsvoller.

Horst Bannwarth / Bruno P. Kremer

Vom Stoffaufbau zum Stoffwechsel

Erkunden – Erfahren – Experimentieren
2007. IV, 311 Seiten. Kt. ISBN 9783834002310.
€ 19,80

Alles Leben ist mit faszinierender Dynamik an stoffliche Strukturen und Abläufe gebunden. Deren Grundlagen und Gesetzmäßigkeiten zu kennen, ist ein unverzichtbares allgemeines Bildungsgut.

Vom Stoffaufbau zum Stoffwechsel führt in grundlegende physiologische Fragestellungen ein. Das Buch vermittelt wichtige inhaltliche und formale Basiskompetenzen über einen explorativen Zugang: Aussagekräftige Experimente führen Schritt für Schritt in die relevanten Themenfelder von der Grundstruktur der Materie bis zu komplexen Stoffwechselleistungen wie Photosynthese und Atmung ein. Experimente sind gezielte Fragen an die Natur, die auf besonders eindrückliche Weise zu anschaulichen und einprägsamen Ergebnissen gelangen.

Vom Stoffaufbau zum Stoffwechsel eignet sich mit seinem breiten Themenspektrum und der Anleitung zu erprobten, einfachen bis anspruchsvollen Versuchen für den naturwissenschaftlichen Unterricht an allen Schulformen ebenso wie für das Grundstudium der Naturwissenschaften an den Hochschulen.

 Schneider Verlag Hohengehren
Wilhelmstr. 13; D-73666 Baltmannsweiler

Faszination Natur
Ein Spiel- und Mitmachbuch für junge Naturforscher
Von **Corinna Hößle** und **Silke Pfeiffer**
2010. VII, 144 Seiten. 4farbig. Kt.
ISBN 9783834006967. € 16,—

Mit diesem Spiel und Mitmachbuch möchten wir Kinder anregen, sich in vielfältiger Weise mit faszinierenden Naturerscheinungen auseinanderzusetzen. Wir haben Materialien zu 12 verschiedenen naturwissenschaftlichen Themen zusammengestellt, die von Kindern selbstständig und in unterschiedlicher Sozialform bearbeitet werden können. Die Themen, wie z. B. "Hokuspokus bei den Schmetterlingen?" "Was Luft alles kann" "Der Pinguin ist ein spezieller Vogel" und "Unendliche Weiten - Eine Reise ins Weltall", sollen die Kinder anregen, sich forschend und handlungsorientiert mit wundersamen Phänomenen in der Natur zu beschäftigen. Dabei reicht das methodische Spektrum der Aufgaben vom Lesen, Malen und Gestalten bis hin zum Bauen, Experimentieren und Rechnen.

Das Buch kann sowohl im Sachunterricht der Grundschule als auch im frühen Fachunterricht und in der Freizeit zum Einsatz kommen. Der übersichtliche Aufbau, die selbsterklärenden Aufgabenstellungen und die aussagekräftigen Symbole und Überschriften erleichtern die Orientierung in den einzelnen Kapiteln und lassen das Material außerdem besonders geeignet für die Freiarbeit, fächerübergreifendes Lernen an Stationen und Projektarbeit sein.

Natur und Technik in frühen Bildungsprozessen
Studienbuch Bd. 1: Pädagogische Förderung
Hrsg. von der **AG Naturbild**
2010. 120 Seiten mit zahlr. farb. Abb. Kt.
ISBN 9783834006653. € 18,—

In diesem Buch wird eine pädagogische Strategie vorgestellt, Kindern in der Bildungsphase von vier bis acht Jahren Naturphänomene und technische Problemstellungen aufzuschließen. Diese Strategie versteht die Bildungsaufgabe zunächst als Entfaltung eines impliziten Weltwissens, welches im explorativen Spiel des Kindes, in der kindlichen Bewegung und Aktion, auch im Zusammenspiel, in intersubjektiven Bewegungs- und Deutungszusammenhängen zustande kommt. Sie versteht die Bildungsaufgabe dann als eine Aufgabe der Explikation des kindlichen Wissens, der Versprachlichung, Bewusstmachung, Konzeptualisierung und Begründung („Reflexionsinseln"). Wieder geht es um die Förderung der kindlichen Kreativität, Konstruktivität und Eigenaktivität sowie der intersubjektiven Ko-Konstruktion von Weltwissen. Sie entfaltet konkrete Möglichkeiten der Förderung des kindlichen Weltwissens und Problemlösens. Dazu wird ein mehrperspektivischer Zugang gewählt. Er thematisiert die kindliche Auseinandersetzung mit Natur-phänomenen und Technik als Spielen mit Natur und Technik, als Deuten von Phänomenen, als ästhetische Interpretation, als Auseinandersetzung in der gestalteten Bewegung, als sozialen Prozess, als konstruktives Basteln und Problemlösen. Er knüpft Beziehungen zu Poesie und Kinderliteratur und integriert diese Zugänge in Kinderprojekten. Das Buch überbrückt konzeptionell die vielfach bestehende Bildungskluft von Kindergarten und Grundschule, indem sie eine gemeinsame Bildungsgrundlage erarbeitet.

 Schneider Verlag Hohengehren
Wilhelmstr. 13; D-73666 Baltmannsweiler